新版

増補 共産主義の系譜

猪木正道

角川文庫
21188

目次

増補版へのまえがき

『共産主義の系譜』の一九六九年版が世に出てから、早くも十五年の歳月が過ぎ去った。この間に西ヨーロッパでは一時ユーロ・コミュニズム――西欧共産主義――の時代が到来したかのような観を呈した反面に、ソ連の共産党独裁政権はますます官僚化し、イデオロギーによってではなく、軍事力の増強を通じて自由世界を脅威している。今回新たに「現代の共産主義」と題する一章を付け加えて、『共産主義の系譜』の増補版を公けにすることとした。現代に生きている共産主義思想の理解に役立てば幸いである。

一九八四年二月

著者

一九六九年版へのまえがき

二十年前に『共産主義の系譜』がはじめて公刊された時、日本の共産主義運動は、衆議院に三十五議席を占めて、上げ潮に乗っており、となりの中国では毛沢東の人民解放軍が台湾を除く全土を制圧していた。

しかしアジアでいちじるしく進出した反面に、ヨーロッパにおいて共産主義は同じころいくつかの打撃を受けた。一九四八年六月、チトーのユーゴスラヴィア共産党がスターリンの一枚岩的な支配に対して堂々と抵抗したこと、一九四八年六月から十一か月間にわたって強行された西ベルリンの封鎖が、米軍の空輸と市民の団結のためみじめな失敗に終わったこと、の二点はもっとも劇的な出来事である。しかしマーシャル・プランが西ヨーロッパ諸国の経済復興に成功し、政治的安定をもたらしたことほど、国際共産主義運動に対する痛打はなかったといえよう。

それから二十年の間に、共産主義の思想と運動とは、ほとんど信じられないほどの変化を重ねた。わが国の共産主義運動は、火炎ビン闘争等の極左冒険主義がたたって、一九五二年の総選挙で衆議院の議席全部を失うという大敗を喫したが、一九五八年の第七回党大会から態勢をたてなおして党組織の強化につとめ、一九六六年の第十回党大会では三十万に近い党員を誇るにいたった。日本共産党が一九二二年に発足して以来、一九五〇年代まで、モスクワの指導に百パーセント依存していたことはよく知られている。ところが日本共産党は、中ソ対立をきっかけとして、まず中国共産党に同調することによりソ連共産党から離れ、ついで一九六六年には北京《ペキン》ともたもとを分かって、〝自主独立〟路線を明確に打ち出した。

日本共産党に〝自主独立〟のきっかけを与えた中ソ両国共産党間の対決は、共産主義の思想と運動の歴史において、もっとも壮大なドラマであるといっても過言ではあるまい。ソ連共産党は毛沢東一派を、アメリカ帝国主義よりも敵視しており、他方中国共産党はソ連修正主義をアメリカ帝国主義以上に憎んでいるように見える。

そこで、このような新しい事態に対処するため、『共産主義の系譜』に、第九章「マルクスの革命理論とアジアの社会主義思想」および第十章「非毛沢東化と非スターリン化」の二章を加え、新増訂版を公にすることにした。新たに収められた二つの章は、中ソ対立と毛沢東思想との関係を知るのに役立つと思う。なおこの機会に、第一章から第三章までの文体と用語とをできるだけ読みやすいように改めることにした。年表も最近まで書き足したことはもちろんである。

一九四九年に、マルクス、フォイエルバッハ、ラッサールおよびスターリンの四章で出発した『共産主義の系譜』は、一九五三年の角川文庫版にはレーニンとトロツキーとの二章を加え、さらに一九五九年にはチトーとフルシチョフとの二章を追加して、計八章となった。今回アジアの共産主義と非毛沢東化の問題とをあつかった二章を収めることによって、『共産主義の系譜』は、マルクスから毛沢東までの十章を含むこととなり、一応の完結を見たといえそうである。

この二十年間をふりかえると、「生きている共産主義」、すなわち全世界の共産主義運動が、共産主義思想についていくつかの問題点をはっきりさせたことは疑いない。まず第一に、注目されるのは、共産党政権の腐敗である。共産主義者は既存の国家権力が腐敗の極に達しているかのように宣伝することによって、政権の奪取に成功する場合が多い。しかし「すべての政権は腐敗する。絶対的な権力は絶対的に腐敗する」というアクトン卿の言葉は、一切の反対党を抑圧して、一党独裁政権を樹立する共産主義者の政治権力にもっともよくあてはまる。

スターリンの死後、フルシチョフらによって暴露されたスターリン暴政の狂気じみた蛮行はそのもっとも極端な例である。中国共産党の毛・林派がいわゆる実権派に加えている悪罵《あくば》と、毛・林派そのもののグロテスクな個人崇拝とを比較考察すれば、中国の共産主義政権も、ソ連のそれに劣らず病理的であることが知られよう。

プロレタリアートが人民を代表し、共産党がプロレタリアートの前衛であると主張するマルクス・レーニン主義の政権は、マルクス・レーニン主義者だけが歴史の発展と社会の運動に関する法則を知りつくすことができると自負しているだけに、かえって個人暴政に堕落しがちであり、〝腐敗の組織化〟を招きやすい。これは過去二十年間の歴史からえられる貴重な教訓の一つである。

第二に共産主義政権が経済の分野で大きな成果を収めることができなかったばかりか、若干の資本主義諸国に比べて、いわゆる社会主義諸国の経済がひどく見劣りすることも注目に値しよう。スターリンのソ連が五か年計画の強行によって工業化に成功したことは、全世界に喧伝されたけれども、彼の死後フルシチョフは、ソ連の工業化が畜産部門等における信じられないほどの犠牲を伴った事実を暴露しなければならなかった。東ヨーロッパのソ連圏諸国が経済の面で低迷していること、中国が共産政権の成立後二十年たった今日、工業化の面でまだ決定的な成果をあげていないことなども、共産主義が経済に強くない証拠といってよい。

第三に忘れてはならないのは、共産党の一党独裁が文化の領域でいちじるしく不毛な点である。共産党政権は、反革命の陰謀を阻止するためという口実のもとに、言論、集会、結社の自由を奪い、芸術家に対しても創作の自由を制限する。党がいかなる作品を書くべきかを指導するような条件のもとで、真に創造的な芸術が生まれるはずがない。

帝政時代にロシア文学のすばらしい作品を次々と生み出したロシア国民が、ソヴェト政権のもとで、不毛に近くなったのはその顕著な例である。ソ連の作家たちの間に、創作の自由を求める声が高いのは無理もない。チェコスロヴァキアで、一九六八年一月ノヴォトニー第一書記を追放するにいたった〝自由化〟の動きは、一九六七年六月の作家同盟大会における良心的な作家たちの反乱に端を発している。

第四に共産主義は、共産党独裁政権の間では従来の意味での国際紛争は消滅するという神話を棄《す》てなければならなかった。一九四八年に起こったスターリンのソ連とチトーのユーゴスラヴィアとの対立、その十年後に表面化した中ソ対立は、国家間の関係に関する共産主義の神話を葬り去ったのである。

一九四九年四月十日、私は初版のはしがきに、「共産主義が西欧民主主義の虚偽に対する死の抗議としては大きな真理を蔵しながら、ついにメフィストフェレスと同じくアンチ・テーゼ以上のものではありえないのはこのためである」と書いた。共産主義の思想と運動の歴史は、この言葉の正しさを立証しているように思われる。現存社会の弱点や盲点を衝《つ》くかぎりにおいて、共産主義はたしかに部分的な真理を含んでいる。しかし歴史の発展と社会の運動に関する科学的な法則を知りつくしているという思い上がった自負心にもとづいて、権力を握った共産主義者が人間の自由を奪う瞬間に、共産主義は破滅的な害悪をもたらすのである。

一九六九年七月十八日

コロンビア大学の客舎において

著　者

はしがき

共産主義の系譜をさかのぼれば、その源はすこぶる遠い。しかし本書はユダヤの預言者やギリシアの哲人の共産主義を問題としているのではない。私がここで模索しているのは、ソヴェト連邦を中核として、今日世界的規模に活動している「生きている共産主義」の系譜である。「生きている共産主義」は、現代の人類に課せられたいのちがけの問いであると私は思う。「生きている共産主義」を盲目的に排撃する人々や、狂信的に跪拝《きはい》する人々は、本書から何ものも期待すべきではない。いわんや、共産主義の問題を意識的、無意識的に逃避しようとする人々にとって、本書は全く無縁であろう。

共産主義の第一波が日本の労働運動を呑《の》もうとした一九四六年の夏に、私は『ロシア革命史』(白日書院刊、現在世界思想社刊)を書いて、共産主義の批判的研究への一歩を踏み出した。『ロシア革命史』が世に出た一九四八年の三月には、共産主義の問題は国際的にも、国内的にも一段と緊迫化していたが、その後一年間の変化は真にすさまじかった。中国における共産主義の勝利は、一見西欧の経済的安定と軍事的強化とによって、相殺されているごとくであるが、地球が一つであり、ヨーロッパはアジアの上に立っていることを想起すれば、事態は驚くほど深刻である。われわれ日本人にとって、共産主義の問題は文字通りいのちがけの問いであることが、今や何人《なんぴと》の目にも明らかとなってきた。

われわれに対するこのいのちがけの問いに答えるためには、もはや功利的な打算や、小ざかしい見通しの類では何の役にも立たない。われわれはみずからの目で見、みずからの頭で考えて、「生きている共産主義」の実体をとらえなければならない。本書がそうした目的にいくらかでも奉仕することができるとすれば、私にとって望外の喜びである。もとより共産主義に関する私の研究は完結したわけではないどころか、むしろ始まったばかりである。したがって本書は研究の道標以上の意味を持つものではない。

第一章「マルクス主義思想」は全体の総論に当たり、マルクス本来の思想――原始マルクス主義と科学的社会主義――を分析したのち、これを手がかりとして古典的マルクス主義の展開過程を解明している。第二章「フォイエルバッハと死の思想」は、マルクスによってフォイエルバッハを批判するという公式的な手法を排して、フォイエルバッハの立場から逆にマルクスを再検討することにより、マルクスの思想に別な角度から照射を浴びせることをねらっている。第三章「ラッサールの生涯と思想」は、マルクスの後輩であり、ライヴァルであったラッサールの思想的成長の跡をたどることによって、マルクスの共産主義とラッサールのそれとの比較を企図している。フォイエルバッハを媒介としてヘーゲル哲学の自己疎外から蟬脱《せんだつ》したマルクスと、フォイエルバッハの影響を全く受けずにヘーゲル哲学の諸範疇《はんちゅう》に安住したラッサールとを対照して見るとき、われわれはいまさらのようにフォイエルバッハの偉大さに一驚せざるをえないであろう。第四章「スターリンとソヴェト共産主義」は、「生きている共産主義」の最高指導者スターリンのおいたちを手がかりとしつつ、古典的マルクス的主義の非連続の連続としてのソヴェト共産主義を把握《はあく》しようとしている。以上の四章は、一九四七年八月から、一九四八年十二月までの間に執筆された四つの論文に加筆訂正してでき上がったものであり、本書がこのような形で世に出るにいたったのは、みすず書房の小尾俊人、高橋正衛両氏のおすすめに負うている。なおこれら論文の収録を快諾された社会思想研究会出版部、鬼怒書房、および日本評論社の好意に謝意を表する次第である。

共産主義のいのちがけの問いを前にするとき、つねに私の脳裡にうかぶのは故河合栄治郎先生のおもかげである。先生は人格主義と自由主義の立場から終始一貫して共産主義を批判された。ソヴェト共産主義の系譜をたどって、私が帰着したところは、やはり人格の問題であり、自由の問題であった。共産主義はメフィストフェレスのように、つねに悪を欲して善をなし、あるいはまた善を欲して悪をなすであろう。しかしマルクス主義の立場からは、一回生起的な、個人的な人格の尊厳は基礎づけえず、人間の自由は永遠のかなたにおしやられざるをえない。共産主義が西欧民主主義の虚偽に対する死の抗議としては大きな真理を蔵しながら、ついにメフィストフェレスと同じくアンチ・テーゼ以上のものでありえないのはこのためである。

一九四九・四・一〇

著者

第一章　マルクス主義思想

一　マルクス主義とは何か

マルクス主義を研究する場合、まず問題となるのは、何がいったいマルクス主義であるかということである。これは一見簡単のように見えるが、実はなかなかむずかしい問題で、これが解ければ、マルクス主義の研究はある意味で完了したとさえいえるのである。

従来わが国においては、何がマルクス主義であるかについて、まじめに論議されたことすらない。それほど日本のマルクス主義は一面的であった。マルクス主義をわが国に輸出したのは一九一九年（大正八年）に結成されたコミンテルンであり、特に一九二二年（大正十一年）に日本共産党が成立して以来、マルクス主義思想はコミンテルンの活動と不可分なものとなった。ときたま第二インターナショナルのマルクス主義が紹介されることもなくはなかったが、「帝国主義段階におけるマルクス主義はレーニン主義である」という、第三インターナショナルの定言的命令を疑うものすら存しなかった。日本のマルクス主義は共産党を通じて、モスクワの権威によって裏打ちされており、日本共産党のマルクス主義にかりそめにも疑問を持つことは絶対に許されなかった。

このようにして日本のマルクス主義はコミンテルンのマルクス主義であり、ソヴェト・マルクス主義であった。*ソヴェトのマルクス主義はボリシェヴィキ政権の国定イデオロギーであったから、これの日本版としての日本マルクス主義も国定イデオロギー独特の権威性、絶対性をになっていた。ソヴェトのマルクス主義は、ボリシェヴィキ政権の対内政策ならびに対外政策に奉仕するものであり、その思想政策を、コミンテルンを通じて忠実に反映した。ブハーリンやデボーリンが唯物弁証法と唯物史観の輝ける闘士であったかと思うと、たちまち「反革命的、日和見《ひよりみ》主義的」という烙印《らくいん》を押されて葬られたのはこのような事情に基づいている。トロツキーが十月革命において果たした役割も、同様にして抹殺《まっさつ》され、ソヴェト史学の明星ポクロフスキーも消えるように去っていった。さらに第二次大戦直後のアレクサンドロフ事件やヴァルガの失脚は一段と鮮明に国定イデオロギーの悲劇を物語っている。

* ソヴェト・マルクス主義の特質については Max Werner : Der Sowjet-Marxismus (Gesellschaft, 1, 2, 7号 1927年) 参照。この論文は筆者の党派的立場を割り引いても十分価値がある。

ボリシェヴィキ政権の欽定《きんてい》イデオロギーが、このように無条件に受け入れられ、批判を許さない絶対的真理として通用したのは、自分の知る限り文明世界においてはわが国を措《お》いて他にない。アメリカやイギリス等元来マルクス主義が全然地味に合わない国々は別としても、ドイツやフランスのように、強いマルクス主義の伝統を有する諸国においてさえ、ソヴェトの欽定イデオロギーは、けっして無条件的帰依《きえ》を見いださなかった。これら諸国の共産党をボリシェヴィキ化することさえけっして容易ではなかったし、ましてやソヴェト・マルクス主義のこれらの国々に対する思想的影響力は最近までほとんど無に等しかった。

ではなぜわが国だけが、ソヴェトの欽定マルクス主義を無条件に受け入れたのであろうか？　この問題の根本的追求は本書の範囲外にあり、とうていここで尽くしえないが、ただいわゆる国体思想、すなわち旧日本の国定イデオロギーとしての日本的超国家主義が存在しえた思想的、社会的基盤が、同時にソヴェト欽定イデオロギーの受容を可能にした思想的、社会的基盤であったことだけは躊躇《ちゅうちょ》なく断言しうる。「国体の本義」を国民に強要し、京都学派、河合《かわい》自由主義から人民戦線を経て極左派に及ぶ一切の異端を苛酷《かこく》に弾圧した旧天皇制の軍閥、官僚と、「マルクス・レーニン主義」をふりかざして、人民に押し付けるコミンテルンの軍閥、官僚とは、実は全く同一の土壌に生育した二本の木にほかならない。

さて日本のマルクス主義が、けっしてマルクス主義そのものではなく、ソヴェト・マルクス主義の日本版にすぎないものとすれば、われわれはソヴェト・マルクス主義自体の検討に進まなければなるまい。ところでソヴェト・マルクス主義自体は、ボリシェヴィキ政権の内外政策の変化に伴い、不断に発展しており、けっして一つのものではない。あるときには社会主義の必然性を説く決定論が強調されるかと思えば、やがて党の活動を重視する主意論が前面に出る。プロレタリアートの国際的連帯性が力説されるかと思えば、ソヴェト愛国主義や祖国ロシアが謳歌《おうか》される。理想が否認されるかと見れば、たちまち肯定されるといったぐあいである。これを単なる発展であると強弁することは人間業《にんげんわざ》では不可能というほかはない。

このようにしてソヴェト・マルクス主義自体が、きわめて複雑な、ある場合には正反対の要素をさえ含んだ混合体であるうえに、日本以外の文明世界においてはソヴェト・マルクス主義のほかに幾多のマルクス主義が蟠踞《ばんきょ》している。たとえばわが国ではしごく簡単にかたづけられたカウツキーやベルンシュタインは、西ヨーロッパにおいて今なお広範なる支持層を保有している。これをドイツ・マルクス主義と呼ぶことにしよう。さらに同じくベルンシュタインの修正主義と第二インターナショナルの正統派マルクス主義に対する批判として出発して、レーニン主義に接近しながら、しかもこれと全く性格を異にするローザ・ルクセンブルク派も軽視できない存在である。コミンテルン第五回大会後、ドイツ共産党のボリシェヴィキ化に伴い、党内における実勢力には見るべきものがないが、フリッツ・シュテルンベルクやアルトゥール・ローゼンベルクら理論家として一騎当千の士がそろっている。十月革命に主役を演じ、のちソヴェトを追放されたトロツキーも、この派に近い。かりにこれを西欧共産主義と名づけて、レーニンの東欧共産主義から区別しよう。トロツキーの第四インターナショナルは、この一派の別動隊である。

マルクス主義の系譜は以上でももちろん尽きない。マックス・アドラー、ルドルフ・ヒルファディンク、カール・レンナーに代表されるオーストロ・マルクス主義も、カント主義によってマルクスを補強しようとする点で注目される。さらにカール・コルシュやゲオルク・ルカッチのように、第二インターナショナルのドイツ・マルクス主義と第三インターナショナルのロシア・マルクス主義とに共通した独断性をえぐり出すことによって、相互に敵対する両陣営を同時に容赦なく粉砕している先鋭な一群の理論家もある。*またこれと密接な関係にあるものとして、マックマレー、リンゼー、マリー、ラスキー、フックら英米におけるマルクス研究者も軽視できない。

＊ この点に関しては特に Karl Korsch : Marxismus und Philosophie, 1930 の "Der gegenwärtige Stand des Problems, Marxismus und Philosophie" が好文献である。

このようにマルクス主義の主流だけをあげてみてもすでに十指に余る状態である。これらの数多いマルクス主義の中で、いずれがほんとうのマルクス主義であろうか？　結論を先にいえばこれらの数多いマルクス主義は、いずれもほんとうのマルクス主義であり、またいずれもほんとうのマルクス主義ではない。なぜならば、これらの諸派はいずれもマルクスのある面を祖述し、具体化しているかぎりにおいてりっぱにマルクス主義であるが、しかし全面的にマルクスを継承していない限りにおいてマルクス主義ではないからである。いな五十年間に近いマルクスの学的生涯の全面をすっかり変化した条件のもとで継承することは事実上不可能である。その意味で現代のマルクス主義はすべて一面的なのであり、したがって数多いマルクス主義の中で、どれがほんとうのマルクス主義であるかを問うこと自体が愚劣なのである。

われわれにとっては、亜流どもによるマルクス主義の本家争いは、実はどうでもよい問題である。マルクス自身が「余はマルクス主義者ではない」という印象的な、きわめて含蓄に富む言葉を吐いていることをあらためて想起する必要がある。われわれにとって必要なことは、まず第一に亜流どもの加工した一切のマルクス主義を一応捨て去って、マルクス自身が何を考え、何を説いたかを、先入見なしに再検討することである。こうして一切の粉飾を去った生《なま》のマルクスが把握されたならば、そこであらためて亜流どものマルクス主義を生のマルクス主義の立場から再検討しなければならない。カウツキーやベルンシュタインの陰性および陽性修正主義は、生のマルクスに対していかなる意味を持っているか？　これに対する批判として生まれた西欧共産主義と東欧共産主義とは、生のマルクスといかなる関係に立つか？　これが本書において取り扱うべき最も重要な課題である。なぜならば、生のマルクスと亜流どものマルクス主義との関係が正確に理解できれば、今日われわれがマルクスおよびマルクス主義から何を学びとるべきかもおのずから明らかとなるからである。

そこでまず一切の亜流的粉飾を取り去った。生《なま》のマルクスを把握することが問題となるが、これは実は容易ならぬ難問である。なぜならばマルクス自身がたえず成長し、発展したことはしばらく措《お》くとしても、マルクス死後八十余年間に、亜流どもがデッチ上げた粉飾は十重二十重《とえはたえ》に達しており、よほどの決意をもってせぬかぎりとうていこれを脱却できないからである。

エンゲルスさえが、マルクスの没後においてはりっぱな亜流に堕したし、カウツキーにいたっては生来の亜流であった。唯物弁証法や唯物史観という重苦しい造語は、カウツキーの創作であり、マルクス主義の俗流化に彼ほど功績のある亜流は少ない。さらに十月革命後、換言すればロシア・マルクス主義がソヴェトの国定イデオロギーとなってから後に登場した、ソヴェト・マルクス主義の亜流どもは、十月革命を背景とする国家権力を総動員して、マルクスを十重二十重の障壁をもって囲繞《いじょう》し、これを国定イデオロギーの御神体にしてしまった。

ソヴェト・マルクス主義の直接的統制下にあった日本においては、右の情勢を反映してマルクスは神秘に包まれており、ソヴェト製の注釈を通ずるほかマルクスに接近することを許されなかった。したがって生《なま》のマルクスを把握することは実ははなはだしく困難なのである。

このような困難を冒して、生のマルクスを把握するがためには、単にマルクスの原典を読むだけでは十分でない。なによりもまず一切の先入見を去ることが必要である。唯物論とか、弁証法とか、唯物史観とか、あるいは暴力革命とか、ブルジョア革命とか、プロレタリア革命とかいう一切の既成概念をさらりと捨てて、真に素裸で、マルクスの原典につかなければならない。

マルクスの原典の中で何を選ぶかが次に問題となるが、生のマルクスを把握する意味では、マルクスの思想がはじめて独自のものとして形成された一八四〇年代の著作を最も重視すべきであろう。なかんずくヘーゲル左派から頭角を現わして、ルーゲ、ヘス、バウエル、フォイエルバッハを批判しながら独特の社会革命論を創出した一八四三年から一八四七年に至る五年間の労作、すなわち『ユダヤ人問題』『ヘーゲル法哲学批判』(一八四三年)、『神聖家族』『経済学哲学草稿』(一八四四年)、『ドイツ・イデオロギー』(一八四五年)、『哲学の貧困』(一八四六年)、『共産党宣言』(一八四七年執筆、翌年二月公刊)が、生のマルクスを最も端的に表現している。このうち一八四三年八月から十一月にかけて執筆された『ユダヤ人問題』と同年末に成った『ヘーゲル法哲学批判』との間の思想的展開が特に注目される。前者ではブルーノ・バウエルの解放概念を批判しながら、政治的解放と人間的解放との区別が説かれているが、人間的解放の主体としてのプロレタリア階級については一言も触れられていない。しかるに後者ではプロレタリア階級が人間的解放(完全民主革命)の担当者となるべき歴史的使命を負うことがきわめて明快に結論されている。したがってプロレタリア革命の理論として原始マルクス主義は『ヘーゲル法哲学批判』においてはじめて脱皮を完了したものということができよう。

『ヘーゲル法哲学批判』と『共産党宣言』との五年間に、マルクスはイギリス古典経済学の研究に没頭しており、したがってマルクスの学説にも相当顕著な発展が見られるが、両書を通じてマルクスの革命思想は本質的に変化していない。したがってここではまず『へーゲル法哲学批判』の検討によって原始マルクス主義の核心に迫ることとしたい。『ヘーゲル法哲学批判』の次には、一八四四年の『経済学哲学草稿』をとりあげて、イギリス古典経済学に対するマルクスの批判が何を意味しているかを分析しよう。エンゲルスの『経済学批判要綱』（一八四三年末）によって経済学の研究を触発されたマルクスが、半歳の沈潜の後に古典経済学と対決したものとして『経済学哲学草稿』の価値は絶大である。

一八四八年のドイツ革命が流産に終わり、マルクスがロンドンに移って後は、彼の関心はドイツから去った。ロンドン生活三十年間を通じて、彼はイギリス資本主義の発達を研究し、『資本論』の完成に専念した。『資本論』のマルクスを科学的社会主義と呼び、『ヘーゲル法哲学批判』から『共産党宣言』に至るいわゆる原始マルクス主義から一応これを区別したいと思う。なぜならば一八四〇年代の原始マルクス主義と、『資本論』の科学的社会主義との間には、ニュアンスの相違が見られるからである。しかし両者はけっして別物ではない。マルクスの革命思想が異なる客観情勢のもとにおいて、別個の形態を採ったにすぎない。すなわち前者においては、絶対主義に対する面に、後者においては資本主義に対する面に力点が置かれている。

二　原始マルクス主義

1　ドイツ革命の理論――『ヘーゲル法哲学批判』

原始マルクス主義はドイツ革命の完遂を当面の課題としたきっすいの革命思想である。この場合革命は単なる政治革命ではなく、人間革命であり、急進的革命であり、完全革命でなければならない。換言すればマルクスの意図する革命の目的は人間性の奪回であり、革命の担当者は人倫の喪失態としてのプロレタリアートである。科学的社会主義は、このような革命思想を前提として、人間のプロレタリア化、すなわち人倫の喪失過程を精密に分析し、そこにプロレタリアの人間化すなわち人間性奪回革命の条件を摘出しようとするものであった。このように考えるならば、生《なま》のマルクスを把握するがためには、原始マルクス主義を理解するだけで足りるとさえいえよう。

まず『ヘーゲル法哲学批判』から出発しよう。マルクスはヘーゲル左派の宗教批判から筆を起こし、宗教の批判が一切の批判の前提条件であることを明らかにして、当面の課題たるドイツ革命に移る。そこでマルクスは祖国ドイツのみじめな現実に憤激し、イギリスやフランスのような先進諸国に対するドイツの極端な立ち遅れに赫怒《かくど》する。青年マルクスはドイツの醜状に宣戦を布告し、ドイツが歴史の水準以下にあり批判の価値さえないにもかかわらず、依然これを批判の対象とせざるをえないのは、あたかも犯罪者が人間の水準以下でありながら、依然刑吏の対象となるのと同様だと罵倒《ばとう》する。* すなわち『ヘーゲル法哲学批判』では、ドイツが革命の前夜にあること、革命が焦眉《しょうび》の急務であることが当然の前提とされている。

＊ Marx, Engels : Gesamtausgabe, I. Abt. 1. Bd. S. 609.（猪木、小松訳独仏年誌論集六九ページ）

マルクスのドイツに対する峻烈過酷《しゅんれつかこく》な弾劾の奥に、彼の切々とした祖国愛を読み取りえない人は、鈍感のそしりを免れない。マルクスの祖国愛はもちろん祖国の醜状に眼をおおい、ひたすらその美点を謳歌するようなものではない。彼の祖国愛は、世界史の舞台に立ち遅れた後進ドイツを、断固たる革命に訴えて、先進諸国の水準まで引き上げよう、いな先進国を凌駕《りょうが》して世界史の指導者ないし主体に引き上げたいという革命的な祖国愛であり、主体的な祖国愛であった。

マルクスは一八四〇年代のドイツがほぼ一七八〇年代のフランスに相当するのにかんがみ、さしあたりドイツにおいてもブルジョア革命が可能でないかを検討する。ところがこの検討の結果は明らかに絶望的であった。なぜならドイツ人はイギリス人が十七世紀に、フランス人が十八世紀に断行したブルジョア革命を現実に遂行しえなかったかわりに、これを頭の中だけで卒業した。* その結果ドイツ人は観念の世界においてはヘーゲル哲学というフランス革命のドイツ版を得た反面に、現実の世界においては革命を抜きにして反革命のみを模倣することとなった。こうしてイギリスおよびフランスにおける革命の担《にな》い手であったブルジョア階級は、ドイツにおいては革命をまたないで早熟的に反動化してしまった。ドイツのブルジョアジーは俗物化し、ドイツ革命の主体としての資格を喪失した。

＊ 前掲書 S. 612.（日本訳七五ページ）

ブルジョア革命が可能であるための条件は、ブルジョア階級がアンシァン・レジームの特権階級に対し、真に国民全体を代表して、その特権打破を絶叫できることである。換言すればブルジョア階級はけっして自己の階級的利益のためにアンシァン・レジームとたたかうのではなく、全国民的利益の代弁者として特権階級に対することが必要である。＊したがってブルジョア革命は本質的に民主革命であり、この意味においてはプロレタリア革命と少しも異ならない。ブルジョア革命がブルジョア革命と呼ばれるのは、その担当者がブルジョアジーである結果、革命の成果は結局ブルジョア階級の階級的利益に奉仕することとなるからである。

＊ 前掲書 S. 617.（日本訳八五ページ）

ドイツのブルジョア階級は、フランス革命における第四階級の登場に恐怖して、革命的になる前に反動化してしまった。全国民的利益の代弁者としてアンシァン・レジームとたたかうかわりに、これと安易に妥協する途《みち》を選んだのである。こうしてドイツのブルジョア階級が「現在は無だが、将来は必ず一切になってみせる！」という革命的気魄《きはく》を有しない以上、ドイツにおけるブルジョア革命は全く絶望的である。

＊ 前掲書 S. 618.（日本訳八六ページ）

マルクスはしたがっていったんドイツ革命に匙《さじ》を投げる。イギリスやフランスの型の民主革命はドイツにおいては不可能であることが承認された。しかしマルクスはドイツの革命を断念してしまうことができない。なぜならば、革命の前夜にあるドイツにおいて革命を断念することは、祖国を見捨てることを意味したからである。革命は、アンシァン・レジームの圧制下に瀕死《ひんし》の状態にある民族的生命力に、強権により新しいエネルギーを吹き込み、これをよみがえらせるための思い切った大手術なのだ。

祖国ドイツをポーランドのような滅亡の運命から救い出すがためには、革命を断行する以外に途はなく、しかもブルジョア階級の俗物根性のゆえにイギリスやフランス型のブルジョア革命は全く不可能であるというジレンマに逢着《ほうちゃく》して、進退きわまったマルクスは天来の妙手を打ってこの難関を突破した。

マルクスが打った妙手の秘密はブルジョア革命自体の中にある。ブルジョア革命は前述のとおり民主革命であるが、完全な革命ではなく、不完全な、部分的な民主革命である。なぜならばブルジョア階級はブルジョア社会内の階級であり、ブルジョア革命が解放するのはブルジョア社会内の階級だけだからである。ブルジョア社会外の階級、換言すれば、私有財産を有しない階級は、ブルジョア革命の破壊面においてしばしば主役を演じさえするが――たとえばバスティーユ襲撃やヴェルサイユ宮殿への侵入――ブルジョア革命の成果には均霑《きんてん》しない。ここにブルジョア革命の限界があり、民主革命として不完全な根拠が存する。

マルクスはブルジョア革命のこの不徹底性に着目し、ブルジョア革命の不可能なドイツにおいて、徹底した民主革命、すなわち完全革命のみが可能であるという結論に到達する。* 徹底した、完全な民主革命の担当者は、もはやブルジョア社会内の階級でありえないことはいうまでもない。したがってドイツ革命の主体は、ブルジョア社会外の階級、換言すれば人倫の完全なる喪失態としてのプロレタリア階級以外の何者でもありえないことになる。こうしてマルクスのプロレタリア革命の理論が生成した。

*　前掲書 S. 619.（日本訳八八ページ）

『ヘーゲル法哲学批判』の終わりで、マルクスは「しからばドイツ解放の積極的可能性はいったいどこにあるか」と自問しながら、これに対して次のように答えている。

「根本的な鎖につながれた階級の形成に存する。市民社会の階級でありながら、市民社会の階級ではない階級、一切の身分の解消であるような身分を構成することによってのみ、ドイツの解放は可能となる。すなわち普遍的に困窮することによって普遍的性質を有し、特殊な不法ではなくして、まさに不法そのものが加えられるがゆえに、なんら特別の権利を要求しないような階層、なんらの歴史的称号を誇らず、ただ人間であることだけを主張し、ドイツ国家の帰結に対し一面的に対立するのではなくて、その前提に対し全面的に対立するような階層、最後に自己を他のすべての階層から解放し、したがって社会のすべての階層を解放するのでなければ自己自身を解放できないような階層、すなわち一言にしていえば人倫の完全なる喪失態であるような階層、人倫を回復することによってのみ、自己自身を回復しうるような階層を形成することによってのみ、ドイツは解放されうる。このように社会の解放を一階級として体現しているものが、まさにプロレタリア階級である」*

＊　前掲書 S. 619.（傍点猪木）

こうしてプロレタリア階級の階級としての自覚と、その階級闘争とにドイツ解放の鍵《かぎ》を求めたところに原始マルクス主義の特質が存した。ブルジョア革命としては不可能なドイツの解放を、プロレタリア革命として実現しようとするところに、マルクスの非凡な着想があった。ここに最も注目すべきことは、マルクスがまず革命を考え、この担当者を模索した結果プロレタリアートをいわば発見したのであって、けっしてこの逆ではなかったことである。すなわちマルクスは――エンゲルスも同様*――眼前に苦悩するプロレタリア階級を救済もしくは解放しようとして革命を帰結したのではなかった。換言すれば革命の緊迫性が原始マルクス主義の根本前提をなしている。この点は無限に重要である。原始マルクス主義は単にプロレタリアートの中から生成した思想でないのみならず――周知のようにマルクスは豊かな弁護士の息子であり、エンゲルスは富裕なブルジョアであって、いずれも十分な教育を受けている――プロレタリア階級に対する同情と共感とから生まれた理論ですらなかった。後述するように原始マルクス主義の一切の秘密はここに存している。

＊　マルクスより二歳年少のエンゲルスは、一八四三年末にマルクスからは全く独立して原始マルクス主義に到達しており、古典経済学の批判に関してはマルクスより一歩先んじていた（国民経済学批判要綱――猪木、小松訳独仏年誌論集収録参照）。しかし彼は人間的解放即共産主義革命を遂行すべき主体がプロレタリア階級であることを認識せず、ブルジョア出身の革命家を期待していたようである。一八四三

年十一月十八日付 The New Moral World 紙所載の彼の論文『米大陸における社会改革の進歩』参照。なお原始マルクス主義形成におけるエンゲルスの地位については Gustav Mayer : Friedrich Engels in seiner Frühzeit, 1934. S. 183. 参照。

マルクスはさらに『ヘーゲル法哲学批判』の結尾に次のような注目すべき一句を掲げている。

「われわれの結果を総括しよう。唯一《ゆいいつ》の実際的に可能なドイツの解放は、人間を人間自身の最高の本体なりと宣言する理論に基づく解放である。ドイツにおいては中世よりの解放は、ただ中世の部分的克服からの解放としてのみ可能である。ドイツにおいては、あらゆる種類の隷属をたち切るのでなければ、いかなる隷属をもたち切りえない。根本的なドイツは、根本的に革命するのでなければ、革命できない。ドイツ人の解放は人間の解放である。この解放の頭脳は哲学であって、心臓はプロレタリアートである。哲学はプロレタリアートの止揚なくしては、実現されえず、プロレタリアートは、哲学の実現なくしてはみずからを解放しえない。あらゆる内的条件が充足される時、ドイツの復活の日は、ガリアの鶏鳴によって宣告されるだろう」*

* 前掲書 S. 620.（傍点猪木）

緊迫したドイツ革命を前にして、マルクスがどのようにして独自の革命論を創出したか？ 彼の革命理論において哲学とプロレタリア階級とがいかなる関係に置かれていたか？ マルクスの祖国ドイツに対する関心はどれほど強烈であったか？ 右の引用はこれらの問題に対して明答を与えている。そして人間を人間自身の最高の本体であると宣言する理論とはまさにヒューマニズムそのものであることはいうまでもなかろう。

一八四八年三月、マルクスの予言どおり、ガリア――フランス――における二月革命の鶏鳴を合図にドイツは革命に突入した。三月革命の経過は、ドイツ・ブルジョアジーの予期以上の反動性とドイツ・プロレタリアートの微力との結果、マルクスの期待を裏切ることはなはだしかった。マルクスはヨーロッパ大陸をおおう反革命の怒濤《どとう》に追われて、ロンドンで学究生活に入ることを余儀なくされた。こうして原始マルクス主義の時代は終止符を打った。しかし三月革命前夜の、重苦しい雰囲気《ふんいき》、なかんずく一八四四年のシュレージエン織工一揆《いっき》によって代表される緊迫した情勢を度外視しては、マルクスの革命理論は絶対に理解することができない。『ヘーゲル法哲学批判』と『共産党宣言』とによって代表される原始マルクス主義が、高度の革命的情熱と主体的気魄とをもって、読者の肺腑《はいふ》を衝くのは、このゆえである。

2　ヒューマニズムとしての共産主義（経済学哲学草稿）

原始マルクス主義の生成過程を見ることによって、われわれは生《なま》のマルクスに肉薄することができた。今や若干異なった角度から原始マルクス主義に分析を加えて、生のマルクスをいっそう的確に把握《はあく》することにしたい。

まず問題となるのはマルクスにおける革命の意味である。革命は前述のように、圧制によって死に瀕《ひん》する民族の生命力に新しい息吹《いぶ》きを与える起死回生の外科手術であるが、完全民主革命、すなわちプロレタリア革命はいっそう深い意味をもっている。それは資本によって奪い取られた人間性を奪回するという倫理的意義を有する。マルクスは共産主義をヒューマニズムと呼んでいる。* それはなぜであろうか。

＊「経済学哲学草稿」(Marx, Engels : Gesamtausgabe, I. Abt. 3. Bd.) S. 114, 116, 160.

資本主義社会においては、人間は商品を生産するのみではなく、人間自体が労働力という一個の商品となる。一方において生産手段が私的資本として蓄積される反面に、生産手段の所有を奪われた人間は、自己の労働力を切り売りしてかろうじて生存を続けるプロレタリアとして困窮をきわめる。本来人間が生産した物にすぎない生産手段は、私的資本という形態で人間自身を支配することになる。人間はみずからの労働生産物に隷属し、賃銀奴隷に転落する。このように人間労働の生産物が、逆に人間を支配する現象を人間の自己疎外 (Selbstentfremdung des Menschen, od. Selbstentwirklichung des Menschen) という。*

＊ 前掲書 S. 83.

人間は本来労働によって生活するものである。いな、マルクスによれば、労働することこそ人間の本質である。労働することによって、人間は自己を実現し、人格を成長せしめうる。* しかるに資本主義のもとでは、労働は愉快な人間の実現行為ではなくて、疎外せられた過去の労働、すなわち資本のもとでの苦役となる。労働は人間の自己実現 (Selbstverwirklichung des Menschen) であることをやめて自己喪失となる。資本主義は、ますます多数の人間をプロレタリアに転化することによって、発達を続け、ついには国民の圧倒的多数、いなほとんど全部がプロレタリアートに転落する。プロレタリア階級は自己疎外した人間、すなわち人倫の喪失態であるから、資本主義の発達に伴いほとんど全国民が人倫を喪失することになる。これは資本主義の破産でなくて何であろう。

＊ 前掲書 S. 157, 168. なお『資本論』においてもマルクスは労働を正常なる生命活動と呼び、アダム・スミスがこれを単に労苦として把握していることを批判している。Das Kapital (Adoratzki), Bd. I. S. 52. 参照。

マルクスは資本の人間支配、人間の人倫喪失に憤怒する。マルクスの理想はいうまでもなく万人の人格の成長にあり、「各人の自由な発展が、万人の発展の条件となるような社会」＊の実現であった。しかしマルクスのマルクスたるゆえんは、彼が安易な理想主義者でなかった点にあった。単に当為として理想社会を描き、人間の良心に訴えるのみでは、一歩も前進できないことはマルクスにとって不動の信念であった。理念のみでは何事も成就しえず、理念の実現には実力を持った人間を必要とし、そして実力を持った人間を掌握＊＊するがためには、理念自身が現実の人間の意欲を体現したものでなければならないことを認識していたことは、マルクスを他の空想的社会主義者から区別した最も重要な点であった。

＊ Marx, Engels : Das kommunistische Manifest (Elementarbücher), S. 41.

＊＊ Marx, Engels : Gesamtausgabe, I. Abt. 1. Bd. S. 614. (日本訳七九ページ)

こうして人間がいったん喪失した人倫を奪回しなければならないという理念はどのよう

にして実現されうるか？「理念が実現を求めるだけではなく、現実が理念に肉薄するのでなければならない」*とすれば、この問題を解決すべき鍵《かぎ》も現実以外には存しない。マルクスはその鍵を現実に生存する人倫の喪失態、すなわちプロレタリア階級の意欲の中に発見した。こうして産業革命の過程を通じてブルジョア社会の枠《わく》外に投げ出されたプロレタリア階級は、マルクスによって世界史的課題を負わされた。プロレタリアートの階級闘争は同時に人間の解放戦争となった。

* 前掲書 S. 616.（日本訳八二ページ）

人間の自己疎外、人倫の喪失等はいうまでもなくヘーゲルの用語であり、人間の自己実現としての労働概念も『精神現象学』に由来する。*ヘーゲルもマルクスと同様に市民社会の自己矛盾を認めたが、ヘーゲル哲学においては市民社会内の矛盾対立は、理性国家によって宥和《ゆうわ》されるはずであった。しかし市民社会の歴史は、市民社会の対立相克がけっして宥和されえないことを教えていた。マルクスはヘーゲルの理性的人間観（homo sapiens）を工作的人間観（homo faber）に切り換えることによって、さらにヘーゲル哲学における宥和のモチーフを闘争のモチーフに転化することによって、保守的な諦観《ていかん》哲学から革命的な実践哲学を生み出した。マルクスのヘーゲル哲学批判は、**ヘーゲル哲学自体が宗教と同様に人間の自己疎外であることを内在的にえぐり出し、市民社会内の対立相克がけっして宥和しえないことを暴露するものであった。

* Hegel : Phänomenologie des Geistes (Lasson), S. 148—150.

＊＊『経済学哲学草稿』(Gesamtausgabe), I. Abt. 3. Bd. S. 151—167.

マルクスのヘーゲルに対する関係は右のようなもので、けっしてヘーゲルが観念論であり、マルクスが唯物論であるといったような単純な関係にあるのではない。確かにヘーゲルは特に宗教との関連において、発出論的な観念論に傾いており、これに反してマルクスはヘーゲルに対する反動として素朴唯物論と誤解されうる場合がある。＊しかしヘーゲル哲学は観念弁証法としてとどまるにはあまりにも豊富な内容を持っている。マルクスはヘーゲルからこの豊富な内容を学び、そこに彼の革命理論の素朴と設計とを求めた。マルクス哲学を唯物弁証法と銘打って、マルクスがヘーゲルから承継したのは弁証法という思惟《しい》の形《けい》骸《がい》のみであるとするのは、マルクスとヘーゲルとに対する完全な無知に基づく謬論《びゅうろん》である。

＊たとえば『資本論』第二版への跋《ばつ》。(アドラツキー版 S. 17—18)

マルクスが資本主義社会における労働を人間の自己疎外として把握し、資本を疎外化されたい過去の労働として理解する点において、イギリス古典経済学が俎上《そじょう》に上る。古典経済学の完成者リカルドーによれば一切の商品は労働の生産物であり、商品の価値は、その中に体現化された労働量を示した。ところが同じくリカルドーによれば、あらゆる商品は労働の生産物であるにもかかわらず、富の分配はけっして労働だけに帰属せず、商品価値から地主に対する地代と資本家に対する利潤とを差し引いた残額だけが労働者に支払われる。＊このことはリカルドーにとっては一種の自然法則であり、少しも不思議ではなかった。

＊『経済学哲学草稿』(Gesamtausgabe), I. Abt. 3. Bd. S. 43—44.

ところがマルクスはリカルドーの当然としたところを鋭く衝《つ》いた。なるほど生産に際して労働以外に土地と資本が参加している以上、分配において地代と利潤とが成立することは一応もっともである。しかしこれはけっして自然法則ではない。土地と資本とが私有されている資本主義社会においてだけ妥当する歴史法則である。土地と資本との私有が撤廃され、これが社会化されるならば、生産物はすべての生産者としての労働者に帰属すべきものである。したがって資本主義社会における地代と利潤とは、生産手段の私有に基づく労働者の搾取であり、人倫の剝奪《はくだつ》、人間性の強奪《ごうだつ》を意味している。この人倫の剝奪、人間性の強奪を止揚するのでなければ、換言すれば生産手段の私有を撤廃するのでなければ、人間を実現することはできない。こうして私有財産制の廃棄は単なる経済的変革ではなく、ヒューマニズム革命となり、共産主義はヒューマニズムにほかならないこととなる。資本主義は人間性そのものの危機を意味するから、資本主義の枠内において社会悪を是正しようとする一切の社会改良主義はナンセンスであるとされる。*

＊ 前掲書 S. 45.

こうして一見なんらの関連を持たないように見えるヘーゲル哲学とリカルドー経済学とは、資本主義下の労働を人間の自己疎外として把握することによって直結されることとなった。マルクスの『経済学哲学草稿』はこのような立場に基づくイギリス古典経済学の批判とヘーゲル哲学の批判とから成っている。マルクスにおける「批判」の意味はこのように、批判の対象自体が暗黙の前提としている独断を暴露しながら、自己の積極的主張を展開する手法である。こうして古典経済学は永久不変の自然法則ではなく、資本主義の意識形態にすぎないことが暴露され、古典経済学の批判はそのまま資本主義の批判となる。マルクスの数多い著作は一貫して批判の形式を採っており、とりわけ主著『資本論』が、『経済学哲学草稿』や、エンゲルスの『国民経済学批判要綱』(一八四三年)と同様に経済学批判の副題を持っていることは、科学的社会主義が原始マルクス主義の直線的発展であることを示すものとして注目に値する。以上がマルクスの古典経済学に対する関係であって、市民社会の矛盾を鋭く衝き、市民社会外に投げ出されたプロレタリア階級を批判の主体としている点において、ヘーゲルに対する批判と全く同様である。こうして市民社会の枠外にはみ出た階級としてのプロレタリア階級の立場に立つことにより、一見無関係であるかのように思われる古典哲学と古典経済学とは、マルクスの革命理論へと止揚されるのである。

三 科学的社会主義

1 哲学

主として『ヘーゲル法哲学批判』(一八四三年)と『経済学哲学草稿』(一八四四年)とを検討することによって、一八四三、四年におけるマルクスの思想が革命的ヒューマニズムとしての共産主義であることがわかった。ただマルクスが単なるヒューマニストでなかったのは、ヒューマニズムの実現を理念の実現としてのみ把握せず、ヒューマニズム実現の担当者として近代的労働者階級という歴史的現実を用意したからであった。そこに「哲学（ヒューマニズム）がプロレタリアートにおいてその物質的武器を見いだすように、プロレタリアートは哲学（ヒューマニズム）においてその精神的武器を見いだす*」根拠がある。

＊『ヘーゲル法哲学批判』Marx, Engels : Gesamtausgabe, I. Abt. 1. Bd. I. S. 620.（日本訳九〇ページ）

プロレタリアートのブルジョアジーに対する現実の階級闘争をとらえて、この階級闘争とその帰結としての革命およびプロレタリアートの独裁に、ヒューマニズムの実現という神聖な使命を負わせたところにマルクスの革命思想の真髄があった。しかしこのことから、マルクスの思想が現実の階級闘争から出発したと考えるのは誤りである。マルクスの出発点はすでに述べたとおり理論的にはヘーゲル哲学であり、実践的にはドイツ革命であって、現実の階級闘争ではなかった。すなわち哲学こそ実にマルクスの体系の出発点であると同時に到達点であって、マルクスの思想は徹頭徹尾哲学的であった。マルクスの体系における哲学の重要性を知るべきである。

しからばマルクスの哲学はいかなるものであろうか？　マルクスの哲学に関してはだいたい二つの見解が支配的である。一つの見解によれば、マルクスはヘーゲル哲学を揚棄することによって、哲学そのものを金輪際《こんりんざい》清算したとされる。たとえば、エンゲルスは『フォイエルバッハ論』で、「ヘーゲルとともに、哲学そのものが終結する。それは一面では、ヘーゲルがその体系の中に哲学の全発展を最も堂々たる様式で集大成したからであり、また他面では、彼が無意識にではあるが、体系のこの迷路から脱却して、世界の真実の実証的認識に到達すべき道を示しているからである」*と語っている。

＊ Friedrich Engels : Ludwig Feuerbach und der Ausgang der klassischen Philosophie (Marxistische Bibliothek), S. 21.

この見解を追求すれば、マルクスの思想体系には哲学が存在しないことになる。いな哲学的な迷妄《めいもう》(Hirnweberei) と絶縁して、自然および社会の実証的認識に専念することが、マルクス主義の本質的特徴であるとされるわけである。このような哲学を欠く立場を哲学上実証主義というから、マルクスは実証主義者だということになる。このような見解は、エンゲルス以来カウツキーを始めとするドイツ・マルクス主義者の根強い伝統となってお り、ドイツ社会民主党中最もすぐれた思想家であると称せられたフランツ・メーリンクも「一切の哲学的迷妄に絶縁を申しわたしたことが、マルクス、エンゲルスにとっては、その不朽の成果をあげるための前提であった」*と述べている。

＊ Neue Zeit, 28. I. 636.

マルクスを実証主義者とするこの見解が全く誤謬《ごびゅう》であることは、いまさら証明を要しない。このような誤解が生まれたのは、十九世紀の中葉にヘーゲル哲学が没落してから、八、九十年代に新カント派が勃興《ぼっこう》するまで、ヨーロッパの思想界が哲学の大空位時代を現出し、俗流的な実証主義の風潮が自然科学的唯物論とともに隆盛をきわめたからであった。エンゲルスも、特にマルクスの没後、この傾向から免れえなかったことは、一八八八年執筆の『フォイエルバッハ論』が示している。この書物を、一八四〇年代のフォイエルバッハ論(ドイツ・イデオロギー)と比較すれば、彼の哲学における後退は一見して明らかである。彼はこの書物の序論で、出版に先立って念のために一八四五、六年の草稿を読み直したといっているが、当時の彼にとってはおそらく草稿の哲学的水準はもはや理解することすらできなかったのではないかと考えられる。

マルクスの哲学に対するいま一つの見解は、これを弁証法的唯物論の名の下に、従来の一切のブルジョア哲学とは全く異なる哲学として称揚しようとする。この見解はマルクスの哲学を認識論の分野に運びこんだところに重大な特徴を持っており、本来新カント主義に対抗しようとする意図を持っている。これはドイツ社会民主党始め第二インターナショナルにおける修正主義運動が、ベルンシュタイン以来一貫して新カント派哲学と結びついていたことに基づいている。すなわち、修正主義運動に対抗しようとする戦術的要請が、*新カント派の得意とする認識論の場において、唯物論を強調するようにさせた動機であった。

* 戦術的動機はレーニンの場合最も明瞭である。たとえば彼のゴリキーにあてた一九〇八年三月二十四日付書簡参照。

この第二の見解も、発端はエンゲルスにある。彼は一八七八年に修正主義の先駆者デューリンクを批判した際には、「一切の従来の哲学の中で、なお独立して存続するのは、思惟とその法則に関する学——すなわち形式論理と弁証法とである。それ以外はいっさい自然と歴史とに関する実証科学に移行する」*として、実証科学のほかには論理学を残したにすぎなかったが、十年後の『フォイエルバッハ論』では「一切の、特に近代哲学の根本的大問題は、思惟と存在との関係に関する問題である」**と述べたのち、哲学を思惟ないし精神の本源性を主張する観念論の陣営と、存在ないし自然の本源性を主張する唯物論の陣営とに二分して、マルクス主義は断固後者の立場に立つと宣言している。ここにいわゆる弁証法的唯物論の淵源《えんげん》があり、これがレーニンの『唯物論と経験批判論』(一九〇九年)を経て、今日のソ連邦における弁証法的唯物論にまで発展した。

* Friedrich Engels : Anti-Dühring, S. 11.

** Friedrich Engels : Feuerbach, S. 27.

唯物弁証法は「〝物質界、自然界および精神界の万物〟の発展法則に関する学であり、万有の具体的内容およびその認識の発展に関する学、言い換えれば世界認識の歴史の総計、総和、結論である」とされ、対立の統一の法則、量から質への転化およびその逆の法則、否定の否定の法則等幾多の法則をもっていかめしく武装しているが、その核心は思惟ないし精神から独立して存在するレーニンのいわゆる哲学的物質の存在である。ところが、このように思惟から全く独立した存在の絶対性を主張する素朴唯物論ほど、マルクスから遠いものはない。なぜならばこのような哲学的物質の主張はいかに粉飾してもカント哲学の先験的批判によって葬られた素朴唯物論以外の何ものでもなく、カントの批判主義を前提とする弁証法とは全く相容《あいい》れないからである。ことにヘーゲルは『精神現象学』の「啓《けい》蒙《もう》」を論じているところで、存在もしくは思惟のいずれか一方が根源的であると考える独断論は、同一の誤謬の異なった現象形態であるとして、素朴観念論と素朴唯物論とを完膚なきまでに撃滅している。* マルクスもまた自己の立場を「徹底したヒューマニズムは観念論からも、唯物論からも区別され、両者を総合する真理である」** と宣言している。

* Hegel : Phänomenologie des Geistes (Lasson, 1928), S. 409.
** Marx : Ökonomisch-philosophische Manuskripte (Gesamtausgabe, I . Abt. 3. Bd. S. 160).

こうしてマルクスの哲学に関する二つの支配的見解は、いずれもマルクスのものではないことが明らかとなった。それではなぜマルクスは自己の哲学的立場を示すために唯物論という表現をしばしば用いたか？* マルクスの唯物論はマックス・アドラーが強弁するような意味で実証主義を意味するわけではなく、** また右に立証したように素朴唯物論でもない。マルクスにおける唯物論は、フォイエルバッハにおける唯物論の発展であるから、後者の理解なしには、前者も会得できない。フォイエルバッハが、ヘーゲルによれば精神の疎外態にすぎなかった物質的自然を哲学の中心にもってきて、人間を、欠乏し、欲求する、身体を持つ存在として把握したのは、ヘーゲル哲学において精神という疎外した形態をとる生きた人間を解放するがためであった。すなわちフォイエルバッハはヘーゲルの宗教哲学を十分に立ちながら宗教を批判しているうちに、レオやゼングラーらがヘーゲルの立場に人間の宗教的でないと批判したことから暗示を得て、ヘーゲル哲学自体が宗教と同様に人間の自己疎外の一形態にほかならないことを発見し、ここにヘーゲル哲学の自己疎外を批判する端緒を得た。したがってフォイエルバッハにおける唯物論は人間の自己疎外を批判し、人間を自己疎外の魔術から解放しようとするもので、彼の唯物論はヒューマニズムと同じ意味である。マルクスは、この立場を承継しながらフォイエルバッハの唯物論が人間の物質的自然に関する関係に限定されていることを批判して、***人間を労働の主体としてとらえ、そこに歴史における人間を把握することができた。

* たとえば Die deutsche Ideologie (Adoratzki Volksausgabe), S. 34 ; Das Kapital (Aboratzki), I. S. 389.

** Max Adler : Lehrbuch der materialistischen Geschichtsauffassung, S. 102.

*** Marx : Die deutsche Ideologie (Adoratzki Volksausgabe), S. 43.

マルクスの唯物論はこのように人間の自己疎外を止揚した立場を示している。そして人間の自己疎外を止揚することは、ヘーゲル哲学から神学的外衣を奪って、その豊富な内容を承継することを意味する。こうして労働、自然、歴史等ヘーゲル哲学の宝庫はそっくりマルクスの唯物論の中に生かされている。マルクスがヘーゲルから承継したのは弁証法という形骸のみであると考えるほど大きな誤謬はない。前述のマルクス哲学に関する二つの見解は、いずれもヘーゲルとマルクスとの間を遮断《しゃだん》している点において共通の誤りを冒している。どれほどマルクスがヘーゲルからすべてを摂取したかは、マルクスのプロレタリアートという根本概念そのものが、ヘーゲル哲学における人倫および市民社会の概念から、人倫の喪失態として形成されたことによっても明らかであろう。マルクス主義思想の秘密のすべてはここに潜んでいる。

2　唯物史観（史的唯物論）

マルクスはフォイエルバッハのヘーゲル批判を手がかりとして、身体を持つ人間の立場から、ヘーゲルにおける人間の自己疎外を揚棄しようとしたが、ついにフォイエルバッハのヒューマニズムには満足しえなかった。なぜならば、フォイエルバッハにおける身体を持つ人間は、ただ自然に制約される受動的な欲求の主体にすぎず、自然に働きかける能動的な労働の主体でなかったから、人間は単に個別的に、感性的対象として把握《はあく》されるだけで、人間の歴史や社会関係の分野は全く手がつけられなかったからである。* 換言すれば人間の自然に対する関係はフォイエルバッハによって十分疎外から解放され、唯物論的にとらえられたが、歴史における人間は、依然として自己疎外の迷妄《めいもう》の中にすなわち唯物論の埒外《らちがい》に置き忘れられた。フォイエルバッハは告白していわく、「私はただ実践哲学の領域においてのみ観念論者である。……だが本来的な理論哲学の領域においては私にはただ実在論、唯物論のみが妥当する」** と。理論哲学では唯物論、実践哲学では観念論という、このように矛盾した、不徹底な立場で、マルクスが満足できようはずがない。もともとフォイエルバッハの主たる関心は自然哲学にあったのに反して、マルクスの主題は歴史と社会に存したのであるから、ここに一大飛躍がなければならないはずである。

* Marx, Engels : Die deutsche Ideologie (Adoratzki), S. 34.
** Ludwig Feuerbach : Werke, II. S. 281.

果然マルクスはフォイエルバッハにおける身体を受動的、感覚的なものから、能動的、実践的なものに転換することによって、換言すれば感性的客体を感性的実践に切り換えることによってこのアポリアを解いた。* 人間と自然との交渉を単に自然による人間の制約としてとらえずに、人間による自然の変容と加工、すなわち物質的関係としてとらえるところにマルクスの鍵《かぎ》が潜んでいた。そして物質的生産関係は本来社会的生活過程であり、技術を媒介として歴史的に発展する。人類の原始時代においては、技術が幼稚なため社会的生活過程、すなわち物質的生産過程は自然に埋もれて、自然と合一して（naturwüchsig）いるが、歴史の進展に伴い、技術が進歩してしだいに社会が自然を征服してゆく。しかも注目すべきことは、社会の自然に対する関係、すなわち物質的生産関係における変化が、社会自体の内部における関係、すなわちイデオロギーや政治を決定する点である人類の自然に対する蒙昧《もうまい》な態度は、人類相互間の蒙昧な関係を不可避にする。** したがって人類の社会的圧制からの解放は、一定の物質的生産力を前提***とするわけである。これがいわゆる唯物史観の核心である。

* Marx, Engels : Die deutsche Ideologie (Adoratzki), S. 34.
** 同右 S. 20.
*** 同右 S. 24.

マルクスがフォイエルバッハを揚棄する際、ヘーゲルにおける労働の概念に負うところが多大であったことはすでに述べた。このようにフォイエルバッハからマルクスへの発展は直線的でなく、その間をヘーゲルが媒介している。あたかもヘーゲルからフォイエルバッハへの発展に際して、カントにおける感性および直観の概念が少なからぬ役割を演じているのと同じである。*

＊ Ludwig Feuerbach : Werke, II. S. 309, 321.

このようにして形成された唯物史観の帰結はどのようなものであったか？　まず『ドイツ・イデオロギー』によれば次のごとくである。*

「この史観はこうして現実の生産過程を直接的生命の物質的生産から出発しながら展開して、この生産様式と関連し、それから生み出された交渉形態、すなわち市民社会の各種各様の諸段階を歴史全体の基礎として把握し、その国家としての行動を叙述するとともに、宗教、哲学、道徳等意識のありとあらゆる各種の理論的産物と形態とをそれから説明して、その諸段階からの生成過程を追求するところに存する。……この史観はどの時代についても理想主義的史観のように範疇《はんちゅう》を探し求める必要はなく、終始一貫して現実の歴史の地盤の上にとどまって、実践を理念から説明せず、観念形態を物質的実践から説明する。……この史観は、歴史は〝精神の精神〟としての〝自己意識〟に解消されて終わるわけではなく、歴史のどの段階においても各世代に対して先行者から承継される物質的成果、すなわち生産諸力の集計、歴史的に形成された自然に対する関係、および個人相互間の関係が存していることを示す。この一団の生産諸力、資本および環境は新しい世代によって変容されるが、他面また彼らに対して独特の生活条件を課し、一定の発展を伴う特殊の性格を与える——つまり人間が環境を作るように環境もまた人間を作る。この生産諸力、資本および社会的交渉形態の集計は各個人、各世代にとっては与えられたものであるが、これこそ哲学者が『実体』もしくは『人間の本質』と考えるものの現実的基盤である。……」

＊ Marx, Engels : Die deutsche Ideologie (Adoratzki), S. 27—28.

さらに経済学批判の序言における周知の定式を見れば左のとおりである。＊

「人間は彼らの生活の社会的生産に際して、一定の必然的な、彼らの意志から独立した関係、すなわち彼等の物質的生産力の一定の発展段階に即応した生産関係に入る。この生産関係の総体は社会の経済的構造を形成するが、その上に法律的及び政治的上部構造がそびえ、これに一定の社会的意識形態が相応する。物質的生活の生産様式は社会的、政治的および精神的生活過程一般を制約する。人間の意識が存在を規定するのでなくして、逆に人間の社会的存在が意識を規定する。社会の物質的生産力はその発展の特定の段階において、従来それがその中で動いてきた現存する生産関係あるいはその法律的表現である所有関係と矛盾におちいる。生産関係は生産力の発展形態であることをやめて、その桎梏《しっこく》に転化する。そこで社会革命の時代が到来する。経済的基礎の変化に伴い、巨大な全上部構造が徐々に、あるいは急激に転覆される。これらの転覆を考察するに際して、経済的生産条件における自然科学的に忠実に確認しうる物質的転覆と、人間がこの相克を意識し、たたかい抜く法律的、政治的、宗教的、芸術的あるいは哲学的の、要するにイデオロギー的形態とをつねに区別しなければならない。ある個人がいかなる人間であるかを、その人が自負するところによって評価しえないように、このような変革期をその時代の意識から判断することはできないのであって、むしろこの意識を物質的生活の矛盾から、社会的生産力と生産関係との間に現存する相克から説明しなければならない」

＊ Karl Marx : Zur Kritik der politischen Ökonomie, Vorwort LV—LVI.

以上二つのマルクスの引用から明らかなように、唯物史観はけっして弁証法的唯物論を歴史に適用した結果生まれたものではなく、また原始時代や自然に関する研究を資本主義社会に応用したものでもない。＊＊マルクスの唯物論は本来史的唯物論として形成されたのであって、史的唯物論以外に弁証法的唯物論といったようなものをマルクスは知らなかったし、マルクスの研究は資本主義社会に集中され、彼の実践は資本主義社会におけるプロレタリアートの解放に凝結した。彼はもちろんここから逆に資本主義社会における階級闘争を資本主義前の時代に適用し、一切の歴史を階級闘争の歴史として把握しようとしたが、これは一切の体系的思想家に免れがたい性向であって、彼の理論と実践との主題が資本主義社会であることを妨げるものでない。ここにおいて彼の後半生は、資本主義社会の精密な分析にささげられ、資本主義の生成と発展との中に、商品化した人類、すなわちプロレタリアートの生成と発展と、その解放の諸条件を検討することになる。これが資本論の課題である。

＊　全連邦共産党史（1938）p.104. 自然弁証法から出発して、歴史に及ぶのがソヴェト・マルクス主義の本質的特徴である。

＊＊　Karl Korsch : Die materialistische Geschichtsauffassung, 1929, S. 26, 39—45.

3　経済学批判

マルクスの『資本論』はロンドン亡命後十七年間の血の出るような研鑽《けんさん》の成果として、一八六七年に資本の生産過程と題するその第一巻が現われ、第二巻資本の流通過程および第三巻資本の総過程はマルクスの死後エンゲルスによって、第四巻剰余価値学説史はカウツキーによってそれぞれ遺稿を編集の上出版された。『資本論』は通常マルクス主義の経済学と呼ばれるが、その副題「経済学批判」が雄弁に物語るように、『資本論』はいかなる意味においても経済学ではなく、あくまで経済学の批判である。この点を忘却するとマルクスの『資本論』は全く無意味なものとなる。しからばそれはなぜ経済学の批判であって、経済学ではないのか？

マルクスの経済学研究に一時期を画した『経済学哲学草稿』（一八四四年）の大部分は『国民経済学批判』と題する論文によって占められている。ここでマルクスは資本、利潤、地代、労賃といった経済学の諸範疇がいずれも資本主義下における人間の自己疎外を反映するものであることを暴露しながら、資本の私有を撤廃することによってのみ、すなわち共産主義革命を通じてのみ商品化した人間プロレタリアートが失った人間性を奪回しうると帰結した。『資本論』は主題も方法も全くこの『経済学哲学草稿』*の延長であって、後者におけると同じくマルクスは『資本論』においてブルジョア経済学の諸範疇を批判することによって、人間がプロレタリア化してゆく過程を分析し、プロレタリア化した人間の解放に対する諸条件を究明している。異なる点は、『資本論』は『経済学哲学草稿』以後二十三年間にわたる経済史学の研究によって豊富に肉づけされており、かつ価値法則によって一貫した体系に整備されている点である。

* Marx : Das Kapital (Adoratzki), Bd. I. S. 81.
『資本論』第一章第四節「商品の物神性とその秘密」の部分は、『資本論』が「経済学哲学草稿」の発展であることを最も端的に示している。たとえば宗教における人間の自己疎外と、商品生産における人間の自己疎外とを比較するところを見よ (S. 78)。従来『資本論』を単なる経済学と考える俗流的見解が支配していたのは、この商品の物神性を全然理解しえなかったことに基づいている。

マルクスの価値法則は、近代経済学の価値理論とは全く異なる性格をになっている。後者においては人間の欲望に対する財の相対的希少性を前提として、財の限界効用（もしくは限界代替率）すなわち物財と人間との関係を対象としているのに対して、前者は分業と交換とを基礎とする商品生産者社会においては、商品生産者相互間の社会関係が、価値をになう商品間の価値関係として物化 (Verdinglichung) された形態で現象することを示している。換言すれば、近代経済学の価値論は人間と物財との間の超歴史的な関係を理論化しようとするのに対して、マルクスの価値論は商品生産ないし資本主義生産社会に特有な、人間の商品への自己疎外の事実を暴露することを使命としている。すなわち価値はこの場合疎外化された、物化した人間労働にほかならない。このように、二つの経済学が全く次元を異にすることを忘れるとき、「社会主義社会において価値法則が妥当するか？」というような愚問が生まれる。*

＊　社会主義社会においてもすべての物材が自由財にならないかぎり、近代経済学の価値理論はもちろん妥当する。ただし社会主義社会が人間の自己疎外（物化）を揚棄している限りにおいて、その限りにおいて、マルクスの価値法則は妥当しない。ソ連邦は後述するようにいまだ古典的な意味における社会主義社会ではなく、しかもその国是のため、マルクスの価値法則以外の価値理論を許容しえないから、問題は混迷する。

さてマルクスの価値法則は、商品生産者社会における人間の自己疎外の秘密を余すところなく暴露するが、人間の労働力までも商品化される高度の商品生産者社会すなわち資本主義社会においては、労働力が生産する価値と労働力の価値との差額が余剰価値として資本家の所有に帰する。すなわち商品が貨幣に、貨幣が資本に転化するに伴い、価値法則は余剰価値説に発展する。そして余剰価値を生むのは、労働力に投下された資本に限られるから、資本は余剰価値を生む可変資本と余剰価値を生まぬ不変資本とに分かたれるが、生産技術の進歩を反映して、総資本中不変資本の占める割合は著しく高まり、利潤率を引き下げる。資本家はこれに対して、労働時間を延長するか（絶対的余剰価値の増加）、あるいは労働力の価値を引き下げるか（相対的余剰価値の増加）によって、利潤率の低下を阻止しようとするが、他方不変資本はますます可変資本を圧倒して蓄積されてゆくので、労働者階級は機械によって職場を追われて産業予備軍を形成する。こうして資本の狂気じみた蓄積の反面、たえず増大する労働者階級の困窮はいよいよ激化し、過剰生産恐慌が不可避となるとともに、労働者階級はますます団結を固くして、資本主義社会の打倒に蹶起《けっき》する——というのがマルクスの論理である。

「資本主義的蓄積の歴史的傾向」をマルクスは次のように要約している。*

「この転化過程が深くかつ広く古い社会を十分分解するやいなや、労働者がプロレタリアに、その労働条件が資本に転化するやいなや、資本家的生産様式が自力で立つようになるやいなや、労働のよりいっそうの社会化と、土地並びにその他の生産手段の社会的に搾取された、すなわち共同の生産手段への転化、したがって私有財産所有者のよりいっそうの収奪は新たなる形態を獲得する。今や収奪すべきは、もはや独立自営労働者でなくて、多数の労働者を搾取する資本家である。

この収奪は資本家的生産自体に内在する法則のはたらきによって、資本の集積を通じて遂行される。一人一人の資本家が多数の資本家を打倒する。この集積あるいは少数の資本家による多数の資本家の収奪に伴い、労働過程の協業的形態はますます大規模に発展してゆく。すなわち科学の意識的技術的利用、土地の計画的利用、労働手段のただ共同にのみ使用しうる労働手段への転化、結合した社会的労働を、生産手段として使用することによる一切の生産手段の節約、一切の諸民族の世界市場の網の中への引き入れ、したがってまた資本家的レジームの国際的性格が発展する。この転化過程の一切の利益を収奪し、独占する巨大資本家の数がたえず減少するに伴い、困窮、圧制、屈従、堕落、搾取の量が増大し、たえず増加しながら資本家的生産過程の機構を通じて訓練され、団結し、組織された労働者階級の憤激もまた増大する。資本の独占はそのおかげで繁栄した生産様式の桎梏《しっこく》となる。生産手段の集積と労働の社会化とは、資本家的外皮と相容《あい》れない点に到達する。外皮は爆破される。資本家的私有財産の断末魔の鐘が鳴る。収奪者が収奪される。」

* Marx : Das Kapital, Bd. I. S. 802—803.

マルクスの『資本論』は、このように人間が自己疎外し、商品化してプロレタリア階級が形成されてゆく過程、およびプロレタリア階級が自己の非人間化を自覚し、自己の解放の条件を発見してゆく過程を分析しているのであって、けっして利潤、労賃、地代といった諸範疇に局限された経済学ではない。『資本論』ではブルジョア経済学の諸範疇はその根底において批判され、人間の自己疎外とその止揚という人間存在の最深部にまで問題が掘り下げられている。これが経済学批判の真義である。

このように考えるならば、『資本論』がプロレタリアートの階級闘争と、プロレタリア革命と、そして政権奪取後におけるプロレタリアートの独裁の理論、すなわち国家論に帰結することは当然であろう。マルクスの国家論は、政治権力としての国家を、プロレタリアートの独裁という国家権力の極度の発動によって、完全に揚棄することを目的とした、きわめて異色あるものである。これを詳述することは紙幅が許さぬが、一言にしていえば国家権力によって国家権力を揚棄しようとする特異な無政府主義思想であるといえよう。*

* たとえばマルクスが『共産党宣言』(エレメンタール版 S. 41) で「階級と階級対立とを伴う古い市民社会のかわりに各人の自由な発展が万人の自由な発展に対する条件となるような社会が登場する」と説いているのを見よ。この問題に関しては Marx : Zur Kritik der sozialdemokratischen Parteiprograms (ゴータ綱領批判) が必読である。そこでマルクスは、資本主義に対する社会主義の主張に眩惑《げんわく》されて、絶対専制主義に対する民主主義の貫徹を忘れているドイツ社会民主党の俗流マルクス主義を爆撃している。マルクスの国家観にはフランス革命以来の革命的民主主義の伝統が潜んでいる。マルクスをラッサールから峻別《しゅんべつ》するものの一つは実にこの点である。伝統的国家に対するラッサールの跪拝《きはい》ほどマルクスを反発させたものはなかった(綱領批判四〇ページ参照)。マルクスと伝統的国家との間にはいかなる妥協もありえない。マルクスの祖国は伝統的国家の廃墟《はいきょ》の中にのみ求められる。マルクスにおいて愛国とは伝統的国家を破壊すべき革命に精進することである。

マルクスの哲学は史的唯物論以外何ものでもなく、史的唯物論は経済学批判に帰着し、経済学批判は国家権力による国家権力の揚棄という独特の国家論を通じて革命的実践に終わる。実践的哲学に出発したマルクスは唯物史観と経済学批判とを経て哲学的実践に到達する。科学的社会主義は、唯物史観と資本論とにおいて科学的、現実的であろうとするが、発端と終点とにおいて、原始マルクス主義と全く同一の革命的、空想的、ヒューマニズムであることを露呈する。

四　ドイツ・マルクス主義の系譜

1　カウツキーとベルンシュタイン——陰性および陽性修正主義

マルクスの革命思想が、ヨーロッパの労働運動になにほどかの地盤を獲得したのは、一八六〇年代の末に、ベーベルとリープクネヒトとによって社会民主労働者党（アイゼナッハ派）が組織された時であった。一八四八年の共産主義者同盟はペーパー・プランの域を出ず、一八六四年にロンドンで設立された万国労働者協会（第一インターナショナル）は雑多な革命家のクラブにすぎなかった。

ベーベルとリープクネヒトとの社会民主労働者党はともかくもマルクス主義を指導原理としていたが、実勢はラッサール派にとうてい比肩しえなかった。ところがドイツ帝国の統一後、ドイツ資本主義が驚異的速度で発達を遂げるに伴い、資本主義に関する精緻《せいち》な分析を武器としたマルクスの革命理論は、しだいにラッサール主義を圧倒し去った。ラッサール派とアイゼナッハ派との合同（一八七五年）によって成立したドイツ社会民主党は、こうしてマルクス主義を党の綱領に採用した。しかしゴータ綱領にはラッサールの賃銀鉄則説や国家扶助による生産組合の主張が掲げられており、けっしてマルクス主義一色で貫徹されていたわけではなかった。マルクスの革命思想がいかに理解されていなかったかは、当時デューリンク熱が社会民主党内の理論家を完全に掌握していたのでも知られよう。エンゲルスの『反デューリンク論』はこのような情勢の下に書かれた。またゴータ綱領がどれほどマルクスの真意から遠かったかはマルクスの『ゴータ綱領批判』（一八七五年）が雄弁に物語っている。このような情勢の下にカール・カウツキーはマルクス、エンゲルスの下で勉強したのち、一八八五年ごろにはドイツ社会民主党内における最高の理論家として遇されるようになった。マルクスに対する理解が一般に皆無の状態であったから、彼のマルクス解釈が正統的マルクス主義としての権威を持ったのは不思議でない。

ではカウツキーは生《なま》のマルクスに対してどのような関係に立っていたか？　一言にしていえば、カウツキーはマルクスを徹底的に俗流化し、マルクスの革命理論から一切の革命的気魄《きはく》と主体的行動力を除去して、ただその形骸《けいがい》だけを模倣したのであった。このカウツキーによって俗流化されたマルクス主義をカウツキー主義という。*

* カウツキー主義の批判としては Karl Korsch : Die materialistische Geschichtsauffassung, eine Auseinandersetzung mit Karl Kautzky, 1929 が注目すべきである。

試みにカウツキー主義の古典といわれるドイツ社会民主党のエルフルト綱領（一八九一年）を見れば、そこには資本主義の発達に関するマルクスの経済理論が全面的に採り入れられており、いわゆる集中論、困窮論、崩壊論が詳しく展開されているが、革命によって人倫を奪回し、祖国を救済しようとする主体性の片鱗《へんりん》も見られない。資本主義は必然に崩壊するものと考えられ、社会主義は必然的に到来するものとして描かれている。そこにはマルクスの革命思想に特有な問題の主体的把握《はあく》は全然欠如している。けだしドイツ資本主義の超過利潤はビスマルクの社会保険の形態でプロレタリア階級を潤したので、一八四〇年代にあった革命の緊迫性は今や姿を消していた。革命の緊迫性が存しないところに革命運動が成長しえないのは当然である。

カウツキー主義の基調が宿命的決定論であるのは、さらに突っ込んで考えると、カウツキー主義に哲学が欠如していることに基づいている。実にカウツキーはマルクスの経済学を哲学から切り離して俗流化したのであって、彼はマルクスの革命哲学を全然理解することができなかった。カウツキー主義の本質は実にこの非哲学性にあり、哲学を欠く点においてマルクスから最も遠く、単なる経済史観に堕している。

カウツキー主義が哲学に無関心であり、哲学を理解できなかったのは何に基づいたか？けだし哲学に関心を持たず、哲学を理解することができなかったのは、十九世紀末葉の一般的風潮であった。ヘーゲル哲学の凋落《ちょうらく》以後、新カント主義の台頭に至る約半世紀間は、哲学の大空位時代である。そこに支配したものは実証主義や自然科学的唯物論等の俗流哲学にすぎなかった。したがってカウツキーの哲学も十八世紀の唯物論を一歩も出なかった。カウツキー主義は哲学のない時代に生成したから、哲学を欠如したのであり、その結果マルクスの革命思想における高度の哲学性と主体性とを把握できなかったのである。*

* そこでソレルのようにマルクスの哲学に傾倒していた人々は、哲学のないカウツキー主義に対する反発から自己の革命的精神を政治運動そのものの否定にまで逸脱させてしまった。ソレルのサンジカリズムは俗流マルクス主義に対する革命的エスプリの反逆として理解すべきである。この意味でサンジカリ

ズムは西欧共産主義並びに東欧共産主義の先駆であり、これに重要な影響を与えた。

カウツキー主義は一見マルクスの革命論の非妥協性と革命性とを継承しているように見えるが、実際はただ言葉の上においてだけ非妥協的であり、革命的であったにすぎない。カウツキー主義においては、革命は必然的に到来するものとして、無限のかなたに押しやられ、現実との非妥協性は実践におけるサボタージュを隠蔽《いんぺい》するいちじくの葉である。さらに突っ込んでいえば、理論の上での非妥協性は、実践における妥協を、言葉の上での革命性は実践における無為を可能にする絶好の口実であったのである。*

*カウツキー主義のこの欠陥は、第一次大戦前においても極少数の鋭敏な観察者にはすでにわかっていた。たとえば一九〇四年のアムステルダムにおける第二インターナショナル大会で、フランスのジョレスは次のように喝破《かっぱ》している。「ドイツ社会民主党員諸君、諸君はその卓絶した同志カウツキーが死ぬまで諸君のために起草してくれる非妥協的な理論公式によって、諸君自身の無力を押し隠しているのだ」と。

こうしてカウツキー主義はマルクスの革命理論にたいする根本的な、いな、致命的な修正主義であった。カウツキーはベルンシュタインの修正主義に対してマルクス主義の正統を擁護したとされているが、これは第二インターナショナルの伝説にすぎず、カウツキー主義の真相はベルンシュタインの修正主義よりもいっそう悪質な陰性修正主義であった。なぜならばベルンシュタインの陽性修正主義は、率直に自己の実践が革命的でないことを承認し、自己の改良主義的実践を、これに即応した新カント派哲学をもって基礎づけようとするものである限りにおいて、少なくとも理論と実践との統一を回復している。ところがカウツキー主義は自己の改良主義的実践に眼をおおって、革命主義のフラーゼを死守しようとする点において、理論と実践との分裂を招き、思想的無政府性のゆえに革命主義的実践はもとより、改良主義的実践も不可能にする。この理論と実践との矛盾に基づく思想的無政府性こそ、第一次世界大戦から第二次大戦に至る時期において、ドイツ社会民主党が露呈した極度のスランプと無残な敗北の秘密を解く鍵《かぎ》である。

ベルンシュタインの慧眼《けいがん》は、カウツキー主義の内部的脆弱性《ぜいじやくせい》を洞察し、理論と実践との矛盾がはらんでいる危険を予感した。彼には真実を吐露する勇気があったので、一八九九年の『社会主義の前提と社会民主主義の任務』において大胆率直にマルクス主義の修正を提言した。ベルンシュタインの主張は、当時の政治的、経済的情勢にかんがみ、革命は不可能であって、ただ改良主義的実践だけが当面の問題となりうることを前提として、理論を改良主義実践に即応したものに修正しようとするにあった。彼は弁証法の代わりに新カント派理想主義を、階級国家観の代わりに文化国家観を採用して、ドイツ社会民主党を社会改良主義的急進政党に脱皮させようとした。ベルンシュタインがこのような大胆な提案を行なったのには二つの根拠があった。一つは彼がロンドンで、つぶさにイギリス資本主義の発展を検討して、マルクスの困窮説や崩壊説が成立しないことを確かめたことである。他は彼がリープマンやランゲによって口火を切られた新カント主義哲学に傾倒したことであった。*

＊　リープマンの『カントとその亜流』は一八六五年に、ランゲの『唯物論史』は一八六六年に現われた。

ヴィンデルバントの『近世哲学史』第一版は一八七八年に公刊され、リッケルトの『認識の対象』は一八九二年に出た。

改良主義的実践を前提とする限りにおいて、ベルンシュタインの修正主義は正当であり、理論と実践との矛盾に悩むドイツ社会民主党にとってはほとんど唯一《ゆいいつ》の活路であった。しかし党内の大勢はベルンシュタインの陽性修正主義をしりぞけて、カウツキーの陰性修正主義に固執した。これにはドイツ人の理論癖もあずかって力があったが、主たる原因はドイツ帝国の軍国主義的、専制主義的性格にあった。当時社会主義例外法の記憶はまだなまなましく、軍閥官僚の反動政治は生活水準の向上にもかかわらず、ドイツの労働者階級を反国家主義に追い込んだのである。こうしてドイツ社会民主党は、実践においては完全に改良主義的でありながら、理論と感情とにおいては革命主義の後味《あとあじ》を残し、ドイツ帝国に対する憎悪を棄《す》てることができなかった。

マルクスの胸中には祖国ドイツに対する強烈な革命的愛国心が燃えていたことはすでに述べた。カウツキー主義のドイツ社会民主党は、革命性を失って、反国家性だけを継承したために、かえって祖国愛を捨てた。カウツキー主義には保守的愛国心も、革命的愛国心も欠けていた。これは主体性を失った人間の悲劇であって、第一次世界大戦のような危機に際しては、集団の場合も、個人の場合も命取りとなるのである。

2　ローザ・ルクセンブルクとレーニン——西欧共産主義と東欧共産主義

カウツキー主義の理論と実践との矛盾を解決する方法としては、ベルンシュタインの陽性修正主義のほかにいま一つの途《みち》が残されている。それはカウツキー主義において失われたマルクスの主体的革命性を回復し、原始マルクス主義に復帰する方法であって、ローザ・ルクセンブルクが『社会改良か革命か?』（一九〇〇年）において選んだ途である。ローザの天才はマルクスの革命理論の真髄を正しく把握し、革命に徹することによって理論と実践との矛盾を解決しようとした。

彼女は今世紀初頭において、早くも帝国主義戦争の必然性と、これに伴う世界革命の緊迫とを予感した。*すなわち陰性、陽性修正主義者が国内における階級闘争の緩和に満足していたとき、彼女は世界戦争の形態における革命の緊迫性を把握したのである。世界革命の切迫という根本認識の上に立って、一八四〇年代にドイツ革命の緊迫する条件の下に生成した原始マルクス主義を世界的規模において復活することが、ローザの課題であった。彼女の西欧共産主義の理論はこのようにして形成された。

帝国主義戦争の問題を資本主義の内在的法則をもって解明しようとするのがローザの主著『資本蓄積論』（一九一三年）のモチーフである。ところが再生産の図式によって帝国主義の問題を解明しようとするローザの方式には、植民地、半植民地の隷属民族が包蔵する革命的エネルギーを無視して、問題をひたすらブルジョアジーとプロレタリアートとの機械的対立によって解決してゆこうとする一種の経済主義が見られる。このような立場からは帝国主義時代における革命の緊迫性を具体的にとらえることはできない。すなわち西欧共産主義はヨーロッパ的制約を脱却できなかったのである。

＊彼女は一九〇〇年の第二インターナショナルのパリ大会において、国際平和、軍国主義および常備軍に関する委員会の報告者となり、帝国主義戦争に対してはプロレタリアートの国際的団結をもって抗争すべきことを結論した。

西欧共産主義は理論的には生《なま》のマルクスの拡大再生産であり、きわめて注目すべき存在ではあったが、ドイツ社会民主党における実勢力は微々たるものであった。この情勢はローザが一九一九年一月に虐殺されるまで少しも変わらなかった。これはどのような理由に基づくか？

けだし二十世紀初頭におけるドイツの労働者階級は、ドイツ資本主義の超過利潤に均霑《きんてん》し、比較的高度の生活水準に恵まれていた。彼らは衣食住に窮しないばかりか、文化的にも向上し、いかなる意味においてもマルクスのいわゆる人倫の喪失態ではなかった。彼らは軍閥官僚のドイツ帝国には猛烈な反感をいだいていたが、マルクスがプロレタリアートに想定したような革命性はみじんも残っていなかった。

ここにおいてわれわれはマルクスにおけるプロレタリアの概念を再検討すべき機会に到着した。すでに述べたようにマルクスの革命理論の秘密は、そのプロレタリアートという概念に存した。マルクスはプロレタリアートという概念を経験から帰納した上でプロレタリアートの解放を説いたのではなかった。事態は全く逆であった。マルクスはドイツ革命をまず考え、これを実現すべき担当者としてプロレタリアートを発見したのである。マルクスはヘーゲル哲学が宗教と同様に人間の自己疎外であることをフォイエルバッハから教えられて、ヘーゲル哲学の中から人倫の喪失態としてのプロレタリアートという概念を形成したのである。こうしてプロレタリアートは経験的概念ではなくて、存在論的範疇《はんちゅう》であった。* ここに重要なる問題が潜んでいる。

＊マルクスは『経済学哲学草稿』において存在論的範疇という概念を用いている（Gesamtausgabe, I. Abt. 3. Bd. S. 145)。

もちろんマルクスも、単なる論理的要請だけに基づいてプロレタリアートという概念を把握したのではなく、イギリスやドイツの産業革命史からヒントを得たことは疑いなかった。しかしマルクス主義が労働運動に地盤を獲得して後のドイツ労働者階級は、マルクスの想定したプロレタリアートとは全く異なる存在であった。特に十九世紀末から二十世紀に入ると、マルクスの革命理論におけるプロレタリアートと現実の労働者階級との不一致はますますはなはだしくなってきた。さらに西ヨーロッパの資本主義社会には、技術者、経理、人事、労務管理の担当者等のいわゆる新中産階級が台頭し、旧中産階級の没落にもかかわらず中産階級の完全なるプロレタリア化は実現しなかった。そしてこれら新中産階級の大群は社会民主主義の陣営に参加し、高級熟練労働者のプチ・ブル化とあいまって社会改良主義的傾向を強化した。ドイツ社会民主党内の修正主義はこのように深刻な原因を持っていたのである。ここにローザの西欧共産主義が、その理論的水準の高さにもかかわらず、* いなまさにそのゆえに党内において実勢力を有しなかった理由が存する。一九一四年八月初めにおける第二インターナショナルの崩壊は、この意味においてダラ幹の裏切りによるものではなく、マルクス主義そのものの破産であった。さらに第一次世界大戦後、コミンテルンが十月革命を背景として西ヨーロッパ労働運動のボリシェヴィキ化を試みて失敗した根因もここに求められなければならない。社会的存在が人間の意識を決定するというマルクスの命題は、修正主義の勝利と西欧共産主義の敗北の中にいみじくも実証されている。修正主義の勝利によって、いわば古典的マルクス主義の時代は終わったのである。

＊ローザの門下に Fritz Sternberg : Der Imperialismus,Der Niedergang des deutschen Kapitalismus,Der Fascismus an der Macht 及び Artur Rosenberg : Geschichte des Bolschevismus があり、その他 Karl Korsch 及び Georg Lukaćs が注目される。ルカッチの名著 Geschichte und Klassenbewusstsein はマルクス歿後におけるマルクス主義哲学の最高水準を示す。

最後に注目すべきものは、二十世紀の初頭において原始マルクス主義が前提とした革命の緊迫性が厳存し、しかもマルクスのプロレタリア概念がほぼそのまま妥当する国があったことである。それはいうまでもなくロシアである。一九〇〇年代のロシアは、ほぼ一八四〇年代のドイツ、および一七八〇年代のフランスと同様に革命の前夜に立っていた。アンシァン・レジームの重圧、資本主義発達の程度および民衆の思想的蒙昧という点において三者はすこぶる酷似していた。したがってロシアの労働者階級は農民との間に強度の連帯感を持っており、極端に低い生活水準を反映して、著しく革命的であった。すなわちロシアは二十世紀初頭において革命の緊迫性を持っていたのである。

レーニンはプレハーノフらによりドイツ社会民主党を通じて紹介された俗流マルクス主義の奥に、マルクスの創出した革命理論が存することを見抜き、早くも一八九〇年代の終わりに原始マルクス主義を自分のものにした。おりから組織されたロシア社会民主労働者党はドイツ社会民主党の亜流であったので、レーニンはロシア革命の緊迫性を背景として、直ちにカウツキー主義並びにベルンシュタイン主義のロシア版と果敢な闘争を開始した。レーニンの東欧共産主義はこのようにローザの西欧共産主義と同様、陰性並びに陽性修正主義との闘争を通じて形成された。

したがってレーニン主義は西欧共産主義と革命性において軌を一にする。しかしレーニン主義は西欧共産主義と同一物ではなく、根本的性格を異にしている。それは一言でいえば東欧と西欧との社会的および思想的基盤の差異を反映したものである。レーニンの東欧共産主義は、西ヨーロッパにおける社会主義陣営――修正主義と西欧共産主義――の行き詰まりを、東ヨーロッパとアジアの反帝国主義的民族解放運動の爆破力によって打開し、いったん破産したマルクス主義を新たなる構想のもとに再建しようと企図する。そこでは貴族や大地主に対する農奴や貧農の土地革命運動や、植民地半植民地における被抑圧民族の解放闘争等、古典的マルクス主義――原始マルクス主義、科学的社会主義、修正主義および西欧共産主義――の埒外《らちがい》にあったエレメントが絶大な役割を演ずることになり、ブルジョアジーとプロレタリアートの機械的対立や、資本主義における生産力と生産関係との矛盾というような既成の諸概念は陳腐化してしまう。

もちろんそれだからといってレーニン主義はマルクス主義でないというのではない。いなすでに述べたようにマルクスの中には資本主義に対する面と、絶対主義に対する面とがあり、前者は科学的社会主義において、後者は原始マルクス主義において力点を置かれているが、修正主義と西欧共産主義とを通じて等閑に付されたのは実にこの絶対主義に対する人民民主革命の面であった。ローザの西欧共産主義が帝国主義戦争という形態で革命の緊迫性を世界的規模でとらえようとしながら、東ヨーロッパとアジア・アフリカとの十億を超える被抑圧諸民族の独立運動を軽視したために、ついにヨーロッパ的制約を揚棄できなかったのに対して、レーニンの東欧共産主義はそれ自体半植民地であるロシア——ヨーロッパとアジアとの橋——を基盤とすることにより、絶対主義に対する人民民主革命の伝統を世界的規模に拡充し、マルクス主義のヨーロッパ的制約を揚棄することができたのである。このように考えると第一次世界大戦における第二インターナショナルの崩壊をもってヨーロッパ的な古典的マルクス主義は死滅したのであり、その死灰の中からレーニン・スターリンの東欧共産主義すなわちソヴェト共産主義の形態で、マルクス主義が復活したことが明らかとなろう。

五　マルクス主義の批判

原始マルクス主義の形成過程、科学的社会主義の基本構造、およびドイツ・マルクス主義の系譜を一瞥《いちべつ》することによって、マルクス本来の革命思想がどのようなものであり、それが現実の労働運動においていかなるものに発展したかがほぼ明らかになったことと思う。今マルクス主義を批判しようとする場合、どのマルクス主義を対象とすべきかがまず問題になるが、東欧共産主義、すなわちソヴェト・マルクス主義については第四章以下に譲り、ここではマルクス本来の革命思想だけを対象として、これを批判するに必要と思われる手がかりを示唆するにとどめたい。マルクス本来の革命思想が保有する基本的性格は、積極的、消極的にあらゆるマルクス主義の宗派に浸透しているから、前者を検討しさえすれば、後者の批判もまたおのずから可能になると思う。

まず第一にマルクスの革命思想が哲学から出発し、哲学に帰着している点に注目すべきである。原始マルクス主義は骨の髄まで哲学的であった。この意味においてマルクスの革命思想はドイツ思弁哲学と同様の長所と欠点とを持っている。ヘーゲル哲学の内容と方法とを承継した結果、原始マルクス主義はヘーゲル哲学と同様に普遍的であり、総合的であり、体系的である。そのかわり原始マルクス主義はヘーゲル哲学と同じく一面的であり、非経験的、非実証的であり、独断的である。

すでに触れたようにマルクスの革命思想の中核をなすプロレタリアートという概念は、労働者階級の生態から経験的、帰納的に形成された概念ではなくて、ヒューマニズムの徹底とドイツ革命の完遂という理論的、実践的課題の解決のために、ヘーゲル哲学の中から合理的、演繹的《えんえきてき》に創出されたいわば形而上学的範疇《はんちゅう》である。したがってプロレタリアートのブルジョアジーに対する階級闘争もまた、現実の労資の対立とは一応遊離した、闘争のための不倶戴天の闘争と化している。このようなプロレタリア観、階級闘争観は、現実の労働者階級がたとえば絶対専制主義下の支配階級に対して燃えるような階級的憎悪をいだいている場合、これを宗教的憎悪にまで高揚し、激発するであろう。帝政ロシアの場合がその好例であった。しかしこれは労働者と資本家との対立というよりは、民衆とアンシァン・レジームとの対立と考えるべき点が多い。

したがって市民革命が早期に完遂された西欧民主主義の諸国においては、マルクスの革命思想はきわめて非現実的なものとなりがちである。イギリスやアメリカの労働者階級がマルクス主義に対して冷淡であるという厳然たる事実は、単に超過利潤論や労働貴族説によってかたづけられるものではなく、マルクス主義に対してもっと根本的な反省を要請していることを忘れてはならない。いな、帝政ドイツのような半絶対専制主義国においてさえ、労働者階級の小市民化は修正主義の勝利を不可避にし、第二インターナショナルを崩壊させた。これを一部ダラ幹の裏切り等によってごま化そうとする試みほど、史的唯物論の精神に反するものはない。このような厚顔無恥なごま化しが行なわれることこそ、マルクス主義の独断性、非経験性がほとんど抜きがたい習性となっていることを示している。換言すれば科学的社会主義を呼号するマルクス主義は、意外にも驚くほど非科学的なのである。

第二に見落とせないことは、マルクス主義が包蔵する宗教的性格である。原始マルクス主義におけるプロレタリアート概念は、単に哲学的であるにとどまらず、人間解放、人間性奪回という神聖な使命を負わされた使徒であり、宗教的戦士であった。プロレタリアートの階級闘争は階級なき社会という地上における神の国を建設するための聖戦である。さらに原始共産制から階級社会へと転落し、古代奴隷制、中世封建制、近代資本制を経て、最後に世界革命により共産主義の自由の王国へと到達するというマルクスの史観そのものが、原罪による人類の堕落と、キリストの再臨による最後の審判を説くキリスト教の終末観と一脈相通ずるものを含んでいる。こうしてマルクス主義はマルクスを教祖とし、『共産党宣言』と『資本論』を聖典とする一大教会の形態をとり、教皇、枢機卿《すうきけい》、司教、司祭といった大小の聖職者を生み出し、僧俗の差別さえ現わす。マルクス主義が負のキリスト教（Negative Christianity）*と呼ばれるのはこのためである。

＊　Mac Murray : The Creative Society, 1935, p.144.

マルクス主義の宗教性はある意味でマルクス主義の強みでさえあるが、その終末観的な歴史意識は史的唯物論の方法とははなはだしく矛盾する結果を招く。すなわちキリスト教徒が最後の審判を待望するように、マルクス主義者は世界革命を眼前に期待する結果、ややもすれば条件の成熟をまたずに革命を焦燥しがちである。マルクスは元来豊富な歴史意識に恵まれ、フランスの社会主義から強い影響を受けながら、社会主義を単なる空想的理念として追求することに満足しないで、社会主義の実現には資本主義的生産関係と矛盾するほどに発達した生産力を不可欠の条件とすることを主張した。これこそ『資本論』が社会主義実現の主体的、客観的諸条件を徹底的に追求した理由であり、彼が自己の社会主義を科学的社会主義として、空想的社会主義から峻別《しゅんべつ》した根拠でもある。しかし現実主義的なマルクスには意外に狭い限界があって、この限界を一歩出ればマルクスは純然たる空想主義者であり、終末論者であった。今から百年ないし百二十年も前にマルクスが世界革命を期待していたことは周知の事実であり、国家の死滅、階級なき社会の実現、必然の世界から自由の王国への飛躍をかなり近い将来に夢想していたことも疑いない。彼は全世界が社会主義の段階に入るまでには、きわめて長期の困難な過渡期が必要であり、しかもその過程は各国の地理的、歴史的特質に応じて各種各様であろうこと、さらに「各人がその能力に応じて働き、その必要に応じて受けとる」いわゆる共産主義社会にいたっては全く非現実的ともいうべきはるか将来の夢であることを十分自覚していなかった。もっとも百二十年前に世界革命を期待したことは批判に値しようが、百二十年前に資本主義の没落を予言したことは天才的といえよう。予言者の天才、革命家の天才が理想社会の到来を過早に判断したからといって、何人もこれを非難できるものでない。ましてや理想社会がはるかかなたに存するという理由で、社会改革を否認し、現存社会の矛盾に眼をおおうにいたっては言語道断というべきである。

第三にマルクスの革命思想に関して批判されなければならないのは、マルクスの立場からは人格の尊厳が基礎づけられないという点であると思う。他にかけがえのない、歴史においてただ一回しか生起しない個別的な人格の本質は、マルクスにとっては永遠の謎にとどまっている。もちろんマルクスが現存社会における人間の自己疎外を暴露し、その根源が生産手段の私有に存することを衝《つ》いて、共産主義革命により人間性を奪回しようとしたことはすでに述べたとおりである。だからこそマルクスにおいて共産主義はヒューマニズムとして把握されていたのである。

しかしマルクスのヒューマニズムはその発端——現存社会における人間の自己疎外に対する憤激——とその結末——人間性の完全なる実現としての共産主義——とに局限されており、共産主義の実現過程そのものは物質的生産関係を基盤とする階級闘争にゆだねられている。この過程において主体的なものはプロレタリアートであるが、プロレタリアートは前述のように形而上学的範疇であることを度外視してもなお個性を没却した集団であり、全体であって、一回生起的な人格の尊厳は集団としてのプロレタリアートの階級意識の中へと完全に埋没されてしまっている。こうしてマルクスは人間を自己疎外の魔術性から解放しようとしながら、かえって物質的生産力やプロレタリアートという集団の魔術性に呪《じゅ》縛《ばく》してしまった。ここにマルクス主義が〝プロレタリアートの独裁〟の名において、全体主義的な奴隷制を生み出す危険が潜んでいる。これはマルクスが人間を社会関係の中へと歴史的に解消したことから来る必然の帰結であって、この点については「フォイエルバッハと死の思想」を参照されたい。

最後にマルクスの革命思想からわれわれが学ぶべき最大のものは何であるかを考えてみ

たい。私見によれば、それはマルクスが人間の自己疎外、ないし物化（Verdinglichung）という現代の根本的病弊に注目し、その根源が生産手段の私有財産制にあることを暴露し、生産手段の社会化によって、人間の自己疎外を揚棄しようとした点である。マルクスの体系には数多くの誤謬《ごびゅう》が含まれていることはいまさらくり返すまでもないが、それらの誤謬にもかかわらず、人間の自己疎外とその揚棄とに関するマルクスの根本認識はけっしてまちがっていない。現存社会に対する批判と社会改革への要請は、人間の自己疎外に関するマルクスの透徹した把握にまで沈潜するのでなければ、浅薄皮相なものにとどまる。これを怠った社会改革の原理が、どのような誘惑にとらわれ、どのような迷路におちこむかは、後述するラッサールの運命によって如実に示されるであろう。

第二章　フォイエルバッハと死の思想

一　父と子

ルードヴィヒ・アンドレアス・フォイエルバッハ（Ludwig Andreas Feuerbach）――彼は通常ルードヴィヒ・フォイエルバッハと署名しているから、以下ルードヴィヒと呼ぶことにする――は一八〇四年七月二十八日、バイエルンのランズフートに生まれた。父パウル・ヨーハン・アンゼルム・フォイエルバッハは十九世紀前半最大の刑法学者の一人であった。彼には五人の息子《むすこ》があり、いずれも豊富な天分に恵まれ、学問に精進してりっぱな業績をあげている。すなわち長男フライブルク大学教授ヨーゼフ・アンゼルム（一七九八年九月九日生―一八五一年九月八日死）は「ヴァチカンのアポロ」によって考古学界に確固たる地歩を占めており、次男エルランゲン高等学校教授カール・ヴィルヘルム（一八〇〇年五月三十日生―一八三四年三月十二日死）はいわゆるフォイエルバッハの円によって数学史に不朽である。三男エルランゲン大学教授エドゥアルト・アウグスト（一八〇三年一月一日生—一八四三年四月二十五日死）はゲルマン法の分野に令名高い法学者である。四男が問題のルードヴィヒで、五男のフリッツ（一八〇六年九月二十九日生—一八八〇年一月二十四日死）は一生ニュルンベルクの隠者として終わったが、四人の兄に劣らぬ才能を持ち、ルードヴィヒの哲学に深く傾倒して数冊の書物を遺《のこ》しているほか、サンスクリット等語学の天才でもあって、『マノン・レスコ』の翻訳者としても知られている。

このようにフォイエルバッハ家は天分の遺伝についての絶好の例証である。この家の遺伝質が学者的なものだけに限られていなかったことは、ルードヴィヒの甥《おい》アンゼルム（一八二九年九月十二日生—一八八〇年一月四日死）が作品「イフィゲーニエ、プラトンの饗宴」等で令名高い画家であったことによって知られる。ルードヴィヒの生涯と思想とは、このフォイエルバッハ家の高邁《こうまい》な雰囲気《ふんいき》を離れては絶対に理解できない。特に五人兄弟の中で父の伝記を公にしたのがほかならぬルードヴィヒであったことを想起すれば、ルードヴィヒの生涯と思想とが、刑法学の泰斗パウル・ヨーハン・アンゼルム・リッテル・フォン・フォイエルバッハのそれと不可分に結びついていることを疑いえまい。アンゼルムとルードヴィヒとは天才家系フォイエルバッハ家の中で、格別の相性のよい父と子であった。こうしてルードヴィヒの「生涯」は、父アンゼルムの生涯の素描から出発しなければならない。

パウル・ヨーハン・アンゼルム・フォイエルバッハは一七七五年十一月十四日イェナに生まれ、一八三三年五月二十九日フランクフルト・アム・マインに没した。彼は哲学者になろうとして、一七九二年以来イェナ大学で哲学を専攻し、学位を得たが、父親の意に反して早く結婚し、早く子を持ったので——彼は一七九七年ヴィルヘルミーネ・トロェステルと結婚し、翌年には長男のアンゼルムが生まれた——生活のため不本意にも哲学を棄《す》て、法律学に転じた。法律学を選んだのはパウル・ヨーハン・アンゼルムの父が弁護士であったことと、哲学よりははるかに収入の機会に富むものと考えられたからであったが、彼の天才は早くもこの分野に頭角を現わし、一七九八年には処女作『大逆罪研究』をもって刑法学者としての地位を確保した。イェナ大学に私講師として三年勤務したのち、員外教授に、つづいて正教授に進んだが、やがて同僚の嫉妬《しっと》と上司の圧迫をのがれて一八〇二年キール大学に移り、一八〇四年にバイエルン政府から同国刑法典の起草を託された。ルードヴィヒが生まれたのはちょうどこの時期であった。

バイエルンの刑法典はアンゼルムの生涯における代表的な業績であり、刑法学に対する画期的な寄与であった。彼はこの刑法典によって拷問の弊風を一掃し、近代的行刑制度を完成した。この功によって彼は一八〇八年貴族に列せられている。一八一三年に世に出るやいなや、彼の法典はバイエルンのみならず、ザクゼン、ワイマル、ヴュルテンベルク、オルデンブルクその他の諸国で採用された。アンゼルムが立法家としていかに卓絶していたかを知るべきである。一八一七年彼はバイエルン高等裁判所長に就任し、枢密院顧問官となった。

アンゼルムの本領は、しかしながら立法技術には存しなかった。彼の真に偉大な点は刑法学の思想的根拠を確立した点にある。彼が本来哲学に第一義的関心をいだき、イェナ大学でカント、ロック、ヒューム等を根本的に研究していたことは、この場合非常な強みであった。彼はまた刑事問題に関する心理的研究にも先鞭《せんべん》を着けたし、当時起こったカスパル・ハウゼル事件について、一八三二年一書を著わし、正義感を喚起した。刑法理論における威嚇《いかく》主義の創始者としての父アンゼルムと、ヒューマニズムと愛の哲学者ルードヴィヒとの間に、どのような必然的関係があるか？

父アンゼルムの生涯を一貫するものは、燃えるような愛情と正義感とであった。愛情と正義感とは別々のものでなく、人間愛・人類愛の両面であった。人間、人間性、人類に対する愛は、人間性の同志に対する強い愛情となる反面、人間性の敵に対する激しい敵意としては正義感の形態をとる。アンゼルムは少年時代に「人間の力は限られているが、人類は何でもできる」と書いている。刑法上の威嚇主義は、個々の犯罪者に対する敵意の奥底に、この人類ないし人間性への深い信頼を蔵している。ルードヴィヒの哲学が類としての人間、すなわち人間性に対する信仰的な愛情をモチーフとしていることは、後に述べるが、この個人の奥底に厳存する人間性への狂気じみたほど激しい愛情は、フォイエルバッハ家の遺伝質であった。〝火の川〟という家名はまことにこの点で象徴的であるといわなければならない。

父アンゼルムは少年時代から愛情、特に友情と異性の愛とに敏感であった。彼は理性の人であるよりは、情熱の人であった。彼の愛情に対する感受性は、当時全ヨーロッパを風《ふう》靡《び》していたヴェルテル熱によって一段と先鋭化した。『若きヴェルテルの悩み』は、そのまま彼の悩みであった。彼の恋人マリアンネからの手紙を待ちわびて、友人バイエルに「もう彼女に三通も手紙を書いた。私の涙とため息とでいっぱいになった手紙を苦痛と哀愁とをこらえて書いたのだが、ああなんたることか、一行の返事も来ない！　云々《うんぬん》」とヴェルテル調の手紙を書いている。彼のヴェルテル熱はけっして青春時代の気まぐれに終わらなかった。刑法学の大家として社会的地位を築いた後も、アンゼルムは永遠の青年たることをやめなかった。晩年の女友だちエリーザ・フォン・デル・レッケ――当時のいわゆる「うるわしき魂」の一人――は父アンゼルムをヴェスヴィアスと呼んでおり、彼自身が彼女あての手紙にヴェスヴィアスと署名している。

父アンゼルムのヴィルヘルミーネ・トロェステル（一七七四年一月四日生）との結婚は両親の反対にもかかわらずきわめて幸福であった。彼女は端麗な女性で、情熱の人アンゼルムに家庭的な安息を与え、五人の息子と三人の娘に申し分のない教育を施した。彼女は経済的手腕にも恵まれていたことは、アンゼルムがしばしば特筆して賞揚している。ルードヴィヒがこの母をいかに熱愛したかは、彼が学生時代に母に書き送った数多い手紙によって知ることができる。父アンゼルムのルードヴィヒに対するあふるるばかりの愛情と、ルードヴィヒの父に対する深い敬愛との事例は後に触れる機会があるはずである。今やルードヴィヒ自身のおいたちを語る時が来た。

二　神学と哲学

ルードヴィヒはバンベルクの中学校で一八一六年晩秋まで学んだのち、翌年から一八二二年にかけてアンスバッハの高等学校に通った。バンベルク時代から彼は規律正しく、品行方正で勤勉であった。無口で、しかも明朗な性質であったことも当時の証明書に現われている。彼自身の語るところによれば、宗教に対する深い関心は十五歳ないし十六歳の時から決定的となったようである。この場合注目すべきは、彼の宗教に対する関心が、学校や教会等外部から教え込まれたものではなくて、純粋に彼自身の内部からわき出たものであったことである。この点は彼自身が強調しているところであり、ルードヴィヒの生涯と思想とを貫く重大な根幹である。彼は外部から影響を受けることほとんどなく、もっぱらみずからの内部から自己の問題を採り出し、全生涯をこの内部からの問題の解決にささげた数少ない宗教人ないし哲学者の一人であり、その意味で彼は生まれながらの宗教人であり、哲学者であった。それゆえ少年時代に一度宗教に関心をいだいて以来五十年間、彼は宗教以外のいかなるものにも気を散らすことなく、宗教の問題に文字どおり専心した。彼が三月革命をめぐる政治的、経済的危機に際しても、ほとんど政治経済の問題に振り向こうとしなかった根因は実にここに存する。もちろんルードヴィヒが関心を持ったのは、祈《き》禱《とう》や賛美歌の教会宗教ではなく、人間性の本質に根ざす宗教的心情であったことは断わるまでもあるまい。教会宗教は政治や経済に無関心などころか、歴史が示すとおり保守反動勢力と不可分に結託している場合が多く、それ自体強力な政治的経済的勢力である。

さてルードヴィヒは宗教問題に深く心ひかれた結果、宗教を生涯の課題と定め、神学者になろうと決意した。彼は直ちに聖書の研究に着手し、旧約を読むためにヘブライ語の個人教授を受けた。一八二二年秋に高等学校を卒業したが、翌年の春まで約半年間自宅で勉強を続けた。当時彼が愛読したのはギボンの『ローマ帝国衰亡史』、モスハイムの『教会史』、ヘルデルの『神学研究入門』、アイヒホルンの『新旧聖書解説』等であった。なかんずくヘルデルのキリスト教観、すなわちキリスト教における実践的な人間愛の強調はルードヴィヒに深い感銘を与えた。彼は手記に、キリスト教が肉体と精神に対する強制となるやいなやそれはもはやキリスト教ではないとして、教会キリスト教を鋭く批判し、歴史こそ聖書と教義との母体であると断じている。早くもここにフォイエルバッハの宗教哲学の萌芽《ほうが》を見いだすことができよう。

フォイエルバッハがヘブライ語の個人教授を受けたのはラビのヴァッセルマンであった。ヴァッセルマンのもとでルードヴィヒは同年輩の彼の息子と親しくなった。このラビの息子はのちの有名な宗務顧問官ヴァッセルマンであって、ルードヴィヒの彼との交友は生涯にわたって続いている。やがてルードヴィヒはラビの息子にラテン語を教えるようになったが、このユダヤ人の少年はフォイエルバッハ家への途中で腕白小僧どもの迫害を受け、ひどくなぐられたのをきっかけに神経熱に苦しむこととなった。当時神経熱は伝染するものと考えられていたので、ユダヤ人の友人たちはだれ一人としてヴァッセルマン少年を見舞わなかった。ルードヴィヒは伝染を恐れないわけではなかったが、不幸な少年を見舞うことを義務と感じて彼のもとを訪れた。ルードヴィヒの人間に対する愛情のこまやかさを知るべきである。

高等学校を卒業した翌一八二三年の復活祭に、ルードヴィヒはハイデルベルク大学に進んで神学を学んだ。父アンゼルムがルードヴィヒの勉強ぶりに満足し、その将来に嘱目していたことは、同年六月二十六日付のルードヴィヒあての手紙で、「おまえが学問と真剣に取り組めば取り組むほど、早く突っ込めば突っ込むほど、高く昇《のぼ》ろうとすればするほど、おまえはますます満足し、朗かになるだろう。しかし向上の道はけわしい。忍耐と勇気とが必要だ」とさとしていることで知られよう。しかしやがて間もなくルードヴィヒは、ハイデルベルク大学に失望し、ベルリン大学に転ずることを父アンゼルムに熱願することになった。当時ハイデルベルクではH・P・G・パウルスが合理主義の神学を講じていたが、彼の講義はルードヴィヒにとっては、「詭弁《きべん》のかたまり」にすぎなかった。わずかにルードヴィヒをいくらか満足せしめたものは信条論のカール・ダウプだけであった。ダウプは「雑草と茨《いばら》との中にあって、認識と学問との美果を求めうるただ一本の樹」であったが、ベルリンには、「真理を追求する旅人を木陰にやどして、その美果をもってねぎらう庭いっぱいの花咲く樹々」があるはずであった。一八二四年一月八日付父アンゼルムあての手紙によれば、ルードヴィヒのベルリンへの思慕はもはやおさえがたいまでに高まっている。

しかしここに注目すべきは、彼がベルリン遊学を切望したのは、もはや神学を学ぶためではなかったことである。右の手紙にはなるほどシュライエルマッヘルの聖書学やネアンデルの教会史に対する期待が述べられていたが、他面ベルリン大学の哲学の講義がハイデルベルクのそれに比して格段にすぐれていることがベルリン転学の大きな根拠としてあげられていることを忘れてはならない。しかしルードヴィヒは神学を棄てて哲学に専念する決意をいまだ固めるには至っていない。

ベルリン遊学は父アンゼルムの好むところではなかった。ベルリンは大都会で学資もかさみ、誘惑も多いというのが主なる反対理由であった。これに対してルードヴィヒは、みずから享楽的でないことを力説し、堕落する機会は大都会以外にもどこにでもあると陳弁これつとめて、ついに父アンゼルムを説得することに成功した。

一八二四年の復活祭にルードヴィヒはベルリンに転じた。ベルリン到着後四週間目に書いた父あての手紙で、ルードヴィヒは、かれがヘーゲルに魅了されてしまったことを告白している。おりからヘーゲルはその全盛期にあり、ベルリン大学に招かれてよりすでに五年を経て、哲学の体系はほとんど完結し、その盛名はドイツはもちろんヨーロッパを圧していた。ルードヴィヒがヘーゲルにひかれたのは、なによりもまず彼の整然たる体系によってであった。ルードヴィヒは生来理性的というよりは情熱的、感情的な性向を父よりうけていただけに、みずからの対極としてヘーゲルの理論の冷徹さと、構想の壮大さとにいたく感激した。

父アンゼルムはルードヴィヒのヘーゲルに対する熱狂ぶりを見て、少なからず心を痛めた。彼はみずから青年時代に哲学を志したことがあっただけに、ルードヴィヒが今やひたむきに哲学に進もうとしていることを直観した。哲学では生活できないというのがアンゼルムの信念であり、彼自身八人の子供を持って生活の苦労は十分知っていたので、なんとかルードヴィヒに哲学を思いとどまらせることはできないものかと彼が苦慮したのも無理はない。しかしルードヴィヒの決意は固かった。一八二五年三月ルードヴィヒはついに勇気をふるって父に左のような手紙を書いた。

「神学は、もはや勉強できません。お父さん。どうかあなたの息子に自由を許してください。内部的な可能性が欠けているところでは、他の顧慮や、反省や、その他外部的根拠の支柱や梁《はり》はとてももちません。老人の口に合う食事は、威勢のよいものにとっては消化がよくありません。……パレスチナは私には狭すぎます。私はどうしても広い世界へ出てゆかなければなりません。この広い世界はただ哲学者の肩の上にだけあります。人類の歴史は朝から晩へと進みます。東洋の年若い美しい魅力から私はゲルマンの哲学の成熟した男性的な思慮へと立ち帰ります。私がどうしても神学を固執しなければならないとすれば、私は自由人であることをやめて奴隷になってしまいます。……私の要求は無限で、無条件です。私は自然を抱きしめたい、卑怯《ひきよう》な神学者は自然の深さの前にふるえたじろき、他方科学者には自然の意味がわかりません。ただ哲学者だけが自然の救済を完成できるのです。そして人間を、全人間を抱きしめたい。

……お父さん！　怒ってあなたの息子を見はなさないでください。……きたならしい坊主の手をのがれて、アリストテレス、スピノザ、カント、ヘーゲルのような偉大な精神を友に持つ快感をともにしようではありませんか」

この注目すべき手紙には、ルードヴィヒ・フォイエルバッハの神学への決別がきわめて露骨に示されているばかりでなく、彼の人間中心主義と自然中心主義が早くも示唆されている。ルードヴィヒは二十一歳にして早くもみずからの哲学の礎石をおいたのである。

父アンゼルムはルードヴィヒの思想的発展を危惧《きぐ》し、ベルリンにいた旧友たちの助力をかりてルードヴィヒを神学に引き戻そうと努めた。ルードヴィヒは父の命によって財務顧問官デュルと刑事顧問官エドゥアルト・ヒッツィヒを訪れた。特にヒッツィヒはルードヴィヒに好意を持って、しばしば彼を自宅の茶会に招いた。ルードヴィヒはそこでベルリンの社交界を瞥見《べっけん》する機会を得たが、生来非社交的な彼はほとんどこれに興味を示さなかった。

父アンゼルムがルードヴィヒの哲学専攻にしぶしぶ同意したころには、ルードヴィヒのヘーゲルへの傾倒はすでに峠を越して、ヘーゲル哲学への不満がはっきりした形をとって現われはじめていた。一八二六年に彼がヘーゲルから別れるに際して、「今から自然科学の研究を始めます」と語ったことは有名であり、後年彼が書いているところによっても、彼がヘーゲルのどのような点に不満を感じたかは明らかである。ルードヴィヒは神学と哲学との関係に関するヘーゲルの見解が、結局神学の合理化に帰着することを洞察し、神学からの断然たる決別の必要を体得したのである。彼の自然科学への関心は実にそこに淵源《えんげん》している。一八二七年から翌年にかけての間に執筆された『私の哲学的履歴の特質について』*の中で、ルードヴィヒはこのことを明言している。

* Ludwig Feuerbach : Werke, II. S. 380.

ルードヴィヒはバイエルン王国の奨学資金を受けていたので、ベルリン大学修業後、さらに一年間バイエルンの大学に学ばなければならなかった。彼はエルランゲン大学を選んで、そこで解剖学、植物学、生理学等主として自然科学を研究した。この哲学者として場違いの勉強が、やがてフォイエルバッハの思想的成長に重大な影響を与えることになるはずである。

エルランゲン大学を終えると、ルードヴィヒは父の家に帰って学位論文を執筆した。論文は「統一的、普遍的、無限的理性について」(de ratione, una, universali, infinita) と題するラテン語の労作で、一八二八年の夏ルードヴィヒはこれによってエルランゲン大学で学位を得た。彼は同年十一月二十二日付の手紙をそえて論文をベルリンのヘーゲルに贈呈している。学位論文はヘーゲルの立場から出発し、つとめてヘーゲルの方法に忠実であろうとしているにもかかわらず、少しく子細に見れば、そこにフォイエルバッハ独特の思想の萌芽を発見するのは難《かた》くない。すなわち早くも人間は思惟《しい》において類的本質としてとらえられている。

ルードヴィヒの学位論文は父アンゼルムを大いに満足させた。父はルードヴィヒが早くも大思想家の片鱗《へんりん》を示したことに欣喜《きんき》して、彼が一日も早く哲学教授としての安定した地位を得ることを切望した。ルードヴィヒは私講師として一八二九年からエルランゲン大学で講義をはじめた。講義はまずデカルトとスピノザについて始められ、ついで論理学と形而上学を経て近世哲学史に及んだ。ルードヴィヒはやがて著作者としては論理の先鋭と文《ぶん》藻《そう》の豊富と、そしてなによりもすばらしい諧謔《かいぎゃく》と風刺とで独特の地歩を築いたが、講義に関する限りでは成功をおさめなかった。しかし当時の講義草案を見れば、ルードヴィヒがヘーゲル主義を歩一歩脱皮して、哲学と宗教との革命を準備してゆく過程をたどることができる。すなわち神の本質について彼が草案にしるしているところを見れば次のとおりである。

「自然は発生したものであって、自然はみずからの上に、そしてみずからの前に一つの原理を前提としている。この原理が神、精神あるいは他の名で呼ばれるものである。ところで神は自然を作ったのではない。……」

ルードヴィヒはこの時代にかの有名な風刺的神学的連詩を作って、教会キリスト教を痛烈に罵《ば》倒《とう》した。今その二、三を紹介しよう。*

* Ludwig Feuerbach : Werke, Ⅲ. S. 117—129.

キリスト教国家

キリスト教は今何であろうか？

警察の御意のままに安全に、
三度の食事にありつくために、
俗物の国へ入るためのパスにすぎない。

キリスト教のパン学問

パンを食べることは、たしかに、
キリスト教の神が許してくれる。
しかし考えるためのかてをも神は与えてくれるだろうか？

信仰の責め苦

信仰にはなぜこんなに労苦がかかるのか？
それは人間を人間にするものを信仰は人間から奪うからだ。

真の原理

真の宗教は人間性の中の真なるもの、善なるものの上に築かれており、
けっして罪の泥沼の上に基づいてはいない。

無益な彼岸

君がここで悩んだものは、けっして彼岸で補ってもらえるわけではない。
飢えをもはや感じなくなってから、食事は何の役に立つものか？

医学と神学

牧師と医者とは互いに助けあっている。
医者の犯した失策は、牧師が始末する。
人間が悪い折りに死なず、自然がさだめた秩序に従って死んでゆき、
したがって人間がもはや生きながらえることを強《た》って求めないように医学の力でなれば、
神学の存在理由は消失してしまう。

人間の不死

君は死んでからも生命が欲しいのか？
ああ、そんなことをするよりは、人類が、
将来君を愛情をもって思い出すように努力したほうがましだ。

ルードヴィヒは一八三〇年に匿名で処女作『死と不死について』を発表した際（ニュルンベルクのヨーハン・アダム・シュタイン書店）右の連詩を付録にした。

三　死の思想

フォイエルバッハを一応マルクスとの関係から切り離して、一人の独立した思想家として理解するためには、まず謙虚にフォイエルバッハの思想のモチーフは何であったかを反省してみることが必要である。彼の主要な著作を年代順に並べてみれば、処女作の『死と不死について』（一八三〇年）から最後の『神、死、不死』（一八六六年）に至るまで、死と不死との問題が一貫して採り上げられていることが知られよう。彼の主著『キリスト教の本質』（一八四一年）、『宗教の本質』（一八四五年）も不死の問題を取り扱っていることはもちろんであり、一八四六年の『人間学の立場から見た不死の問題』もまた同様である。こうしてフォイエルバッハにとって、死と不死との問題の究明が根本的なモチーフであったとすれば、この問題を真正面から採り上げた彼の処女作『死と不死について』が、彼の思想にとってどのような意義をになうものであるかはいまさら強調するまでもあるまい。

そもそも偉大な思想家にとって、その青年時代が決定的に重要であることは、ディルタイのヘーゲル研究をまつまでもなく明瞭である。マルクスの思想が彼の二十五、六歳当時、すなわち一八四三年―四四年の『ヘーゲル法哲学批判』『ユダヤ人問題』『経済学哲学草稿』を離れては理解しえないのと同様に、フォイエルバッハの思想も彼の二十六歳の作品『死と不死について』（一八三〇年）を無視しては解明することができない。今日まで彼の

『死と不死について』がわが国に紹介されなかったのは、フォイエルバッハの思想を理解しようというまじめな意欲がわが国に存しなかったことをなによりも雄弁に立証するものといわなければならない。

フォイエルバッハはなぜ死と不死との問題を彼の思想のモチーフに選んだのであろうか？　この問いはフォイエルバッハの思想の中核に迫る問いである。フォイエルバッハは少年時代から宗教の問題に深い関心を示した。しかもこの関心は両親や、学校や、教会からの影響によるものではなく、彼の内奥からの要求であった。その意味で彼は生来の宗教人、すなわち宗教的な人間であった。もちろんこの場合宗教とは教会宗教ではなく、宗教的心情であることはいうまでもない。すなわちフォイエルバッハは宗教的心情の深い性格であった。

ここでそもそも宗教とは何であるかについて反省してみる必要がある。宗教の本質が何であるかはそれ自体深い検討を要する難問であるが、それが人間の死に対する恐怖と不可分に結びついていることだけは何人《なんぴと》も否定しえないであろう。*人間は死を恐れる。もちろん動物もみずからにふりかかってくる災害を本能的に恐れるが、人間のように生命が有限で、死が不可避であることを知らないから、したがって動物は死の恐怖を持たない。理性的存在としての人間のみが死を恐怖し、この恐怖をのがれるために宗教を求めるのである。このように宗教は人間の死に対する恐怖から生まれるものとすれば、宗教は人間の不死に対する信仰にほかならないこともまたおのずから明らかであろう。

＊ MacMurray : The Creative Society, 1935, p.8 参照。厳密な意味の宗教は教祖を必要とし、また、超越者との媒介的位置に立つべき教団を要求するであろう。ここでは広義の宗教を考えている。

ところで人間の不死に対する信仰は二つの形態を採りうることを忘れてはならない。第一の形態は現世において死を免れない個人が、来世、すなわち彼岸において不死の生命を得るという信仰である。近世のキリスト教も仏教もこの信仰に属することはいうまでもない。いま一つの形態は来世や彼岸を否定し、したがって個人の不死を認めないで、人類のすなわち人間性の不死を信仰することによって死の恐怖を克服しようとする立場である。フォイエルバッハはこの立場に立っている。フォイエルバッハが『死と不死について』において精魂を傾けて努力したことは、個人の不死を信ずる彼岸信仰を打倒して、現世における人類の不死への信仰をもってこれに代えることであった。彼は個人が不死ではないこと、現世の死が仮死ではなく、正真正銘の死であることを力説し、この厳然とした事実をまず率直に承認するのでなければ、真実の生活を始めることができないゆえんを次のように力説している。＊

＊ Ludwig Feuerbach : Werke, Ⅲ. S. 10.（猪木日本訳『死と不死について』二七ページ）

「単に仮死があるばかりでなく、完全に個人の生命を閉じる真実の、正真正銘の死があるということを人間が再び認識するときにおいてのみ、人間はあらためて新しい生活を始める勇気を得、絶対的に真実で、実体的なもの、真実に無限なものをみずからの精神活動の主題と内容とにしたいというさし迫った欲求を感ずるであろう。人間が死の真理を承認し、死をもはや否認しなかったときにおいてのみ、人間は真の宗教性、真の自己否定をよくするであろう。」

個人の不死に対する信仰を完全に否定した後に、フォイエルバッハは、真に不死であるのは個人ではなくて人類すなわち人間性であること、人類の不滅の青春に対する信仰だけが、真に人間の死に対する恐怖を克服できることを説いていわく、*

＊　前掲書 S. 82.（日本訳一六二ページ）

「ところで君の不死の信仰が真の信仰であるのは、君が精神、意識の無限性と真理とを信じ、人類の不滅の青春を信じ、人類がこの特定の、現在の個人の実存から独立した実存を持つことを信じ、したがってまた、この現在の、特定の個人が不死でもなければ、不滅でもないこと、すなわち真実のところ窮極の個人ではなく、それでもって人類と歴史との実体が出つくしてしまうわけではないことを、君が信ずる場合においてのみである」

と。

それではフォイエルバッハはなぜ個人の不死を信仰する彼岸信仰を打倒しようとするのであろうか？　死の恐怖を克服するがために彼岸へ逃避しようとする考え方は、現世における邪悪をそのまま放置することとなり、現存社会秩序の無批判な是認に傾きやすい。来世がバラ色に描かれ、理想的なものとされればされるほど、現世はどうにも手のつけようのない灰色で塗りつぶされることになる。逆に現世が不満足なものと感じられれば感じられるほど、来世はいよいよ光栄あるものとされる。フォイエルバッハは次のように説く。*

＊ 前掲書 S. 6.（日本訳二〇ページ）

「純粋の、裸の人格性だけが本質的なものとして把握された。しかし個々の人格にとっては、みずからをそのように把握する場合、現世の生活はしごく不適当な状態である。この世界にはけっして純粋の、単純な人格性は存せず、ここでは人格性はいたるところで全面的に制限を受け、制約され、抑圧され、圧迫をこうむり、多種多様な情状やいたましい性質やによって、煩わされ、不純にされている。それゆえいかなる性質によっても、その相克や区別やによっても制約を受けない第二の生活がどうしても存しなければならないことになる。……現世においては純粋の人格は単に表象された、理念的なものにすぎないので、表象された人格が現実的な人格であり、理念的な人格が現実性を持つような存在がどうしても加わってこなければならないことになる。……主体は自分自身の中が浅薄でかつ空虚であるから、現世の影、すなわち現世の皮相な外観を知っているにすぎない。主体は世界の影を世界そのものであると取り違えている。したがって真実の、真正の世界そのものは、主体にとっては必然的に影すなわち未来の夢の姿にすぎないことになる。」

このように来世の Sollen（当為）が現実の Sein（存在）と不可分の補完関係に立つ結果として、貧しき者、しいたげられる者の宗教であったキリスト教——富める者が神の国に入るのは、ラクダが針の穴を通るよりもむずかしい——は、現世における富める者、しいたげる者の宗教に変質してしまう。およそ当為と存在、Sollen と Sein とを峻別《しゅんべつ》する理想主義の立場が、義務の至上命令にもかかわらず、Sein の絶対化、現状の肯定に導きやすいことは、ゲオルク・ルカッチがみごとに立証したところであるが、*ルカッチの百年前にフォイエルバッハがこれをいみじくも喝破《かっぱ》していることを忘れてはならない。

＊ Georg Lukacs : Gechichte und Klassenbewusstsein, 1923. 本書全体がこの問題を取り扱っているが特に Die Verdinglichung und das Bewusstsein des Proletariats 中の Die Antinomien des bürgerlichen Denkens S. 122, 163 は全章この解明にささげられている。この意味で本書は『死と不死について』の続篇であるといえよう。

すなわちフォイエルバッハはいわく、「さらにわれわれは、無数の人々が現在を、現在の精神、現に存在している意見、制度、原則および原理を絶対的なものとして固執していることを知っている。しかしこの現象はあらゆる時代にくり返し見いだすことができよう。平凡な感性的な人間にとっては、現在を超克しがたい絶対窮極的なものと考え、現在とともに歴史の運動を中断することほど容易なことはない。地球を超えて天体の観察へと飛躍しうるものだけが、地球の運動を認識できる。現在の終局を見通し、その限界を超克して、現存する原則と原理との固い殻をつき破って、永遠の生命の、永遠にわき出る噴泉を感知することは、ごく少数のものにだけ許される。いたるところで、いつまでも同様であるもの、変化しないもの、という外観を呈する表面を超えて奥底へと迫り、創造する時間の脈《みゃく》搏《はく》を聴きとることは、ごく少数のものにだけ許される。なぜならば生成する精神、すなわち未来の明るい輝かしい日は、いつでもさしあたってまず少数の個人の薄暗い予感と憧憬《どうけい》との中に現在の偶像に対する嫌悪《けんお》とその虚無性についての意識的洞察との中に現われ出る。多分この筆者の精神も、現在の殻の下にわき出ている永遠の生命の噴泉からのはかない一滴であろう」と。*

＊ Ludwig Feuerbach : Werke, III. S. 10.（日本訳三五ページ）

フォイエルバッハは宗教の問題以外にはほとんど関心を持たず、特に政治問題にはきわめて消極的であったが、それはけっして彼が実践的でなかったことを意味するものではない。ここに示されているようにフォイエルバッハはすぐれて実践的であった。社会改革に対する情熱は彼においてこんこんとして尽きなかった。ただ彼は社会改革の問題を思想家として根本的立場からとらえたのである。彼はあらゆる社会改革をはばむ来世信仰、すなわち彼岸における個人の不死に対する信仰を打破することによって、一切の社会改革への障害を排除しようとしたのであり、正しい信仰、すなわち人類の不滅の青春に対する信仰を樹立することによって、一切の社会改革に対する思想的前提条件を確立しようとしたのである。

このような見地からフォイエルバッハは、ルター以後の近世キリスト教を主として批判の対象にしている。この批判は同じく彼岸信仰である仏教にもあてはまるが、中世のキリスト教、原始キリスト教に対しては彼はいかなる態度をとっているか？ まず中世のキリスト教については、フォイエルバッハは次のように述べている。*

＊　前掲書 S. 2.（日本訳一三ページ）

「むしろこの時代の本質的特徴は、個々の人間が、自己の個別性、孤立的独存性の寂《せき》莫《ばく》さと空疎さとをいまだ自覚せず、自分自身をいまだあきらめず、いまだ自分一人だけにたよっていなかったことである。すなわち人間がその実体を宗教的共同体に移し、彼が信者の共同体である教会に受け入れられ、仲間入りを許されたということだけによってはやくも済度され、救済され、真実の永遠の生命を与えられたものと感じたことである。最高の存在は共同の存在であり、最高の享楽は統一の享楽であり、感情であった。そしてカトリック教会は、まさにこの共同の存在であり、一切の諸精神の単一の精神への統合である。……ところがカトリック的キリスト教の時代においては、信仰と道徳的心情とにとって彼岸的なものにすぎない存在は、ただ自然的、現世的生活を超越した、感性的に超感性的な世界としての教会の中に現存する存在である。したがって実践と存在、理想と実在、可能性と現実性とを区分すべき余地は全く存せず、その結果不死の信仰は、数多いその他の個条中の一つの教条ないし信条にすぎないこととなり、けっして精神を規定し、特徴づけ、光明と生命との中へ著しく現われ出る標識ないし契機とはならない。そうだ、当面の問題をいっそう厳密にいっそう注意深く考察するならば、個人そのものではなくて、むしろ天国と地獄とがあの信条と教条との本質的対象であったと主張しなければなるまい。しかし天国と地獄との信仰は個人の不死への信仰からは厳に区別しなければならない。なぜならば、あの信仰において本質的なものは、善悪の因果応報に対する信仰であって、個人とその永久の存続そのものに対する信仰ではないからである」

すなわち中世のキリスト教では来世における個人の不死に対する信仰はいまだ確立されておらず、個人は俗界に対立する教会の中に安住している。ここでは教会自体の政治的、経済的勢力が個人に対して決定的であって、個人は個人としての自覚を許されていない。いわば個人の信仰は、むき出しの暴力、すなわち破門や異端裁判や十分の一税によって強制されており、死の恐怖は教会の力によって克服されている。そこでは理想と現実、Sollen と Sein との区別が存しない。教会の力による支配はいまだ力による強制として自覚されていないのであって、この自覚とともにはじめて来世と現世との二律背反が生まれるのである。しかし教会の暴力によって死の恐怖を克服しようとする点において、中世のカトリック主義はモハメット教と軌を一にしている。

原始キリスト教についてはフォイエルバッハの語るところを引用できないが、死の恐怖を人類の不滅の青春に対する信仰、すなわち地上における神の国に対する信仰によって克服しようとする意味で、フォイエルバッハの立場は原始キリスト教に近いといわなければならない。この意味で彼は宗教そのものを否定したのでもなければ、キリスト教を否定したのでもなかった。彼が否定したのは、現世における支配階級、抑圧者の宗教に堕した教会キリスト教である。フォイエルバッハの宗教は地上に神の国を建設しようとする貧しき者、しいたげられる者の宗教である。

このような私のフォイエルバッハ観が、従来わが国において支配的であった見解と全く異なるものであることは疑いない。私のフォイエルバッハ観に対して、それがフォイエルバッハの初期の思想に限られる見解で、後期の思想、すなわち一八三九年の『ヘーゲル哲学批判』以後の思想には全くあてはまらないと抗議する人があるかもしれない。これに対して私は、フォイエルバッハの思想の頂点を示すものとあまねく認められている、ハイデルベルクの講義『宗教本質論』（一八四八―四九年）を指示したい。処女作『死と不死について』を書いてからほとんど二十年近く経過した後に、成熟したフォイエルバッハはその講義の結びの言葉として次のように述べている。*

＊ Ludwig Feuerbach : Werke, Ⅷ. S. 369—370.

「そこでわれわれは死者をそっとしておいて、生きている者のことを心配しようではないか！　もしわれわれがよりよい生活をもはや信じないで、これを欲するならば、もちろん個々にではなく、みなで力をあわせて欲するならば、われわれはまたよりよい生活を創造し少なくとも従来人類が苦悩してきた言語道断の不正と邪悪との数々を排除できよう。しかしこのことを意欲して、実現するためには、神の愛のかわりに人類愛を唯一《ゆいいつ》の真の宗教として代置しなければならない。すなわち神の信仰に代えて、人間の自分自身に対する、自分の力に対する信仰を、人類の運命は人類の外に存するなにかある実体によって左右されるのでなく、人類自身に依存しており、人間の唯一の悪魔は粗野で、迷信的で、利己的で、邪悪な人間そのものであって、他面人間の唯一の神は人間そのものであるという信仰をもってしなければならない。」一八四八年のフォイエルバッハが、一八三〇年のフォイエルバッハと基本的には全く同一の立場に立っていることについては、もはやこれ以上の説明を要すまい。

四　マルクスとフォイエルバッハ

フォイエルバッハのキリスト教批判が実は教会キリスト教の彼岸信仰に対する批判であったとすれば、マルクスのフォイエルバッハ批判が根本的に再検討を要することはいうまでもあるまい。マルクスのフォイエルバッハに対する批判は多岐にわたっているが、宗教の問題に関する批判は彼のいわゆる『十一のテーゼ』の中に見いだされる。すなわちその第七テーゼにいわく、*

* Marx, Engels : Gesamtausgabe, I. Abt. 5. Bd. S. 535.

「フォイエルバッハはしたがって、〝宗教的心情〟自体が社会的生産物であること、彼が分析する抽象的個人が現実においては一定の社会形態に所属することを知らない。」

すなわちマルクスによれば、宗教的心情は社会的生産物であるとされている。これがマルクスの中核思想であり、彼をフォイエルバッハから分かつ出発点である。もし宗教的心情自体がマルクスの説くように社会的生産物であるとすれば、人間の宗教的自己疎外は、現存社会秩序自体の矛盾の反映にほかならず、したがって現存社会秩序自体の革命によって宗教的自己疎外も止揚されよう。たしかに近世キリスト教の彼岸信仰は、現存社会秩序内部における階級対立と不可分に結合していることは確かである。しかし宗教の問題は自己疎外の問題に尽きるものではない。死の恐怖を克服しようという要求は、人間が有限者であるかぎり消滅することをえないのであり、したがって宗教的心情は単なる社会的生産物ではなく、人間存在の本質的規定であることを知るべきである。この点を見のがしたところにマルクスの致命的欠陥が存するように思われる。

マルクスのフォイエルバッハ批判は、フォイエルバッハにおける人間の抽象性に集中されている。すなわち第六テーゼにいわく、*

＊　前注同所。

「フォイエルバッハは宗教的実体を人間的実体に解消する。しかし人間的実体はけっして個々人に内在する抽象体ではない。現実にはそれは社会的諸関係の総体である。フォイエルバッハはしたがってこの現実的実体の批判を行なうに際して

1、歴史的経過を抽象して、宗教的心情をそれ自体として固定し、抽象的――孤立的――人間個人を前提することを余儀なくされ、

2、したがって彼においては人間的実体はただ『類』として、内的な、無言の、多数の個人をただ自然的に結合する普遍性としてのみ把握される。」

たしかにフォイエルバッハの類（Gattung）は抽象的であり、非歴史的である。愛と友

情とのほか、フォイエルバッハの人間には社会関係が存しない。この袋小路を homo faber（工作人）により突破して、物質的生産力と生産関係との歴史的展開の中に人間存在の具体化を図ったことは、マルクスの不朽の功績である。しかし物質的生産力と生産関係の中に人間を歴史的に解消しえたと考えたマルクスの人間観は、ある意味でフォイエルバッハのそれ以上に抽象的なものに転落した。なぜならばマルクスでは愛情、友情、死の恐怖といった物質的生産関係に解消されえない人間生活の諸相が全く抽象されているからである。その結果はマルクスの窮極の到達点としての共産主義の社会では、人間はもはや人間であることをやめ、人間とともに歴史自体が解消するという奇怪なことになる。共産主義社会においてはなるほど一切の階級対立はあとを断ち、現世における人間の自己疎外は一切揚棄されるであろうが、それにもかかわらず、人間が有限者であること、したがって生まれ、且つ死ぬという運命を免れえないこと、したがってまた愛欲の問題、嫉妬《しっと》や苦悩が存することにはなんら変わりがないはずである。もしそうとすれば人間の死に対する恐怖は、人間が人間であるかぎり絶対に消滅するものではなく、したがって人間性の永遠を信仰することによってこの恐怖を克服しようとする宗教的心情は、いささかも減退するものではない。いなそれは現世における階級的対立が存しないだけに、ますます純粋な形態で具現するであろう。人類愛、すなわち人間性への信仰は共産主義社会においてむしろはじめて完成されるものと考えるべきである。

物質的生産力と生産関係の歴史的発展過程を分析した点において、マルクスはフォイエルバッハの抽象性を克服しているが、他面フォイエルバッハにおける宗教的心情を、単に社会的生産物として歴史的に解消しようとした点において、フォイエルバッハの持っていた具体性をかえって喪失してしまった。すなわちマルクスがフォイエルバッハにおける愛と友情とを冷笑しながら排除したとき、マルクスの人間観はフォイエルバッハ以上に抽象的なものとなった。マルクス主義において共産主義の理想が単なる歴史的必然として把握され、ヒューマニティーに対する情熱が故意に拒否され、抑圧される根拠は実にここにある。

フォイエルバッハが率直に人間の宗教的心情を承認して、人類の不滅の青春を信じ、永遠の人間性を愛することによって、この宗教的心情を満足させようとしたことは、実に一切の社会改革の前提となるべきものであった。このことはけっして人間の物質的生産関係の分析を排除するものでなく、むしろこれを可能にするのである。物質的生産関係の分析が人間の宗教的心情から抽象化して一面化されるときは、それは物質的生産力という物神に対する信仰に堕落してしまう。神学を人間学に解消し、人間こそ万物の尺度であることを正しく基礎づけたフォイエルバッハから出発しながら、マルクスはついに物質的生産力の人間支配を帰結することによって、人間を再び超人間的な物神の奴隷に化した。マルクスにおいては物質的生産力が実は神であって、人間は物質的生産力の道具にすぎない。そして階級間の憎悪がかきたてられ、階級闘争が鼓舞される結果、物質的生産力の神は、人間の意識の中には愛の神としてではなしに、憎悪の神として現われる。これが戦闘的無神論という疑似宗教である。

マルクス自身はフォイエルバッハのヒューマニズムを体得していたから、* 直接フォイエルバッハの影響を脱した後においても、たとえば共産党宣言において、「各人の自由な発展が、万人の自由な発展の条件となる」** ような社会が理想社会であることを説いてはばからなかったが、亜流マルクス主義者の段階になると、物質的生産力が神であることがいっそうはっきりしてきた。人類愛、人間性への信仰を観念論としてしりぞける結果は、窮極の理想としての共産主義へ到達する過程においては、ただ物質的生産力のみが信仰され、人間はただ生産力の観点からのみながめられ、人間性は尊重されないことになる。階級闘争と階級憎悪とが神の意志を実現する手段として謳歌《おうか》される。こうして目的は手段を正当化するものとされる結果、理想の実現のためには、手段を選ばぬことになる。テロやサボや破壊工作は主義のためにはいっこうさしつかえないばかりか、むしろ義務にさえなりうる。これは人格の尊厳、人間性の尊重を一歩一歩確立しきたった人類の歴史に対する冒瀆《ぼうとく》であり、挑戦でなくて何であろう？　物質的生産力への信仰は、物質的生産力自体が自由な主体としての人間以外の何ものでもないことを忘れた邪教である。

* たとえば『ヘーゲル法哲学批判』の中でマルクスはヒューマニズムを説いている。猪木・小松訳八〇ページ、九〇―九一ページ参照。

** Das Kommunistische Manifest (Elementarbücher), S. 41.

今日対立する二つの世界、西欧民主主義と東欧共産主義との対立は、キリスト教と共産主義との対立に帰着するといわれる。この場合興味深いことは、前者よりもむしろ後者に宗教的精神が横溢《おういつ》していることである。現今のキリスト教には原始キリスト教や、中世初期のカトリック教や、ルター時代のプロテスタント主義が持っていた宗教的情熱が欠けている。これに反して共産主義には若々しい宗教的精神が横溢していることを否認しえない。共産主義者は二つの世界で、あるいは建設にあるいは破壊に、それぞれの持ち場で宗教的献身をもって活動している。物質的生産力への信仰を無視しては、共産主義者の報酬を求めない献身を理解することができない。

共産主義の物質的生産力に対する信仰は、実にフォイエルバッハにおける人間性への信仰の変形であり、フォイエルバッハを通じてキリスト教につながっている。フォイエルバッハは神の実体が人間性にほかならぬことを認識し、この人間性がマルクスによって物質的生産力に変質せしめられたのである。マルクスによるフォイエルバッハの批判が一面的であることはすでに述べたとおりであるが、実はこのマルクスによるフォイエルバッハの歪曲《わいきょく》は、教会キリスト教による神の歪曲に対する反動であった。すなわち教会キリスト教が物質的生産関係の裏付けのない彼岸に神を措定《そてい》して、人類愛を空疎なものとしたことに対する反動として、マルクスは物質的生産力そのものを神とし、キリスト教とは反対の方向に人類愛を排除してしまった。こうして教会キリスト教の人類愛は日曜日の教会だけにおける非現実的な申しわけとなってしまった反面、共産主義では人類愛は窮極の到達点においてのみ承認され、それへの過程には階級闘争と階級憎悪のみが鼓舞される結果となった。まことに共産主義は教会キリスト教のアンチ・テーゼにほかならない。共産主義は「常に悪を欲して、善を為《な》す」メフィストフェレスである。

教会キリスト教と共産主義との対立が、彼岸の神への信仰と、物質的生産力への信仰との対立として留まるかぎり、永久に宥和《ゆうわ》されえないであろう。前者は人格の尊厳、人間性の尊重を意味する限りにおいて正当であり、後者は一切の搾取の撤廃、人間の現実的解放を指向する限りにおいて誤っていない。しかしこの反面前者は現世における階級的差別の撤廃を実現しようとしない点において虚偽を含んでおり、後者も人間性に対する愛と信仰とを率直に吐露しえない点においてまちがっている。教会キリスト教の愛は抽象的で内容空疎であるのに対して、共産主義の愛は具体的な憎悪として現われるほかはない。

キリスト教と共産主義との対立をこのように考えてくると、両者の高次元における揚棄こそ、現代の思想的混迷を救うただ一つの活路でないかと思われる。そしてこの両者の止揚は、実にフォイエルバッハの死の思想において実現のヒントを与えられているのではなかろうか？　フォイエルバッハの現世における人類の不滅の青春に対する信仰こそ、教会キリスト教と共産主義との結んで解けぬ葛藤《かっとう》を清算しうる唯一《ゆいいつ》の光明ではなかろうか？　この意味でフォイエルバッハの思想は死んではいないのである。

五　ベルタ・ロェーヴ

『死と不死について』とその付録とは、教会キリスト教に対する断固たる挑戦として、メッテルニヒの巨大な影のもとに一切の急進思想に対して極度に敏感となっていたドイツの保守反動勢力を震撼《しんかん》せしめた。『死と不死について』は直ちに警察の手に押収されたばかりでなく、著者がルードヴィヒであることはすぐ暴露してしまった。ルードヴィヒはこのため全ドイツの大学から閉め出されたことはいうまでもない。全ドイツの神学教授達は教会と俗界との反動勢力と固く手を組んで、この年若い急進思想家を徹底的に迫害する。ルードヴィヒはエルランゲン大学のほか二、三の大学の員外教授となる望みを絶たれたので、一八三二年にフランクフルト・アム・マインの叔母の下に行ってフランス語を勉強した。彼は当時ハイネやボェルネがいたパリにあこがれたが、資金の不足のため果たさず、一八三三年五月には父アンゼルムを失い、さらに彼を大学に就職させようとする親友クリスチァン・カップの奔走も失敗に帰したので、わずかにカップの雑誌に寄稿して鬱《うつ》をはらしていた。これらの寄稿は一八三四年にまとめられて、『著作家と人間』という題で出版された。『諧謔《かいぎやく》的哲学的警句集』という副題が示すとおり、本書はショーペンハウエルの『警句集』に比肩すべき価値を持っている。特に本書は、失意の思想家の心境を伝えるものとして意義深い。ルードヴィヒは一八三三年にエルランゲンの講義をもととして『近世哲学史』を著わし、ベイコンからスピノザまでを論評した。一八三六年の『ライプニッツ論』と一八八三年の『ピエール・ベイル論』はこの続篇である。ルードヴィヒのライプニッツ研究はヴィンデルバントが高く評価しているように、ライプニッツの解釈としても価値高いばかりか、ルードヴィヒの思想の発展過程にとっても決定的な意義を持っている。

一八三六年にルードヴィヒは兄弟や友人に無理に勧められて、大学に復帰しようという最後の試みをあえてしたが、この場合も『死と不死について』が断固として彼の途をふさいだ。エルランゲン大学に採用されたいというルードヴィヒの願いに対して、大学側の一八三六年九月十二日付返書は次のごとくであった。「貴下の願いを推薦することに対しては、ある方面から、一八三〇年にニュルンベルクのシュタイン書店から刊行された『死と不死について』は貴下の筆になるのではないかという推測に基づく反対が行なわれている。どうかこの推測が根拠のないものであることを立証できるようにしていただきたい。」

もしルードヴィヒが『死と不死について』の著者であることを否認しさえすれば、エルランゲン大学に就職することは不可能ではなかったに違いない。しかしルードヴィヒは真理を探求する人であったから、虚偽の証言をすることはもちろんできなかった。このようにして大学教授たろうとするほとんど最後の機会も失われた。一八四〇年にルードヴィヒの親友クリスチァン・カップがいま一度彼の大学復帰を試みたが、これも『死と不死について』がわざわいして失敗した。

失意のどんぞこにあったルードヴィヒが、一八三三年の晩春のある日アンスバッハの自宅から東方約三時間のブルックベルクの城近くの森の中を散歩していたとき、突如森の妖精のような佳人に出会った。愛情にあこがれていたルードヴィヒは一目で夢中になってしまった。この佳人は一八〇三年十一月三日生まれ――ルードヴィヒより八か月年長――のブルックベルク城陶器工場主シュタットレルの義妹で、その共同所有者の一人であった。ベルタに心ひかれてルードヴィヒは、これから足しげくブルックベルク城を訪れることになる。しかし森の中の奇遇は単にルードヴィヒに深い印象を与えたのみではなかった。ベルタもルードヴィヒの純潔な、男性的な人柄に強く心ひかれた。

ルードヴィヒは最初ベルタに結婚を申し込む勇気を持たなかったが、しだいに彼に対する彼女の好意を知らされて自信を得た。ルードヴィヒはもはや彼女に夢中になってしまい、翌年の一月に彼女が結婚を承諾したときには躍《おど》り上がらんばかりであった。彼は定職を持たなかったので、その後二年近くも結婚を躊躇《ちゅうちょ》していたが、一八三七年十一月十二日ついにブルックベルク城の一隅に新居を構えた。その後ほとんど二十五年間ルードヴィヒはベルタと二人でブルックベルクに隠者の生活を送ることとなった。三月革命に際してハイデルベルクにおもむいて『宗教の本質』について学生を対手に講義を行なったことと、翌年五月フランクフルトの民主主義者会議に出席したこと以外には、ブルックベルクを出たことがなかった。ベルタは彼の思想の深い理解者であり、一八三九年九月六日に生まれた一人娘のエレオノーレは彼の最上の慰安者であった。ロココ風の典雅なブルックベルク城で、ごく少数の知己の来訪を楽しみにしながら、南ドイツの自然を対手に静かな思索にふけること、これがルードヴィヒの生活であった。

南ドイツの自然は彼に多くのものを教えた。ドイツの大学でロギーク（論理学）を学び、ドイツの田舎でオプティーク（光学）を学んだという彼の有名な言葉が示すとおり、彼は今やみずからの思索を自然科学によって基礎づけようとする要求を感じた。彼は次々に解剖学、特に脳の解剖、生理学、植物学、昆虫学に深い興味を感じてゆき、ついには地質、鉱物の研究にほとんど没頭するところであった。一八三七年五月に友人にあてた手紙で、彼は自然科学に関して立ち遅れていることを述べた後に、哲学者は自然を親友にしなければならない、自然は徹頭徹尾真理であり、理性であると説いている。彼の自然科学熱は彼が一時全く自然科学の研究に転換しようと決意したほど高まった。これはもちろん実現しなかったが、彼が完全にヘーゲルの呪縛を脱して、人間の自己疎外を徹底的に暴露するに至ったのは、さきに述べたライプニッツ研究と、この自然科学研究との結果であった。すでに『死と不死について』においても、ルードヴィヒは感覚と、自然と肉体との意義をしばしば強調しているが、*この立場が窮極の帰結まで徹底されるがためには、その後さらに七、八年間の思索が必要であったのである。ルードヴィヒの思想を唯物論と呼ぶことは素朴唯物論の誤解を招きやすく、避けたほうがよい。もっとも唯心論ないし観念論でないもの、すなわち人間の自己疎外を揚棄する立場をすべて唯物論と定義するならば、それはもとより唯物論に違いない。しかしルードヴィヒの思想が、素朴唯物論でないことはもちろんであり——彼は後期においても再三再四みずからを素朴唯物論から区別している——正しくは人間主義（Humanismus）と名づけるべきであろう。**もちろんルードヴィヒはヘーゲルの絶対観念論のアンチ・テーゼとして、素朴唯物論と誤解されかねない表現を用いたことは事実であるが、それは明らかに行き過ぎであった。ルードヴィヒの立場は当時の自然科学者——たとえばモレショット——の立場であったわけではなく、彼は自然科学の研究を通じてヘーゲル哲学——特にその最脆弱点《ぜいじゃくてん》たる自然哲学——の誤謬《ごびゅう》を確認したのである。自然の研究がルードヴィヒの思想生活に与えた積極的貢献はこのように理解されるべきである。自然科学に正当な地位を与えるという意味で、ルードヴィヒの立場は感性と直観とに立脚するカントの立場への復帰を意味していることをも忘れてはなるまい。

＊ Ludwig Feuerbach : Werke Ⅲ. S. 28, 51, 60.（日本訳六二、一〇三、一二一ページ）

＊＊ マルクスは『経済学哲学草稿』で「こうした徹底した自然主義あるいは人間主義は、観念論からも、唯物論からも区別され、両者の真理を統合した立場である」とみずからの哲学が唯物論でも、観念論でもなくいっそう高次の立場であることを強調している。これはまさにルードヴィヒの立場にほかならない。Gesamtausgabe, Ⅰ. Abt. 3. Bd. S. 160.

自然の研究に没頭しながらも、ルードヴィヒの文筆活動はけっして停止していたわけではなかった。これより先一八三三年の『哲学史』は父アンゼルムの旧友エドゥアルト・ガンスに認められ、彼を通じてベルリンの「学術批判協会」(Sozietät für wissenschaftliche Kritik) がその機関誌『ベルリン年誌』にルードヴィヒの寄稿を求めた。ルードヴィヒの『ベルリン年誌』上の論文はやがてヘーゲル左派の驍将《ぎょうしょう》アルノルト・ルーゲの注目をひいた。ルーゲは早速ルードヴィヒに対し、みずからの編集する急進主義の機関誌『ハルレ年誌』に協力を求めた。ルードヴィヒはこれを快諾し、一八三七年の十月から一八四三年に至るまで多くの論文をルーゲの雑誌に寄稿した。『ハルレ年誌』は一八四一年にライプチヒに移り、一八四三年には弾圧のため廃刊のやむなきに至った。マルクスがルーゲと『ドイツ・フランス年誌』を発行しようとしたのはこの時である。マルクスは同誌第一号にルードヴィヒの寄稿を求めたがルードヴィヒは応じなかった。さて『ハルレ年誌』の発行者オットー・ヴィーガントは、ルードヴィヒの人物と思想とに深い敬愛をささげることとなり、彼とルードヴィヒとの間にはたぐいまれな美しい友情が生まれた。爾後《じご》ルードヴィヒの書物はすべてオットー・ヴィーガント書店から発行されることとなったことはいうまでもない。

ライプニッツのモナドギローを研究することによって個体の立場を掘り下げ、自然科学の研究によって感性と自然とに対する敬意を深くしたルードヴィヒは、一八三九年の『ヘーゲル哲学批判』ではっきりとみずからをヘーゲルの魔術から解放し、次いで一八四一年には主著『キリスト教の本質』を公にした。『キリスト教の本質』はルードヴィヒの著作のうちでほとんど唯一の体系的なものである。内容は二部に分かたれていて、第一部では積極面から、第二部では消極面から、宗教の本質が人間性の本質に基づくもので、神は人間の自己疎外にほかならないことを証明している。神学は人間学であるというのが本書の帰結である。本書の出現が当時ようやく台頭しつつあったドイツの急進主義にとって、どれほど大きな意義を持っていたかは、何人《なんぴと》も否定しえまい。本書に熱狂した若い思想家の中に青年マルクス、エンゲルスがいたことはあまねく知られている。*

* Friedrich Engels : Ludwig Feuerbach, S. 24.

『キリスト教の本質』は前述のように、まず第一に宗教が人間性の本質の要求に基づいていることを立証し、第二に教会キリスト教の神は人間の自己疎外にほかならず、従来の哲学は教会キリスト教を理論化したものであることを明らかにした。前者は宗教哲学と宗教心理学および宗教社会学の問題であり、後者は固有の哲学の批判の問題である。ルードヴィヒの思想はその後この二つの途《みち》に向かって発展していった。第一の方向は一八四五年の『宗教の本質』と一八四六年の『人間学の立場から見た不死の問題』とであり、第二の方向は一八四二年の『哲学改革のための提言』と一八四三年の『将来の哲学の根本命題』とである。両者はもちろん不可分の関係に立っているが、従来わが国ではほとんどマルクス主義の立場から、ルードヴィヒの思想が評価された結果、前者は全く無視され、後者だけが問題にされた。すなわち宗教の本質を人間の本質から把握するルードヴィヒの正しい着想は棄《す》てて顧みられず、もっぱら一切の哲学が神学の仮面にすぎないことを暴露する否定の面のみが珍重されることになった。その結果は、宗教そのものを人間の自己疎外と考え、宗教とその仮面としての哲学そのものを破壊しようとする戦闘的無神論という擬似宗教、弁証法的唯物論という教条哲学を生んだのである。

六　晩年

一八四八年三月ベルリンとヴィーンに勃発した三月革命の波は、ブルックベルクの隠者のもとへも押し寄せてきた。ハイデルベルク大学の学生は、大学から追放されたルードヴィヒの講義を聞こうとして、彼の出馬を乞《こ》うた。ついに彼はこれを承諾し、同年十二月一日から翌一八四九年三月二日までハイデルベルク市の市会議事堂で学生を前にして『宗教本質論』を講じた。この講義はルードヴィヒの思想の最高峰を示すもので、しかも処女作『死と不死について』と本質的に同一の立場に立っていることについてはさきにふれておいたとおりである。

ルードヴィヒはフランクフルト・アム・マインに開かれた有名な国民議会に立候補することを勧められたが、彼の政治的活動は一八四九年五月にフランクフルト市に会した民主主義者会議に列したにとどまった。政治家ではなくて、思想家であるというルードヴィヒの立場はこの場合にも一貫され、民主主義者会議においても終始傍観者であった。

一八四九年に始まった反動の嵐《あらし》は、ルードヴィヒの身辺にもひたひたと迫ってきたので、ハイデルベルクの講義を出版することも容易でない情勢になった。ルードヴィヒは学生時代に思想警察から監視されたことがあり、一八四三年にもゆえなくして家宅捜索を受けたが、今や彼はブルックベルクに生き埋めとなる運命となった。当時彼がいかに悩んだかは、アメリカへ渡航した彼の友人フリードリッヒ・カップ――クリスチアン・カップの甥《おい》――にあてた一八五〇年三月十三日付の左の手紙が示している。

「君は新生活を始めるのに、私はドイツ〝革命〟の歴史に全く同調して、再びふるい生活のやりなおしです。君は未来に向かって邁進《まいしん》してゆくのに、私はまた腰をひくく曲げて過去へとよろめき戻ってゆく。……人類の未来をながめることは、私の場合はアメリカをながめることです。ところで実際君と同じ土を踏むことになるだろうか？それが問題です。その解決はもちろん私の場合には非常な困難に直面します」

ルードヴィヒはつとに自由の新天地アメリカにあこがれていた。一八四一年にクリスチアン・カップが彼のために大学の教職を斡旋《あっせん》しようとして失敗したとき、彼はカップに「アメリカの原始林の中へ行きたい」ともらしている。一八五〇年代の始めにもフリードリッヒ・カップをたよって一時渡米を意図したこともあったが、カップから思いとどまるように勧められたばかりでなく、彼のブルックベルク城への愛着、なかんずく愛妻ベルタと一人娘のエレオノーレに対する深い思いやりは結局アメリカ渡航を夢に終わらせた。

ブルックベルクの憂鬱《ゆううつ》な生活を時おり中断してくれたものは、クリスチアン・カップ、E・G・フォン・ヘルデル——ヨーハン・ゴットフリート・フォン・ヘルデルの子——ハインリヒ・ベネケ、ヤーコブ・モレショット、ユリウス・デュボス、ゲオルクおよびエンマ・ヘルヴェーク、ヴィルヘルム・ボーリンら親しい友人たちの来訪であった。もちろんブルックベルクははなはだしく不便なところであったから、訪問客はきわめてまれで一時はルードヴィヒが死んだという虚報が伝わったほどである。

「人間は人間が食べるものである」というルードヴィヒの有名な言葉は、このころルードヴィヒがブロックハウスの雑誌でモレショットの書物を論評した際、モレショットの見解を要約したときの言葉である。この言葉は喧伝《けんでん》されて多くの誤解を生んだが、ルードヴィヒの思想がモレショットの自然科学的な素朴唯物論とは全く異なるものであることは、ルードヴィヒの左の有名な命題が遺憾なくこれを立証している。*

* Ludwig Feuerbachs Briefwechsel und Nachlass, Bd. II. S. 308.

「唯物論は私にとっては人間の実体と知識との建物の土台である。たとえばモレショットのような狭義の生理学者や自然科学者にとっては唯物論は、彼らの職業上の立場から必然的に建物そのものであるのに対して、私にとっては唯物論はけっして建物自体ではないのである。」

一八五七年にはギリシア、ローマ、ヘブライの宗教史を材料にして、ルードヴィヒは『神譜学』を著わした。このころからブルックベルク城の陶器工場はしだいに衰微してゆき、ルードヴィヒが懸命になって資金を援助したにもかかわらず、一八五九年にはついに破産してしまった。ルードヴィヒはかくて多額の資金を失ったばかりでなく、四半世紀間に安住の地を提供してくれたブルックベルク城までも失うこととなった。これがいかに大打撃であったかは想像に難《かた》くない。保守反動勢力の敵意も彼から奪いえなかった牙城《がじよう》は、今や他人の手に移ってしまった。ルードヴィヒは魂のぬけがらのようになって、ニュルンベルクの近郊レッヘンベルクの陋屋《ろうおく》に移った。

元来寡作《かさく》であったルードヴィヒは、レッヘンベルクの悪条件のもとにますます非生産的になっていった。一八六六年に『唯物論と唯心論』が出たこと、倫理学に関する未完の断片を書いたこと、そして婦人の解放運動に深い関心を示したこと、*がレッヘンベルク生活のすべてであった。一八六六年にルードヴィヒは軽い中風の発作に襲われた。症状はいったん軽快したが、もとのような健康は二度と戻ってこなかった。一八七二年の三月から七月の中旬までルードヴィヒは病床にあって、それから九月の初めまで起きていたが、五日に軽いかぜをひいたのがもとになって、同月十三日肺炎のため永眠した。臨終は愛妻ベルタの語るところによれば驚くほど安らかであり、死相は神のようであったという。

＊ たとえば Ludwig Feuerbachs Briefwechsel und Nachlass, Bd. II. S. 201 参照。

ルードヴィヒの遺骸《いがい》はアルブレヒト・デュレルやハンス・ザックスの眠っているニュルンベルクのヨハニス墓地に葬られた。葬儀には二万人を超える参列者があった。家族の希望によってルードヴィヒの親友カール・ショルが弔辞を述べた＊。その中には次のような注目すべき言葉がある。

＊ Karl Scholl : Dem Andenken Ludwig Feuerbachs. Rede an seinem Grabe, 1873, Nürnberg.

「三百年前にコペルニクス、ケプレル、ガリレオが、太陽やその他の星に対して地球が宇宙の中で占める地位を明らかにすることにより、地球に対して行なったことと全く同じことを、ルードヴィヒ・フォイエルバッハは、人間と人類とに対して行なった。この墓にはありとあらゆる自由思想の党派が参集している。われわれは別れる前に、一切の党派の区別をこえて一つの共通なもの、高いものが存するという宥和《ゆうわ》の思想をしっかりと深く肝《きも》に銘じようではないか。それはまさに永遠にルードヴィヒ・フォイエルバッハの名に結びつく根本理念であり、ますます自由にますます善良に、ますます正しく、ますます友好的に、そしてますます幸福になろうとする人類共同の理念であり、人間性の、ヒューマニティーの理念である。

君の肉体は、われわれすべてを生んだ母なる大地に帰るが、君の精神はわれわれの最も神聖な、奪うことのできない遺産として温存されよう。……」

ショルの弔辞はルードヴィヒ・フォイエルバッハの思想の精髄をつくしている。まことに適切なる弔辞というべきである。ルードヴィヒの生涯は愛妻ベルタの言葉のとおり神のような生涯であった。神を否定し、宗教を破壊したといわれるルードヴィヒが実は神を蘇《そ》生《せい》し、宗教を復活した人であることはすでに述べたとおりであるが、ルードヴィヒはその思想にふさわしい生涯を送ったのである。愛妻ベルタは一八八三年六月十九日アイプリンクで夫のあとを追った。

第三章　ラッサールの生涯と思想

一　おいたち

およそ偉大な思想家の思想体系は、その生涯を離れては十分に把握《はあく》することができないが、ラッサールの場合はまた格別である。彼ほどその生涯と思想、その実践と理論とが不可分に結合している思想家はまれであろう。彼の四十年に満たぬ生涯は幾多の波瀾《はらん》に満ち、その数多くの舞台においてラッサールは卓絶した性格俳優として演技している観がある。そこでラッサールのおいたちを特別の注意をもって考察する必要が生ずる。

ラッサールは一八二五年四月十一日シュレージエン地方のブレスラウに、ゆたかなユダヤ商人の子として生まれた。マルクスに遅れること七年、エンゲルスよりは五歳年少であった。この場合われわれが注目すべきことが三点ある。第一は彼が生まれた時代的背景、すなわち当時のドイツの情勢であり、第二は彼が生まれた場所、すなわちブレスラウの位置であり、第三は彼の血統すなわちユダヤの血である。

第一の点は彼の大学生活の項にまわして、まず第三の点から考察すれば、ユダヤの血を承《う》けたことは、ラッサールの生涯にとってほとんど決定的であったといえる。彼自身は富裕な商人の子として愛育されたから、直接種族的な偏見や差別待遇に泣くことはなかったと思われるが、同族が侮辱され、虐待されるのを見て、少年ラッサールの正義感は極度に刺激された。彼は生来自我意識が異常に強烈であった。この強烈な自我意識はおそらく彼の胸底に巣食ったダイモンのさせたわざであったと思われるが、この悪魔的な自我意識は同胞の逆境を見るにつけますます昂揚《こうよう》して、深刻なインフェリオリティー・コンプレックスを形成し、誇大妄想《こだいもうそう》に近い自尊心と自負心とを生み出した。

このようにラッサールが天成の革命家として成長したことは、ユダヤの血に基づくところが多大であることはもちろんであるが、ユダヤの血よりも彼の先天的自我意識、彼のダイモンをいっそう重要視すべきことをけっして忘れてはならない。すべてのユダヤ人が、ユダヤの血ゆえに革命家になるわけではない。大多数のユダヤ人は平和な市民として終わるのである。ラッサールの場合ユダヤの血は彼のダイモンを蹶起《けっき》させる手がかりとなったにすぎない。

ラッサールの劣等感は、最初はまずユダヤ人の解放を求める革命児として現われた。パウル・リンダウが編集した少年時代の日記によって、われわれは彼の精神的成長の跡をたどることができる。一八四〇年二月一日、すなわち彼が満十五歳になる少し前の日記に次の一節がある。

「前略……そして実際私は信じる。私は儀式の規則は守らないが、現存する最上のユダヤ人の一人である。ブルヴェルスの『ライラ』の中に出てくるあのユダヤ人のように、ユダヤ人を現在の窮境から救出するためには、生命を投げ出す覚悟だ。ユダヤ人を再び尊敬される民族にすることができるなら、断頭台もあえて辞するものではない。ああ、私の子供くさい夢にふけるなら、武器を手にして彼らの先頭に立ち、彼らを独立させることがいつも私の好きな得意のアイディアだ」

この日記はラッサールが早くもユダヤの同族を解放する革命家になろうとしていることを示すと同時に、彼の自負心と、霊感に近い想像力とを露呈している。偉大な歴史の舞台において主役を演ずる自己を想像して楽しむという、ラッサールの生涯を一貫する傾向は、まことに自我意識の過剰な彼のダイモンのさせる業というほかなく、冷徹そのもののマルクスに比べて、ラッサールには稚気愛すべきものがあるといえる。さらに困難なこと、特別に困難で世人には不可能と思われることを好んで選び、この不可能を可能にすることに喜びを見いだす彼の性癖の片鱗《へんりん》もそこに見いだされよう。

一八四〇年五月にダマスクスでユダヤ人迫害事件が起こると、ラッサールの血は逆流した。「これを甘受するような民族は言語道断だ、この非行に復讐するか、抵抗するかいずれかがあるだけだ」と日記は彼の興奮を伝えており、さらに「キリスト教徒さえ、われわれが蹶起しようとせず、拷問よりはむしろ戦場で倒れることを欲しようとしないわれわれの血の鈍重さに驚嘆している。スイス人がかつて蹶起する機縁となった圧迫は、今度のものより大きいものだったろうか？……卑怯《ひきょう》な民族よ、おまえは浮かばれない」と語っている。つづいて七月三十日の日記には、「またまたユダヤ人がキリスト教徒の血を使用したという陳腐な物語、ダマスクスでも、ロードスでも、レンベルクでも同じ作り話だ。しかし地球上いたるところから、このような中傷が浴びせかけられるのは、われわれが実際キリスト教徒の血を用いるべき時期がやがて熟していることを暗示しているように思われる。天はみずから助ける者を助ける。骰子《さいころ》は用意されている。遊び手を待つばかりだ」とされている。

ラッサールのユダヤ人解放への情熱は、やがておよそあらゆる被圧制者、被抑圧者を救済するために、支配階級すなわち貴族を打倒しようとする思想に熟してゆく。すなわちユダヤ人であることからくる現存社会制度に対する反抗意識が、ユダヤ人であるという制約そのものを克服し、人類救済への使命感にまで昇華されてゆく。この昇華を開始したのはハイネとベルネであり、これを完成したものは、後述のごとくヘーゲル哲学であった。

これよりさきラッサールはブレスラウの中学校に入学したが、不羈奔放《ふきほんぽう》な彼の性格は当然田舎《いなか》中学の教師の反感を買った。彼は教師の悪意によって、不当にも悪い成績をつけられたものと憤慨し、これを子ぼんのうの父に見せないために演じたいたずらの結果、ついに中学校を退学して、一八四〇年五月ライプツィヒの商業学校に転ずることを余儀なくされた。彼が商業学校に入ったのは、家業を継ぐように父から強制されたからでもなく、また商人として活躍しようという自発的意志に基づくものでもなかった。ただブレスラウ中学の不快な雰囲気《ふんいき》から一日も早くのがれたかっただけである。しかるにライプツィヒの商業学校でも、ラッサールと教師との間はうまくいかなかった。およそ教師というものは、才気あふれる生徒を嫉妬《しっと》し、恐怖するものである。彼は早くも危険思想の持ち主として烙印《らくいん》され、注意人物にされてしまった。このような空気の中で彼が商人となることに満足するはずはなかった。すでに八月三日の日記には「私は固く信じる、偶然が、あるいはむしろ摂理が、私を店舗から引っぱり出して、公的に活躍できる舞台に連れてゆくことを」と示唆しており、つづいて元帳や、記入帳よりは芸術のほうが、藍《あい》や甜菜《てんさい》よりは、ギリシアや東洋のほうが、商品の価格よりは自由のほうが関心をひき、値下げをいどむ商売敵《がたき》よりは、人間からその基本的人権を奪う貴族のほうがのろわしいと叫んでいる。翌年の五月には、ラッサールは商人になることを断念して断然学問に身をささげるという不退転の決意を父に披瀝《ひれき》するに至った。医師か弁護士になれという父の切なる希望に対して、医師も弁護士も知識を売る商人であるときっぱりこれを拒絶して、人類の神聖な目的のために戦う著作家となるのだといい、「最も偉大で、かつ最も包括的な世界の研究、すなわち歴史の研究」に進もうとした。一八四一年八月ラッサールはライプツィヒを去り、一年間余を大学の入学資格試験に費やし、猛勉強の結果早くも一八四二年にはこれに合格することをえた。一八四三年から約四年間にわたる彼の大学生活がはじまる。大学は最初はブレスラウを、次いでベルリンを選んだ。大学生活にはいるにさきだって、彼の出生地であり、大学時代の半ばをそこで費やした地でもあるブレスラウについて考察する必要がある。

ラッサールがドイツの東端ブレスラウに生まれたことは、彼の運命に少なからぬ影響を与えている。ブレスラウはフリードリヒ大王がオーストリアから奪取したシュレージェンの首都で、織維工業と農産物の集散とで活気のある地方都市であったが、文化的にはドイツ全国で最も立ち遅れたところであった。そこは、エルベ河の東方はるかに離れたオーデル河に臨み中部ヨーロッパというよりは東ヨーロッパに近く、ポーランド人、チェッコ人等スラヴの異民族に接し、加うるにクラカウ、ロッジ、ルブリン、ワルシャワにかけて、最もユダヤ人の多い地域で、しかもそのユダヤ人は一八四八年まで法律上解放されていなかった。ラッサールのユダヤ意識がライン地方トリエル――そこでは革命戦争当時から人権宣言に均霑《きんてん》し、ナポレオン法典の恩恵に浴して、ユダヤ人はつとに解放されていた――生まれのマルクスに比してはるかに強烈であったのは、彼の生地ブレスラウの環境に負うところが大であった。

しかしやがてラッサールがみずからのユダヤ的制約を意識的に克服しようとしたとき、彼の生地ブレスラウは、彼を熱烈なドイツ主義者に転化せしめるにあずかって力があった。異民族に接する国境の地に成長したことは、彼に四分五裂したドイツの現状を強く印象づけ、ドイツの民族的統一を希求させた。特に後年彼が猛烈な反オーストリア主義者となり、プロイセンを中心とする小ドイツ主義に傾くことになったのは、ブレスラウに負うている。

彼がどれほどあざやかにユダヤの制約を打破して、ドイツ人になりきったかは、一八六二年十一月十七日、彼がベルリンで行なった憲法に関する第二の講演「何をなすべきか？」に示されている。この中で彼は、「もしわれわれが一大外戦に当面するときは、われわれの個々の諸政府は、ザクセンも、プロイセンも、バイエルンも、崩壊するかもしれない。しかしその灰の中から不死鳥のように、われわれの唯一《ゆいいつ》の関心事であるドイツ民族が立ち上がるだろう」*と喝破《かっぱ》して、あらゆる困難な条件にうちひしがれない、ドイツ民族の不滅を信じている。今日ラッサールの生地ブレスラウはポーランド領となり、ドイツはラッサールの時代より以上に深く分裂しているのにかんがみるとき、ラッサールの右の言葉は特に印象深い。

＊ ベルンシュタイン編全集 Bd. 2. S. 108.

二　大学生活

われわれはいよいよラッサールの大学時代を語るべきところに来た。彼が成長した当時のドイツは三月革命の前夜にあり、彼が活動した当時のドイツはプロイセンとオーストリアとの戦争の前夜にあった。三月革命は失敗したとはいえ、ドイツにおける市民革命となるべきものであったことは疑いなく、普墺《ふおう》戦争はドイツ民族内の争闘であったとはいえ、ドイツ統一の不可欠の一段階であったことはまちがいない。こうしてラッサールの時代のドイツは市民的自由と、民族的統一とを求めて生みの悩みをなめていたことがわかる。Freiheit と Einheit がこの時代の合いことばであったのだ。ところで、自由と統一とは、イギリスやフランスのような先進国にはつとに与えられていた。両国ともおそくとも十六世紀にはテュードルとブルボンによって統一を完了し、イギリスは十七世紀に、フランスは十八世紀末に市民的自由を確保していた。しかるにドイツは十九世紀の中葉にこの両者を求めて苦闘しなければならなかった。民族的統一と市民的自由との獲得は、遅れれば遅れるだけ、それだけ抵抗が大きくなり、いっそう大きな流血を必要とすることになる。統一に関しては、これを妨害しようとする隣国の障壁はいよいよ強固なものとなり、自由に関しては、これを抑圧しようとする支配階級の奸智《かんち》はますます発達する。さらにいっそう悪いことには、民族的統一と、市民的自由との担《にな》い手としての歴史的使命を負うブルジョア階級は、勤労大衆の熱意に圧せられて早熟的に反動化し、大衆の先頭に立って統一と自由とのために挺身《ていしん》するよりは、かえって保守反動勢力と抱合して大衆を弾圧することを選ぶようになる。そしてなによりも恐ろしいことは、ブルジョアジーの早熟的反動化に伴う、国民全体の堕落と俗流化、救国の気魄《きはく》の欠如である。ラッサールが成長するころのドイツはまさにこの典型であった。

ではなにゆえドイツの統一と自由とは十九世紀中葉にまで持ち越されることになったのか？　十三世紀のはじめに第四十字軍がコンスタンチノープルを占領してから、十五世紀末に新大陸と新航路とが発見されるまで、南ドイツは北イタリアから低地方への通路として、北ドイツはハンザの中心として、銀山や銅山を採掘しながら、世界の商権を一手に掌握していたのではなかったか？　ドイツを世界経済の中心から、その周辺へと移行させたものはいうまでもなく、大西洋時代の到来であり、一六一八年から一六四八年におよぶ三十年戦争による国土の荒廃であった。三十年戦争はドイツを主戦場とし、「戦争は戦争自身を養わなければならぬ」という当時の原則にしたがって徹底的に遂行せられたので、ドイツの人口を三分の一に減少するまでの惨禍をもたらした。まことに第二次世界大戦に比肩すべき破壊といわなければならない。この荒廃の中から、北方にプロイセンが勃興《ぼっこう》し、十八世紀には南方のオーストリアと拮抗《きっこう》してヨーロッパの国際政治に覇《は》を争う一大勢力にまで成長した。しかるにフランス革命の中から生まれたナポレオンの軍事力は、プロイセン、オーストリアを含めたドイツの脆弱性《ぜいじゃくせい》と時代錯誤性とを白日のもとにさらすこととなった。再びドイツはナポレオンの主戦場となり、国土は支離滅裂した。しかしこのドイツの惨憺《さんたん》たる悲境は、かえってドイツ人に民族的統一と市民的自由との価値を認識させ、この両者を追求する真の祖国愛を喚起したことを忘れてはならない。またこの戦争中にプロイセンもオーストリアも戦争完遂の必要上、ある程度の自由主義的内政改革を余儀なくされたことも特筆すべきである。

ナポレオン没落後ウィーン会議でドイツは大小三十六の王侯国に分かたれ、オーストリアを議長とする連邦議会をもって、ほんの名目的なゆるい結合が許されたにすぎなかった。この体制の主人公メッテルニッヒにとっては、国境の変更は、同時に国内における革命を意味するものであったから、一切の自由主義と同様にすべての民族統一運動が監視され弾圧された。しかしウィーン体制の平和はフランスの七月革命によって破られ、プロイセンを中心とした関税同盟を通じて、ドイツ資本主義が徐々にではあるが確実に地歩を占めてゆくに伴い、新興ブルジョアジーの保守反動政府に対する自由主義的抵抗運動はしだいに胎動してきた。もっとも彼らブルジョアジーの反政府運動が、当初から不徹底な小心翼々としたものであったことは論をまたない。彼らは前方の保守反動勢力との闘争に専念するには、あまりにも後方の急進勢力に気をとられすぎていた。他面フランス革命のドイツ版といわれるドイツ古典哲学が、ヘーゲルにおいて「現実的なものは理性的である」とする保守反動の宥和《ゆうわ》の体系に堕したのに対する反動として、早くもヘーゲルの死ぬ直前の一八三〇年には、フォイエルバッハの『死と不死について』が現われ、左翼ヘーゲル主義者の思想的革命が用意された。彼らは宗教の批判から一転して政治の批判に移り、ブルジョアジーを背後から脅かす勤労大衆に希望をつなぐこととなった。

ラッサールが一八四三年ブレスラウ大学に入学して最初に文献学を、次いで哲学を専攻しはじめたのは、このような時代的背景のもとにおいてであった。彼は一八四四年にはベルリンに転じ、一八四五年に一時ブレスラウに復したほか一八四六年に学業を終えるまでベルリン大学でヘーゲル哲学の研究に没頭した。当時ヘーゲル哲学は亜流によって俗流化され、ますます保守反動性を露骨にしており、フォイエルバッハやバウエルが大学を追われた関係上左翼ヘーゲル主義者はきわめて不振であったが、すでに革命家として人類を救済しようと決意したラッサールが、俗流ヘーゲル主義に満足するはずがなかった。ではフォイエルバッハ、シュトラウス、ルーゲ、バウエルのヘーゲル左派に加わったかといえば、彼はふしぎにもそうはしなかった。ヘーゲル左派の宗教批判、特にフォイエルバッハの人間学にはほとんど影響されることがなかったところに、後述のようにラッサールのマルクスに対する特異性があらわれている。

しかし当時の大学における学生組合（Burschenschaft）は急進的、革命的な雰囲気《ふんいき》に包まれており、一八四一年に現われたフォイエルバッハの『キリスト教の本質』、ルーゲの『ハルレ年誌』が愛読され、社会主義や共産主義の思想は、サン・シモン、フーリエらのほかに一八四二年に出たシュタインの『フランスにおける社会主義および共産主義』（Der Sozialismus und Kommunismus des heutigen Frankreichs）によって十分紹介されていた。さらに一八四三年五月のシュレージエン新聞には、ヴィルヘルム・ヴォルフがブレスラウの貧民窟《ひんみんくつ》の惨状を描写して衝撃を与え、さらに翌年六月には有名なシュレージエンの織工一《いっ》揆《き》が勃発《ぼっぱつ》している。* この一揆に関しては、ラッサールは同月十二日付の父あての手紙**に「いやいや、錯覚してはいけません。これは恐ろしく切迫している貧者の富者に対する戦いのはじめです。これは理論的にも実践的にもわれわれの血管に浸透し、充満した共産主義の最初の活動であり、痙攣《けいれん》です」と説いて、彼が受けた感動を率直に披瀝《ひれき》している。シュレージエンの織工一揆は後年ハウプトマンの名作『織工』によって、いっそう有名となったが、当時における真に画期的な事件であった。イギリスの産業革命においても労働者階級の悲惨な境遇と資本家階級の露骨な搾取、これに起因する暴力化した労働者の蜂起《ほうき》はないわけではなかったが、後進国ドイツでは全般的な生産力の低位を反映して事態はいっそう先鋭化していた。後年ラッサールが一八四三年以来断固たる社会主義者であったと述べているのにかんがみても、彼が少年時代からの革命的性向と一八四一年以来のヘーゲル哲学研究とを基礎として、断固たる社会主義者となったのは、前記シュタインの著書の感化とシュレージエンの織工一揆の感動とに負うものと考えられる。その証拠に一八四三年夏、彼がブレスラウ大学生の同人雑誌「近世哲学雑誌」の第一号に執筆した『ヘーゲル哲学を中心とした現代の特質大綱』***（Grundzüge zu einer Charakteristik der Gegenwart mit besonderer Berücksichtigung der Hegelschen Philosophie）においては、まだ社会主義の信念は露呈されていず、単にヘーゲル哲学の一つの適用を試みているにすぎないが、一八四四年九月六日付の父への手紙****——いわゆる工業書簡——では資本主義の発展が問題とされ、共産主義はフランス革命から絶対平等の原理を、資本主義から実質的生存条件の原理を承継しながら、この両者を止揚した人類史の一完成として明確に把握されている。私はこの手紙を中心として、次項でラッサールの思想を検討することとしたい。

* Wilhelm Wolff : Das Elend und Aufruhr in Schlesien, 1844 参照。
** マイエル編遺稿集 Bd. 1. S. 102.
*** 同 Bd. 6, 55—74.
**** 同 Bd. 1. S. 114—136.

ラッサールの大学生活はヘーゲルに明け、ヘーゲルに暮れた。彼のヘーゲル研究が大学入学試験の準備時代にまでさかのぼることは、一八四四年五月十三日付の父あて書簡*で、彼が自己の精神的成長を三期に分けたのち、「そして二年半前に私は三回目の脱皮をしました。哲学が私に接近してきて、私をあらためて生みなおし、精神的に再生してくれました。この精神的再生のおかげで私はすべてのものを与えられました。明確さと自己意識とを与えられ、人間精神の絶対的権威を、道徳の、理性等々の客観的実体を内容として与えられました。これを要するに、哲学は私を自己自身を把握する理性、すなわち自己を意識する神にしました。そして一度神になった者は、二度と再び愚かな青年になることはありません！」と述懐しているのを見ても明らかであろう。

＊　マイエル Bd. 1. S. 90.

ラッサールのヘーゲル研究がいかに猛烈なものであったかは、同じ手紙で彼が毎日の日課を左のように報告しているのを見ればわかる。＊

「……前略……私は四時少し前に起き、九時までヘーゲルを勉強します。ちょうど九時に講義をききに行き、十時に帰って、着物を脱ぎ、寝衣《ねまき》にスリッパをはいて、夜の十時まで休まずに勉強します。ちょうど十時に床につきます。朝十時に大学から帰るといつも着物を脱ぐと申しましたのは、一日じゅうけっして二度と外出しないからです。したがってふだんは家で中食をして、週にせいぜい二回だけ外で食べます。家で食べるときは、バタつきのパンを食べます。つまり食事の習慣を極度に節約しているわけです。自宅ではバタつきの巻パン三個を平らげていましたのに、朝は四時に何もはいっていないコーヒーを一ぱい飲むだけで、正午までなに一つ食べません。昼にはバタつきのパンを少々食べ、午後にはまた何もはいっていないコーヒーを一ぱい飲み、七時にはまたバタつきパンを少々夕食に食べます。そのくせ一日じゅうちょっとも空腹を感ぜず、格別に体のぐあいがよろしい。中食に外食しないのは、一つには節約のためですが、主として時間が大いに助かって、一日じゅう休みなしに勉強できるからです。朝四時から晩十時まで十八時間、そのうち一時間は講義に、二時間は着換えやら食事やらに費やしますから、十五時間残ります。これだけあれば相当のことができるはずです……後略」

＊ マイエル Bd. 1. S. 87—88.

ラッサールのヘーゲル研究はまことにすさまじいものであったが、彼は生来のダイモンにもとづく革命家としての気魄で、ヘーゲル哲学における宥和のモティーフを、革命のモティーフに転換した以外、終生へーゲル哲学の範疇を一歩も出ず、忠実なヘーゲル主義者として一貫した。メーリンクもいうように＊、彼は一度も青年ヘーゲル主義者であったことはなく、旧ヘーゲル主義者で終始したのである。

＊ Franz Mehring : Geschichte der deutschen Sozialdemokratie, Bd. 2. S. 245.

ラッサールはベルリン大学の卒業論文にヘラクリトスを選んだ。由来ヘラクリトスは難解をもって聞こえ、暗黒のヘラクリトスという名まえがついているほどである。彼がわざわざヘラクリトスを選んだのは、単にヘーゲルの先駆者としてのヘラクリトスに興味を持ったからばかりではなく、また異常な困難を克服しようというラッサール一流のインフェリオリティー・コンプレックスのせいだけとも考えられない。確かにラッサールには、不可能を可能にすることによって得られる優越感に酔う性向があることは疑いなく、この場合もその性向に負うところ少なくないが、そこにはさらに深い根拠があることを忘れてはなるまい。それはほかでもない。ヘラクリトスその人の倫理観が「普遍的なものに帰依《きえ》すること」を根本原理としており、ヘーゲルから承継したラッサールの国家崇拝にぴったり合致していることと、ヘラクリトスの名声および栄誉に対する考え方がラッサールの旺盛《おうせい》な名誉欲と照応したからであった。*

＊ G. Brandes : Ferdinand Lassalle, 1900, S. 29—30 参照。

三　ハッツフェルト伯爵夫人

ラッサールは卒業論文の仕上げのため、一八四五年の秋から翌年の一月までパリに滞在し、ブルードンやハイネと交わった。彼がパリから意気揚々とドイツに帰ってきたとき、彼を待っていたものは論文の完成ではなくて、彼の後半生にとって宿命的ともいうべき一女性の離婚訴訟事件であった。

ドイツの名門ハッツフェルト伯爵の夫人ゾフィーは、結婚以来十六年間夫伯爵の放蕩《ほうとう》と虐待とに苦悩し、ほとんど前途を絶望していた。このときラッサールはたまたま夫人に会い、夫人の窮状を聞いて、持ち前の正義感と闘争心とを燃え立たせた。もしラッサールがマルクスの冷徹を持っていたならば、たとえ夫人には深く同情したとしても、この夫人のために一切を賭《と》することはなかったに違いない。しかるにラッサールには、重要なことと重要でないことを区別し、要を尽くして不要をはぶく能力、換言すれば精神の均衡が欠けていた。彼はハッツフェルト伯爵夫人をもって一切の抑圧され、圧制され、迫害されているものの象徴と考え、夫人の離婚をはばむ伯爵とその一門とを、一切の抑圧者、圧制者、迫害者の権化《ごんげ》と見た。彼は後年ゾフィー・フォン・ゾンツェフにあてた魂の告白の中で、ハッツフェルト伯爵夫人の離婚訴訟に一身をささげるに至った動機を縷々《るる》と述べているが、いかに千万言を費やして弁護しようとも、一貴族の離婚訴訟に一切をほうって専心することは、いやしくも人類の救済を決意した革命家のなすべきことではない。この場合ラッサールは革命家であることをやめて、一介の任侠《にんきょう》、一介のダンディに堕しているといわれてもしかたがあるまい。二十歳年長であったとはいえすばらしく美しい高貴の女性から「あなたを信じます」といわれたとき、ユダヤ商人の息子の劣等感と虚栄心とは極度に刺激されたに違いない。

爾来《じらい》一八五四年に至るまで実に九年間にわたって、伯爵家を支持する貴族、官僚、軍閥等全ドイツにおける一切の支配的勢力を相手にただ一人悪戦苦闘をつづけた末、ラッサールの獅子《しし》奮迅《ふんじん》の努力は酬《むく》いられた。夫人は離婚の判決を得、ラッサールは夫人から報酬として毎年四千ターレルの年金を受け取ることとなった。彼は訴訟を開始するまで全然法律学を学んでいなかったので、法律の初歩から勉強をはじめ、ついに法律学を完全にわがものとし、一八六一年には主著『既得権の体系』を著わすことができるまでになった。ラッサールは本来哲学者として発足したが、訴訟事件を通じて法律学および法哲学が専門となり、なによりもまず彼の考え方そのものが全く法律的になった。このことは、『公開答状』と『学問と労働者』とを一読すれば明らかである。このように学問上からも、この離婚訴訟は全然マイナスであったわけではなく、さらに毎年多額の定収入を確保して後顧の憂いなく理論と実践とに精進できることとなったこと、ラッサールの名を一躍全ドイツに喧伝《けんでん》したことなどと、彼を助けた点も少なくなかった。しかし学者の生涯にとって決定的なものは、大学卒業後の数年間である。ラッサールはこの貴重な数年間を全然空費しないまでも、少なくともわき道にそれた。その損害は単にヘラクリトスの完成が約十年間遅れたというだけではなかった。ラッサールをマルクスと比較する場合、七歳年少のラッサールは、少なくとも一八四三、四年までマルクスに肉迫していた。ラッサールの『工業書簡』とマルクスの『ヘーゲル法哲学批判』を比較すれば、両者のモティーフは異なるが、歴史哲学に基礎づけられた共産主義思想である点は全く同一である。しかるに一八四八年の三月革命当時、両人がそれぞれ革命に参加したころには、顕著な開きが現われている。マルクスの一八四四年以来のイギリス古典経済学研究が、ラッサールに欠けていることがその最大の原因である。彼はマルクスの『共産党宣言』に驚嘆しこれから非常な影響をこうむったことは、一八五〇年の作と推定される彼の講演草案『社会発達史』*が雄弁に物語っている。

＊ マイエル Bd. 6, S. 92—155.

しかしハッツフェルト伯爵夫人の訴訟事件によって受けたラッサールの損害は以上にとどまらない。いっそう大きな、いっそう致命的なそれは、彼が目的のためには手段を選ばない権謀術数家となったことであった。もともとラッサールには、そうした素質が潜んでいたことは事実であるが、九年間の訴訟事件で対手方が貴族社会一流の悪辣《あくらつ》な謀略、奸計《かんけい》を弄するに及んで、ラッサールの中に眠っていたマキアヴェリズムは俄然《がぜん》これに対抗して遺憾なく発揮され、さいわい訴訟に勝つことを得たわけであるが、このことはラッサールの胸底に、目的達成のためにはいかなる手段をも選ばない悪習を植えつけた。この悪習は、ハッツフェルト伯爵夫人を媒介とする腐敗した貴族社会の毒素と結合して、革命家、社会運動家としてのラッサールにはほとんど致命的な傷を与えることとなった。一八五七年に彼がアレクサンデル・フォン・フンボルトを通じ、プロイセン皇太子に嘆願して、ベルリン居住の許可を得たり＊、さらに後年夫人を介して反動の総本山ビスマルクとひそかに会見してこれと取り引きしようとしたり＊＊、ついには一八六三年秋ゾーリンゲンの演説に際して、進歩党の市長から解散を命ぜられたとき、ビスマルクに電報で求援したり、演説を妨害した進歩党員を傷つけた二人の労働者に対して、国王に赦免を嘆願するよう勧説《かんぜい》したりしたのは＊＊＊、すべてこの必然的帰結であった。後進国における革命運動、社会運動に対しては、封建勢力、ブルジョアジーおよびプロレタリアートの三角関係から、保守反動勢力の側よりする切りくずしの謀略が必ず来るものであるが、ラッサールがこの陥穽《かんせい》に相当深入りしたことは疑いない。しかしラッサールをそこへ誘惑したものは後述するように彼の反動的な国家観であるが、離婚訴訟事件に基づく彼の結果主義倫理と貴族社会との腐れ縁もあずかって力あったと思う。ラッサールが偉大な革命家であり労働者階級解放の戦士であっただけに、このことは深く遺憾とすべきである。

* ベルンシュタイン『伝記』S. 43.
** G. Mayer : Bismarck und Lassalle, ihr Briefwechsel und ihre Gespräche, 1928.
*** ベルンシュタイン『伝記』S. 255―258.

四　思　想

離婚訴訟が終了するやいなや、ラッサールはヘラクリトスの研究に復帰してこれに全力をそそいだ結果、ようやく一八五七年末『ヘラクリトスの哲学』（Die Philosophie Herakleitos des Dunklen von Ephesos）を上梓《じょうし》することができた。次いで一八五九年には戯曲『フランツ・フォン・ジッキンゲン』が世に出《い》で、同年『イタリア戦争とプロイセンの使命』（Der italienische Krieg und Aufgabe Preussens）を書いてプロイセンを中心とするドイツの統一を唱道した。翌一八六〇年には『フィヒテの政治的遺言と現代』（Fichtes politisches Vermächtnis und die neueste Gegenwart）が、一八六一年には『レッシング』と彼の主著『既得権の体系、実定法と法哲学との宥和』（Das System der erworbenen Rechte, eine Versöhnung des positiven Rechts und der Rechtsphilosophie) が出版され、ラッサールの学者としての名声は今や不動のものとなった。その間彼は一八六〇年の夏保養地アーヘンでロシアの女性ゾフィー・フォン・ゾンツェフに会い、長文の『魂の告白』をものして求婚したが成功しなかったという挿話《そうわ》がある。『既得権の体系』をもってラッサールの学問は完成され、爾後《じご》は自己の思想の実践に専心することになるので、ここでラッサールの思想を検討してみたいと思う。

前述のように、ラッサールが独自の革命思想を形成するに至ったのは、一八四四年ごろであり、同年九月六日付の父あて書簡において彼の思想体系は一応できあがったものといえる。この書簡はマイエルの大阪書簡集で二二ページもあり、*質的にもマルクス・エンゲルスの独仏年誌時代の傑作『ヘーゲル法哲学批判』『ユダヤ人問題』『経済学批判要綱』『イギリスの現状』に優に匹敵する堂々たる論文である。ラッサールはこの手紙を書くために三日を費やし、七本のペンを使いはたし三十九本の葉巻を吸いつくしたという。**

* マイエル Bd. 1. S. 114—136.

** マイエル Bd. 1. S. 135.

まずラッサールは折りから開催されていたベルリンの工業博覧会にことよせて、工業の概念を真に把握できる者は哲学者だけで、博覧会を漫然と見物している大衆はもとより、いわゆる工業の専門家といえども*工業と現代との関係や、工業の現代に対して有する意義を少しも解していないと前提して、工業のいわば歴史哲学的検討をはじめる。この場合工業とは単なる技術的見地から見た工場制大量生産のことをいうのではなく、その社会経済的な面、すなわち資本主義的生産関係を意味していることは論をまたない。当時資本主義という言葉はまだできあがっていなかったから、ラッサールはこれを工業主義(Industrialismus)と呼んで、彼の共産主義と対置している。したがって工業の歴史哲学的検討とは、資本主義の歴史哲学的把握にほかならず、この場合彼の歴史哲学はもとよりヘーゲルのそれの直接的発展であったから、ヘーゲルの在世当時成熟していなかった資本主義の問題を、その歴史哲学の中に取り入れることが彼の主題であった。

＊ マイエル Bd. I. S. 115—116.

資本主義の問題をヘーゲルの歴史哲学に包摂してゆく場合、ヘーゲル自身であったならば、資本主義を自己の体系に宥和《ゆうわ》することをもって満足したに相違なかったが、ラッサール生来のダイモンとその少年時代からの素朴な革命的気魄とはとうてい単純なる宥和を許さなかった。ましてやこの論文の三か月前には、シュレージエンの織工一揆がこの宥和の絶対不可能なことを証明していた。しかし織工のように資本主義を単純に否認したり、抹殺《まっさつ》したりすることは、彼のヘーゲル哲学が許さなかった。そこで彼は資本主義が世界史の発展における必然的帰結であるゆえんを承認し、証明しつつ、他面これがそれ自体の矛盾によって、その対立物としての共産主義に転化せざるをえないゆえんを立証しようとした。ここにおいて諦観的《ていかんてき》、傍観的なヘーゲル哲学は、主体的、革命的なラッサール哲学に飛躍するわけである。ラッサールにこの飛躍を行なわせたものは彼のダイモンであったが、シュタインの『現代フランスの社会主義と共産主義』とフィヒテの理想主義的歴史哲学とが、少なくとも触媒の役割を演じたことは疑いない。

ここでラッサールの『工業書簡』の要旨に帰れば、人類の歴史は自由の発展であり、人格性の実現であることを前提として、キリスト教が一切の人格の絶対的尊厳を確立したところから筆を起こしている。キリストは神の子であると同時に人間であり、父としての神もまた人格神であるところにキリスト教が前代の宗教とことなるゆえんがあり、神の前に一切の人間が神の像として平等の尊厳を認められるところに偉大な進歩があった（マイエル一一六ページ）。ギリシアやユダヤでは特定の種族に属するという自然的条件が、人間たる要件ではあったが、キリスト教ではキリスト教を信じさえすればよかった。

しかるにキリスト教が説く人格の平等と尊厳とは神の国においてだけ実現され、現世では貴族と僧侶とが人格を認められたにすぎない。すなわち人格であるがためには単に人間であるのみでは足らず、身分の媒介を必要とした。しかしゲルマン民族では勇敢な戦士がそのまま貴族となったから、自己の人格性の完成が貴族となるための要件であるという意味で、ゲルマン民族は本来キリスト教的であった（同一一八ページ）。やがて貴族が世襲となるにおよんで、人格性は、血統という自然的なものに依存することとなり、ここに中世の没落が用意された。

フランス革命は実にこのような中世の制約を打破して、人権宣言により抽象的人格性の原理を樹立し、およそ人でありさえすれば、現世においても人格の尊厳を保障しようとした(同一一九ページ)。一七九三年の憲法はその法的確認にほかならない。しかるに抽象的人格性の原理は、それ自体空虚であり、無内容であるから、それが保障する自由は恣意《しい》にすぎず、必然的に原子論的社会観に帰着せざるをえない。換言すればフランス革命は主体の理念をまだ抽象的に把握しているにすぎず、実質的に充実したものとして把握していないので、実質的自由の理念に到達することができない。そこで各人は自己の生存のために必要な生活資料と貨幣とを求めて狂奔し、ここに万人の万人に対する弱肉強食の戦い、自由競争の体系が成立する(同一二五ページ)。フランス革命は主体がみずからの自由のためになんらかの客観的実体的内容を必要とすることを否定したが、今やこの否定が否定されなければならない(同一二七ページ)。

ここにおいて中世における身分の区別と、フランス革命における抽象的人格性とを統一止揚した、財産所有の概念が生まれてくる。所有の概念は、第一に人は単に人たるのみでは足らず、財産を所有していなければならないこと、第二に、この財産は自然的条件ではなく、人間の努力により自由に獲得しうるものであることという特徴を持っている。これがすなわち大工業の原理であって、市民を能動的市民と受動的市民とに区別する納税選挙法は、この理念の法的確認である(同一二八ページ)。しかし大工業の原理は、人格性を物質と貨幣とに依存させる意味で、早くも死因を蔵している。工業においては、人間は自分自身をまず自己の生産活動、すなわち主観性に依存させるが、他面死んだもの、凝固したもの、すなわち客観的財産所有にも依存させる。前者を体現するものが労働者であり、後者を代表するものが資本家である。資本家の労働者に対する勝利の中に、死んだ物体の、生きた人間に対する、客観性の主観性に対する勝利が示されている（同一三〇ページ）。しかし歴史の原動力としての主観性の原理は、このような客観性への依存に反抗し、この理念の自己喪失から自己自身へ復帰しようとする。換言すればこの客観性、すなわち物質、物量を、主観性に屈服させ、人格性に属するものにしないではおかない。これがすなわち共産主義にほかならない（同一三一ページ）。共産主義において、自由の無限の主観性は、再びその永遠の譲渡してはならない権利を回復する。共産主義はフランス革命から、人格の絶対平等性の原理を、財産所有から実質的生存条件の原理をそれぞれ承継して、しかも後者の直接的対立物である。このゆえに、工業主義は共産主義の前夜であり、共産主義の最初の、隠蔽《いんぺい》された形態に他ならない（同一三四ページ）。

そして共産主義は本来工業を組織化しようとするもので、社会を有機的全体として把握するがゆえに、フランス革命や工業主義の原子論的国家観に対して、倫理的、全体的な国家観を持つ（同一三四ページ）。

以上が『工業書簡』の大意である。われわれはそこに幾多の重要な示唆を見いだすであろう。なかんずくラッサールが財産所有ないし工業主義――これはいずれも資本主義を意味する――を批判してそこでは生きた労働が死んだ資本によって支配されると喝破し、そこに共産主義の必然性に対する論拠を見いだす点は、四年後マルクス、エンゲルスが『共産党宣言』*で、「ブルジョア社会では、生きた労働は単に蓄積された労働を増殖するための手段にすぎない。これに反して共産主義社会では、蓄積された労働は労働者の生活過程を拡張し、豊富にし、促進するための手段にすぎなくなる。ブルジョア社会では過去が現在を支配するが、共産主義社会では現在が過去を支配する」と説いていることを想起させる。さらに資本主義が共産主義の前夜であり、その不可欠の前提である点の強調も、マルクス、エンゲルスと軌を一にしている。この点において彼は明らかに空想的社会主義者よりは、科学的社会主義に近いといわなければならない。ラッサールの共産主義は『資本論』の精緻《せいち》さを持たないとはいえ、マルクス、エンゲルスの原始マルクス主義とはほんの紙一重《かみひとえ》の差である。

＊ Marx, Engels : Das Kommunistische Manifest (Elementarbücher), S. 35—36.

ただラッサールの共産主義をマルクス、エンゲルスのそれから決定的に区別するものがあることは見のがせない。それはいうまでもなくラッサールが共産主義を歴史における人格性ないし主観性の理念の発展として把握する点であって、彼の哲学が、歴史を精神の自己実現過程とするヘーゲル哲学をそのまま踏襲していることからくる必然の結果である。それに反してマルクス、エンゲルスはヘーゲル自身の「疎外」(Entfremdung) という概念を発展させて、ヘーゲルにおける抽象的普遍的人間としての絶対精神を、具体的普遍的人間としての社会関係に止揚したので、共産主義はもはや単なる理念であるにとどまらないで、社会的生産力と生産関係との中に客観的基盤を持つこととなっている。

しかしここでわれわれは、ラッサールの観念論に対して、マルクスの唯物論を対置する公式的見解の誤謬《ごびゅう》におちいってはならない。問題ははるかに深いところに存していることを知るべきである。ラッサールの哲学が観念論に属することはまちがいないが、マルクスはけっして俗流マルクス主義者が唱えるような意味では唯物論者ではなかった。約四十年前に発表された彼の遺稿『経済学哲学草稿』によれば、彼の立場は徹底した自然主義即人間主義（ヒューマニズム）で、それは「観念論からも唯物論からも区別され、この両者を総合統一する真理である」とされている。* さらに同じところで彼の共産主義は、人間の自己疎外を止揚して人間性を実現する人間主義にほかならぬものと断定されていることから** 見ても、いかにいわゆる弁証法的唯物論から遠いものであるかがわかるはずである。ここに注目すべきはヘーゲル自身が唯物論と観念論とが同一の誤謬の対極的な現象形態にすぎないことを洞察し、言明していること*** であって、この意味ではヘーゲルも、マルクスも、ラッサールも「唯物論か観念論か？」というような低い次元の立て方から超越しているものというべきである。

* Marx, Engels : Gesamtaugabe, I. Abt. 3. Bd. S. 160. なお本書第一章参照。

** 同 S. 114, 116.

*** Hegel : Phänomenologie (Lasson Ausgabe, S. 409.)

ラッサールとマルクスとの根本的相違は、前者がヘーゲル哲学内に安住し、その諸範疇を単に発展させたにすぎないのに反して、後者はヘーゲル哲学自体を人間の自己疎外の一形態として批判し、* 進んではイギリス古典経済学における自己疎外を徹底的に暴露することに成功した点に存する。**

＊『経済学哲学草稿』中ヘーゲル哲学批判（Gesamtausgabe, I. Abt. 3. Bd. S. 151）参照。『ヘーゲル法哲学批判』（Gesamtausgabe, I. Abt. 1. Bd. S. 607―620）猪木・小松訳六三―九一ページ。

＊＊『経済学哲学草稿』中経済学批判（Gesamtausgabe, I. Abt. 3. Bd. S. 33f）。『資本論』（Adoratzki Ausgabe）Bd. 1. S. 76.

人間の自己疎外を徹底的に暴露することは、とりもなおさず人間本位、人間中心の立場から、疎外化された人間、すなわち宗教、法律、政治、経済等を批判することを意味し、これがヒューマニズムの真義にほかならない。そしてこの徹底したヒューマニズムの立場に立つためには、なによりもまず人間自体を具体的に把握しなければならない。ヘーゲルのように人間を理性人（homo sapiens）としてとらえていては、人間の自己疎外も単に抽象的に問題にされうるにすぎず、自分自身がこの自己疎外から脱却することはできない。*真に自己疎外を止揚するためには、人間を具体的な存在としてとらえなければならず、それがためには人間の感性的な面を逸してはならない。人間を感性的存在としてとらえる古来の唯物論には、この意味で正しいものが含まれているが、他面従来の唯物論では人間実践を基礎づけることができなかった。**マルクスの不朽の功績は、フォイエルバッハの「欲求するもの」（Bedürftiges Wesen）「身体を持つ存在」としての人間観を媒介として「労働人」（homo faber）すなわち「社会的に生産する存在」としての人間観に飛躍し、こうすることによって、人間の理性的、主体的な面と、感性的、客観的な面とを統一的に把握した点に存する。ラッサールはフォイエルバッハの宗教批判からほとんど全く影響を受けず、彼の人間観はヘーゲルそのままの理性人的人間観であったから、人間の自己疎外を剔抉《てっけつ》することができなかった。したがってラッサールの共産主義は人間の自己疎外の止揚による人間性の実現ではなくて、単なる理性としての主体性の実現にすぎないことになる。

＊ Marx, Engels : Gesamtausgabe, I. Abt. 3. Bd. S. 163 f.

＊＊ 〃 Die deutsche Ideologie (Adoratzki Ausgabe), S. 34.

ここからラッサールとマルクスとの三つの重要な理論的立場の相違が生まれる。

第一にマルクスではプロレタリア階級は疎外化された人間すなわち人倫の喪失態[*]として把握され、したがって共産主義はプロレタリア階級の人間性奪還のための階級闘争とされるが、ラッサールでは、プロレタリア階級は主観性の理念を体現する歴史的理性の担《にな》い手として把握されるから、したがって共産主義と階級闘争との間には必然的連関を欠いている。

＊ マルクス『ヘーゲル法哲学批判』Gesamtausgabe, I. Abt. I. Bd. S. 619. 猪木・小松訳八九ページ。

第二にマルクスではホモ・ファーベル的人間観を基礎にした労働価値説が厳として一切の理論体系を貫徹しているのに反して、ラッサールでは『公開答状』に現われる労働収益という概念に明らかなとおり、漠然とした意味の労働価値説を時おり利用しているにすぎない。

第三にマルクスでは感性的実践 (Sinnliche Tätigkeit) としての人間観から、国家は階級支配のための強制力として把握され、階級対立が揚棄されないかぎり民族共同体《コンミユニテイー》の面はほとんど無視されているのに*対して、ラッサールではその理性人的人間観から、国家は理性の実現として把握され、現存国家そのものの階級性と、これに基づく強制力とは故意に看過されている。

* Das Kommunistische Manifest (Elementarbücher), S. 41.

ラッサールの国家観は、民族共同体《コンミユニテイー》としての国家の本質をとらえている点で正しく、民族の素朴な本能に訴えるものをもつ。後年の修正主義はこの点でラッサール主義と結びついている。次に注目されることは、彼の国家観が明らかに、ブルジョアジーの夜警国家観に意識的に対立して*主張されている点である。この点はプロイセン進歩党の皮相なマンチェスター主義に対する反作用もあずかって力あるものと考えられ、ラッサールが実際運動に際して進歩党との対立の果て、保守反動勢力と接近しようとしたのも、少なからずこの国家観に負うている。民族共同体《コンミユニテイー》としての国家を強調することはよいとしても、ラッサールのようにこれを神聖化するに至ると明らかに反動勢力を利することとなる。特に民衆が十分啓蒙《けいもう》されていず、王権神授説的絶対専制主義の伝統が強固なところでは、この危険はいっそう大である。なぜならブルジョア民主革命が完遂されない地盤では、国家と封建勢力とは不可分であるから、国家の神聖化は直ちに保守反動勢力の温存となる。ラッサールの国家観にはヒットラーのそれを**彷彿《ほうふつ》させるものがあり、ビスマルクとの交渉もこの意味で非偶然的なものといえる。そしてラッサールの国家観のこのような欠陥は、彼がヘーゲル哲学の自己疎外の中に安住しているところから淵源していることを銘記すべきである。

＊　マイエル Bd. 1. S. 134.

＊＊　Hitler : Mein Kampf（一九三九年版）S. 425—487.

以上が『工業書簡』を中心として見たラッサールの根本思想である。この根本思想は、その後二十七年間にわたる彼の理論と実践において本質的には少しも変化していない。『ヘラクリトス』も『既得権の体系』も、はては『学問と労働者』も『公開答状』も以上の思想をもって一貫されている。ただ一八四八年のマルクス、エンゲルスの『共産党宣言』から相当の影響を受けたこと、離婚訴訟事件以来法律的な考え方がとみにいちじるしくなったことが注目される。この意味で『既得権の体系』は必読の書であるが、ここではたとえばその第二部における相続法の研究に際しても、法と社会的生産関係との関連の分析が欠けていることが重要な欠陥となっていることを述べるにとどめたい。

五　学問と労働者

ラッサールが主著を脱稿した一八六一年の十二月には、進歩党が総選挙において多数党となり保守反動政府との憲法紛争に突進した。三月革命後の十年間の反動は終わりをつげ、今や政治的闘争の時代が訪れてきた。当時の進歩党は単にブルジョアジーの急進分子ばかりでなく、ひろく人民全体を代表していたから、ラッサールも進歩党に対して同情的で、一八六二年四月十六日、同党に招かれて『憲法本質論』と題する講演を行なった。この講演は文書としての憲法が事実上の勢力関係としての憲法の確認にすぎないことを説いて、進歩党のとるべき態度を示唆したものであった。つづいて同年九月進歩党が三百八対十一の多数をもって軍備拡張案を否決したのに対し、ビスマルクは議会を無視して増税を断行するに至り、プロイセン進歩党が革命か屈伏かの瀬戸際《せとぎわ》に立ったとき、ラッサールは『何をなすべきか？』と題する第二の憲法講演を行なった。この講演で彼は、納税を拒否して一挙に革命に突進するにはイギリス国民のように強固な組織を持って有効な反抗を行なう必要があるから、ドイツの現状では問題外であるとした。*彼が進歩党に勧めた戦術は議会を停会して政府に対する協力を拒否することによって、政府に非立憲政治の責任を全面的に負わすことであった。進歩党は彼のこの忠告を実行しないで、ひきつづき議会を開会して政府に協力するばかりか、ラッサールが保守反動政府の権力を擁護していると非難した。ここにおいて、ラッサールは進歩党の無能と無気力とに絶望し、労働者階級を中心に進歩党から独立した政党を組織し、みずからその先頭に立って民主主義革命に驀進《ばくしん》しようと決意するに至った。一八六三年二月七日彼が発表した『権力と法律』は明らかに進歩党に対する宣戦布告を意味していた。

＊　ベルンシュタイン編全集 Bd. 2. S. 91.

これよりさき一八六二年四月十六日、ラッサールはベルリン郊外オラニエンブルクの手工業者組合に招かれて、「現在の歴史的時代と労働者階級の理念との特殊関係について」

と題する講演を行ない、やがてこれを『労働者綱領』という名のもとに小冊子として世に送ったが、この講演自体にはそれほどの反響がなかった。しかるにラッサールがこの講演のために、「無産階級に対して有産階級への憎悪と軽蔑《けいべつ》とを扇動した」という理由により起訴されるにおよんで、折りしも進歩党に対する微妙な関係から、帰趨《きすう》に迷っていた労働者階級の注目を引くに至った。一八六三年一月十六日ラッサールが行なった弁護演説は、はたして彼らの期待を裏切らなかった。特に彼がこの中で「ヨーロッパの生命体のあらゆる領域を襲いきたった全面的退廃の中にあって、ただ二つのものだけが偉大さを失わなかった。たった二つのもののみが、ヨーロッパの生命体のあらゆる血管に浸透しきたった利己心のかくれた侵蝕のまっただ中にあって、新鮮さを失わず、生産力を保持しえた。これすなわち学問と民衆、学問と労働者である。この二つのものを結合することによってのみ、ヨーロッパの胎内に新しい生命を宿すことができる。学問と労働者との同盟、この社会の両対極の同盟こそ私が生命あるかぎり、私の全生涯をささげようと決心した目標である」（猪木訳世界古典文庫三七ページ）と喝破したことは、労働者階級に絶大な感銘を与えた。彼らはラッサールの『学問と労働者』によって自己の階級のになう歴史的使命を自覚すべき機縁を与えられたのである。

ラッサールはこの弁護演説を公判の前に印刷に付した。いよいよ公判になると、ラッサールの弁論が型破りであり、検事を猫が鼠《ねずみ》をもてあそぶようにこっぴどくやっつけたので、裁判長からくり返しくり返し発言を禁止されようとした。ラッサールはこれに対して法廷を退去するといって裁判長を威嚇《いかく》することにより、かろうじて予定どおり弁論を行なうことができた。検事の起訴理由が根拠のないものであったことはいうまでもなかったから、ラッサールは弁論の前半で『学問と学説は自由である』というプロシア憲法を援用して、検事の憲法違反を完膚なきまでに暴露し、後半では旧刑法第百条の違反でないゆえんを余すところなく論証した。前半で引用した中世における学問の自由に関する諸例は、いずれも特殊なものであり、いささか詭弁《きべん》に似た感があるが、起訴理由がもともと牽強付会《けんきょうふかい》なのであるから是認されよう。この弁論を一読してわかるとおり、公判は明らかに検事の敗北であったが、禁固九か月の求刑に対して禁固四か月の判決が下った。

この公判でラッサールがフォン・シェリンク検事に対して、父親のシェリンクを引用して反撃するであろうことは、ほぼ推察されたので傍聴席には多数知名の士が姿を見せ、折りからベルリン滞在中のライプツィヒ中央委員会の代表も熱心にラッサールの弁論に耳を傾けていた。シェリンク検事は形勢非なりと見て、公判には現われず、部下のゴルッをラッサールの矢面に立たせたが、この弁論演説が終了すると直ちに「検事を侮辱した」かどによって再びラッサールを起訴し、一八六三年四月二十日の公判で彼を禁固一か月の刑に処することに成功した。

このラッサールの訴訟事件には興味深い一挿話《そうわ》がある。それはラッサールの学問上、政治上の敵手シュルツェ・デーリッチが一八六三年一月二十二日のプロイセン議会において、ラッサールのために一席弁じたことである。もちろんシュルツェ・デーリッチは単なる騎士的精神からラッサールを援護したわけではなかった。それには当時のプロイセンにおける封建貴族、ブルジョアジーおよびプロレタリアートの三角関係を基盤とするそれ相当の理由が存した。

ちょうどそのころアメリカの南北戦争の結果、棉花《めんか》の輸入が絶え、ヨーロッパにおける大多数の紡績工場は操業を停止しなければならないことになり、ただでさえ窮乏している紡績労働者は餓死の危険にさらされた。そこで一八六二年八月特に困窮のはなはだしかったシュレージエンのライヘンバッハ郡の工場主たちは、郡長に救済方を陳情した。これに対する郡長の解答は次のようなものであった。*

「なによりまず工場主各位は、自力をもって極力紡績労働者の困窮を救済するために全力を尽くされたい。数年来工場主の業態はとみに改善されたのに対して、労働者の状態は依然として悲惨をきわめているにかんがみ、このことは当然期待すべきである」

* ベルンシュタイン編全集 Bd. 2. S. 210.

工場主たちが郡長の要請によって具体的救済策として強制作業場の設置を提案したとき、郡長は第二の解答を与えていわく。*

「自分は工場主たちがこのような提案を行なうことによって、当然労働者の憎悪を受けるに至ることを恐れるものである。いま必要なことは、罪なくして貧窮し、みずからはただの一銭をもたくわえることを得ずして、しかもみずからの勤労により他人に巨富を積むことを得させた多数の民衆を飢餓から救うことである。しかるに強制作業場とは何事であるか」と。

郡長の解答は当時のプロイセン政府が、進歩党に対抗するために、いかに第四階級を利用しようとしていたかを示すものとして注目すべきである。この解答がシュレージエン新聞に発表されると進歩党員の憤慨は頂点に達し、シュルツェ・デーリッチは、ラッサールの有罪判決後六日目の議会で、「工場主たちに対する官吏のこのような暴言を許しておきながら、純学問的なラッサールの講演をなぜ起訴したのか」と政府に詰めよったわけであった。この事情を考慮に入れると、ラッサールが『学問と労働者』の中で、労働者階級はブルジョアジーと同胞であって、圧制者に対しては一致して対抗するのだと言明していることは注目に値する。*当時ラッサールは進歩党の無能無気力に絶望していたとはいえ、ブルジョアジーと利害一致する問題に関してはこれと提携することを躊躇《ちゅうちょ》せず、いまだけっしてプロイセン政府と気脈を通じて進歩党に対抗する意志を持っていなかった。

＊ ベルンシュタイン編全集 Bd. 2. S. 211.

＊ 猪木訳世界古典文庫七〇ページ。

六　公開答状

ラッサールが進歩党に絶望して、独自の労働運動に乗り出そうとしたとき、労働者側でも機はすでに熟していた。当時労働者階級と進歩党との間には、すでに触れたように「微妙な関係」が存していたからである。

全ドイツ労働者大会を結成しようとする運動は、一八六二年のロンドン産業博覧会に発端している。この博覧会は第一インターナショナル設立の機縁ともなったことは周知のとおりである。さてベルリンその他ドイツ諸都市から労働者代表がロンドンに派遣されたが、彼らの旅費は進歩党の国民協会の公募によって調達された。しかるに労働者たちはロンドンでかの地の労働者と交わって新時代の空気に触れて帰り、同年八月二十五日のロンドン博覧会視察報告会で早くも全ドイツ労働者大会の結成が決議された。十月にはベルリンで大会の結成を準備すべき二十五人の委員が選ばれ、次いでこの委員会は十一月十八日から一週間の予定で開催予定の大会に委員を派遣するよう次のように招請している。*

「労働者よ、ドイツの兄弟よ！

新生活の太陽がわれわれの祖国にのぼった。その暖かい日の下に、国民のあらゆる階級は、新しい行動に、新しい努力に目ざめた。ただわれわれ労働者だけが〝われわれのためには、もはや十分な配慮をしてくれているから、われわれに深い関係のある問題にわれわれ自身が関与したとてなんの役にも立てない〟という、ゆるんだ気持をいだいて眠っていた。ところで、われわれ署名者は、諸君にたずねる。いったい人は諸君のためにどんな配慮をしてくれたか？　われわれ自身の努力が無効であることはどうして確かめられるのか？　われわれの周囲で、最も神聖な、最も重大な社会問題、すなわちわれわれの生存に関する問題が論議されているのを聞かないのか？　諸君は、財産に恵まれ、つとに黴《かび》がはえている中世の原理のしみ込んでいる連中が、最近ワイマルで会議を開き、ドイツの産業に対して、文明と産業の進歩が他の諸国ではとうの昔に葬ってしまった制度を実施しようとしているのを知らないのか？　諸君がこれらの事実に黙っているならば、世間は何と言うだろうか？　諸君は営業の自由や、移住権や、労働者の福利増進のための組合を持ちたいと思わないのか？」

＊ ベルンシュタイン編全集 Bd. 3. S.13.

大会で論議される議題のプログラムは次の五項目であった。*

一、全ドイツに営業の自由を実施すること
二、全ドイツに移住権を認めること
三、全労働者のための組合と、退職手当金庫の要項を協議し決定すること
四、近年中にベルリンにおいて万国産業博覧会を開催すること
五、ロンドンの博覧会に行った労働者の報告

＊ ベルンシュタイン編全集 Bd. 3. S.15.

右の招請状とプログラムを一読すれば、彼らの意図がきわめて穏健ではあるが、しかし着実な自主的労働運動を開始することにあって、少しも反動的色彩がそこに混入していないことが知られる。さて、民衆新聞はこの招請状を掲載するに際して、この記事の前に進歩党員シュトレックフスの反対意見を付した。シュトレックフスの意見の要旨は、進歩党と保守反動政府との決戦の段階において、自主的な労働運動を開始することは有害無益で

あるから、労働者階級は無条件に進歩党を支持すべきであるというにあった。そして彼は「われわれは最も重大な政治的闘争の時代に生き、われわれの憲法生活は非常な脅威を受けている。今日においては、憲法に忠実なあらゆる党派が一致団結して、敵の攻撃に力強く抵抗することがたいせつである……中略……人は不決断な支持者を、赤色共和国、社会的労働運動の亡霊によって脅かし、このようなばかげた恐怖によって反動の陣営に追いこもうとしている。暗黒の中で仕事をしている自由の敵にとっては、現今のかくも時機を誤った労働運動ほどかっこうな手がかりはない。ゆえにすべては反動派のしわざであるという根拠のない嫌疑《けんぎ》がうわさされるのを聞くのもあえて不思議ではない」*と述べたので、委員会の激昂《げっこう》を買った。

* ベルンシュタイン編全集 Bd. 3. S. 17.

一八六二年十一月二日ベルリン音楽堂で、この問題を大衆討議することになり、そこにはシュルツェ・デーリッチ、シュトレックフス、フォン・ウンルーら進歩党の幹部も参加した。この会議では、委員会側の主張と、進歩党側の主張とが正面衝突をするところであったが、ライプツィヒ中央委員会を代表するファールタイヒとフリッチェの二人が仲裁役を買って出た。けだしライプツィヒ側は、ベルリン委員会の指導者アイヒレルがビスマルク政府と気脈を通じて労働運動を汚毒するおそれがあることを看破していたから、自主的労働運動をこの邪道から救うために主導権をみずからの手に収めようと決意していたからである。そこで彼らは大会の開催を翌年一月末に延期し、会議地としてベルリンの代わりにライプツィヒを選ぶことを提案して、満場一致の賛成を得た。アイヒレルはシュトレックフスやライプツィヒ委員会が危惧《きぐ》したとおり、はたして保守反動の手先であることが後年判明した。封建貴族とブルジョアジーとの決戦期には、労働者階級はそれ自体いかに非力でもキャスティング・ヴォートを握ることになるから、反動勢力の側から来る誘惑もまた猛烈である。この意味で進歩党の言い分には確かに正しいものが含まれている。それにもかかわらず、進歩党自体の無能、無気力は、労働者階級が自主的労働運動を開始せざるをえなくする。自主的であって、しかも反動勢力の好餌《こうじ》とならない労働運動の確立、後進国ドイツの労働運動はいかにしてこの困難な課題を解決しうるか？　全ドイツ労働者大会の結成準備を委託された当時、ライプツィヒ委員会はいまだ明確な実行案を持ち合わさなかった。しかるに二つの事情がライプツィヒ委員会を進歩党から絶縁させることとなった。第一には彼らが国民協会の会員となることを拒絶されたことであり、第二には進歩党が普通選挙権の実施に冷淡であったことである。ライプツィヒ委員会は国民協会の指導者に、ドイツの統一と一八四九年の憲法の復活とのために労働者を国民協会の会員とするよう提議したが「労働者は協会の精神的名誉会員たることに満足されたい」という有名な回答を受け取った。第二の普通選挙権の問題は、労働者の政治参加を認めるか否かの重大問題であったが、当時の進歩党は三階級選挙権にいとも満足で、労働者階級を普通選挙権で自己の陣営に引き入れるだけの政治的識見を持ち合わさなかった。

そこでライプツィヒ委員会は必然的に『労働者綱領』のために最近起訴されたラッサー

ルに注目することとなり、委員のダンメル博士とベルリンのラッサールとの間に手紙の交換が行なわれたのち、ちょうど右の公判におけるラッサールの弁護演説があった直後に、ライプツィヒ委員会の二人の代表ファールタイヒとダンメルとはラッサールを訪問した。ラッサールは若い二人の代表が断固とした社会主義者であり、彼の行動綱領にいちいち賛意を表するのを見て大いに喜び、生産組合に対する国家信用の要求と普通選挙権とを扇動の二大スローガンにすることについても完全な意見の一致を見た。そこで彼はライプツィヒ委員会が書面の形式で彼の意見を求めさえすれば、『公開答状』をもって彼等の希望を満たすことを約した。『ヘラクリトス』から『既得権の体系』に及ぶ一連の学問的労作によってすでに名声の高いラッサールが、なぜ無名の人々によって構成されるライプツィヒ委員会の申し出を快諾したのであろうか？　けだしラッサールはすでに述べたとおり自我意識のきわめて強い特異な性格の持ち主である。彼は既墾地を耕作するよりは、処女地を意のままに開墾することを選んだ。既成の大政党にはいってしだいに頭角を現わすよりは、無から有を生むことを好んだ。その意味でライプツィヒ委員会が微力であっただけに、いっそうラッサールにとって魅力を持ったものというべきであろう。

一八六三年二月十日のライプツィヒ中央委員会で、ラッサールに労働運動に関する所見を乞う提案が満場一致をもって可決され、翌日の決議に基づきダンメル博士から左の手紙*が発せられた。

* ベルンシュタイン『伝記』S. 191—192.

「拝啓『現在の歴史的時代と労働者階級の理念との特殊関係について』と題する貴下の小冊子は当地いたるところで労働者の大喝采《かっさい》を受け、中央委員会も貴下の意見に賛成である旨《むね》を労働者新聞に言明した次第です。他面シュルツェ・デーリッチ氏の推奨する組合組織は、無一物の大多数労働者に十分利益になるかどうか、特にこれによって国家における労働者の地位が、本来あるべき姿にまで改善されるかどうかについて、各方面から深刻な疑念が表明されました。中央委員会は労働者新聞（第六号）において、これに関し次のような意見を表明しました。組合組織は今日の状況の下では、十分な成果をあげえないと。――しかしいたるところで、シュルツェ・デーリッチ氏の理念は、国民中の被圧迫階級としての労働者階級に対して決定的なものとして推奨されていますが、労働者階級の状態を政治的、物質的および精神的見地において改善するという労働運動の目標を達成するがためには、シュルツェ・デーリッチ氏の提案とは別な手段と方法とが考えうると思われますので、中央委員会は去る二月十日の会議で、満場一致をもって次の決議を行ないました。

労働運動について、労働運動が利用すべき手段について、また特に全無産階級に対する組合の価値いかんについての貴下の見解をなんらか貴下に適当と思われる形式で、発表されることを貴下に懇望すること。

われわれは、貴下が前記の小冊子において表明された見解に、最大の価値を置くものであり、それゆえにまた貴下の今後の垂示をも十分尊重しうるはずです。最後に貴下がわれわれの懇望をできるだけ早急に達成されることをお願い申し上げます。なぜならば、われわれにとっては、労働運動を促進することが刻下の急務であるからであります。　敬具

一八六三年二月十一日　於ライプツィヒ

全ドイツ労働者大会結成準備中央委員会

代表　オット・ダンメル

フェルディナント・ラッサール殿」

以上が『公開答状』の前史である。『公開答状』においてラッサールはまず労働者階級は進歩党から完全に独立した自主的政党を組織すべきであると労働運動の基本的進路を明示したのち、賃銀鉄則によってシュルツェ・デーリッチ式の自助的組合の無効を論証し、国家信用による生産組合の設立だけが労働者階級の状態を改善すべき唯一《ゆいいつ》の手段であることを主張する。次にしからば国家は何であるかという問題に転じ、国家は勤労大衆のものであることを証明したのち、生産組合に対して国家信用を供与させるためには、国家意志の形成を勤労大衆の手に移すことが必要であって、これは普通選挙権の実施によってのみ可能であると結論する。これを要するに、独自の労働運動を推進すべきことが基本的戦略で、国家信用による生産組合と普通選挙権とは二大基本的戦術である。そしてラッサール一流の国家観と賃銀鉄則とはこの戦術を基礎づけるべき根本理論にほかならない。従来人はラッサールの賃銀鉄則説や、国家観を論駁《ろんばく》し、国家信用による生産組合と普通選挙権とを批判した。しかしわれわれが忘れてはならないことは、ラッサールの大眼目は、労働運動を進歩党のくびきから解放して、自主的な労働者政党を結成させるという基本的戦略に存したことである。この点においてラッサールは断然正しく、この点においてラッサールは成功を収めた。しかし国家信用による生産組合の主張や賃銀鉄則説、はては保守反動化する危険をはらむ国家観等はすべてこの基本的戦略を成功に導くべき戦術論にすぎず、しかも戦術論としてはけっして失敗していない。

まず国家観から見てゆけば、すでに彼の思想を述べたところで検討したとおり、この国家観は特に民主革命の完了前には多大の危険を蔵しているが、しかし民族共同体《コンミユニテイー》への民衆の本能的直観に訴える力を持っている点で、眠った民衆の政治的意欲を覚醒させるには不可欠の手段である。フランス革命のジャコバン党も、ロシア革命のボリシェヴィキ党も、外国の干渉によってかえって民衆の祖国愛をわがものとし革命を完遂することができたのである。

第二に普通選挙権は、今日ではもはや自明の事実となっているが、当時においては激しい論争の的となっていた問題で、進歩党はもとより、急進思想家の間でも反対意見が多かった。ラッサールがこの情勢下に迷わず、惑わず、普選のスローガンを高く掲げたことは非凡の着想というべきである。* マルクスでさえ、一八六八年九月シュヴァイツェルに与えた手紙において、ラッサールが扇動を開始するにあたって、フランスにおける普通選挙の悪い経験に彼の注意を喚起したと言明している。

＊プロイセン・ドイツで一八六六年に普選が実現したのは、ラッサールの功績といってよい。

第三に賃銀鉄則は、今日理論的にはもはや問題にされていないが、当時資本主義の初期においては経験的に妥当する厳然たる傾向法則であった。マルクスも『共産党宣言』では、この見解をとっており、* 彼が労働予備軍の理論を展開したのは、ラッサールの死後においてであった。労働者階級の悲惨な境遇が、けっして個人的事情に基づくものでなく、資本主義経済体制そのものに原因するものであり、したがって窮状の打開は、個人的な努力では絶対に不可能で、階級全体の団結の力により、体制そのものを変革しなければならないことを教えるには、賃銀鉄則がもっとも簡明であった。それは厳密にいえば成り立たなくても、傾向としては特に当時において真理であり、扇動的効果は百パーセントであった。

＊　エレメンタール版 S. 35.

第四に国家信用による生産組合の主張は、もっとも論拠薄弱であり、ロードベルトスによって「車の後に馬をつなぐもの」との適切な批判を下されている。しかしラッサールがこのスローガンをかかげた目的は、シュルツェ・デーリッチ式の自助的組合が無効であることを論証したうえで、労働者階級の解放には国家の補助が絶対に必要であることを教え、国家の補助を確認するためには国家意志の形成を労働者階級の手に奪取すべきであることを納得さす点に存した。したがって国家信用による生産組合が実際理想社会実現の基礎でありうるか否かは彼の問うところではなかった。なお彼がこの主張を採用したのには、純戦術的な若干の考慮があったことも忘れてはならない。第一には生産手段の社会化というスローガンをまっこうから掲げることは、当時の情勢が許さなかったことである。『公開答状』の中で彼が自己の主張はいわゆる共産主義ないし社会主義ではないゆえんを陳弁していることは、その証拠である。＊第二に生産手段の社会化というスローガンは、当時未だ産業革命が終わっていず、マニュファクテュア期を脱しないドイツにおいては技術的にもほとんど不可能であり、したがってこれを労働者階級に理解させることは至難であった。第三には国家補助による生産組合という主張は、すでに十余年前に労働者同胞会がスローガンとして掲げた伝統を有し、労働者階級の耳目にはいりやすかったことである。

＊ 猪木訳世界古典文庫一〇二ページ。

『公開答状』が発表されると、ライプツィヒ委員会は多数をもってこれを採用し、ただちに全ドイツ労働者協会（Allgemeiner Deutscher Arbeiterverein）の結成に着手した。一八六三年五月二十三日には、ライプツィヒに、ハンブルク、ハールブルク、ケルン、デュッセルドルフ、マインツ、エルベルフェルト、バルメン、ゾーリンゲン、ライプツィヒ、ドレスデン、フランクフルト・アム・マインの十一都市の代表が集まって、ラッサールが起草した綱領規約を採用し、彼を任期五年の総裁に推戴して正式に全ドイツ労働者協会が成立した。ラッサールは『公開答状』をマルティン・ルテルのヴィッテンベルヒ城教会における九十五か条に比肩すべきものと自負したが、当面の結果は彼の期待をはなはだしく裏切った。運動は燎原《りょうげん》の火のように全ドイツに広がり、会員はただちに十万を突破し、ラッサール自身は早急にドイツ政界の重鎮となりうると期待した彼にとっては、創立三か月後の会員わずかに九百という成果はあまりにも大きな幻滅の悲哀であった。なかんずくベルリンの労働者は進歩党の牙城《がじょう》で、容易にラッサールを支持せず、いたるところの演説会で進歩党を支持する民衆の攻撃を受けたことは、彼のまったく予期しないところであった。ラッサールは闘志満々たる戦士であったが、持久力に欠けるところがあり、彼の後援者ハッツフェルト伯爵夫人の失望を見ていっそう焦燥を感じた。ここに彼がいわゆる戦術上の転向を行なって、すでに述べたようにビスマルクに接近し、攻撃の重点を保守反動政府から進歩党に移すという危険な陥穽《かんせい》が用意されていた。さらにそれさえビスマルクに翻弄《ほんろう》されるだけに終わろうとしたとき、彼を待っていたのはヘレーネ・フォン・デニンゲスとの恋愛事件であり、その結着としての自殺のような死であった。時に一八六四年八月三十一日である。そしてラッサールがヘレーネの父親に婚約を承諾させるために、マインツの大司教やバイエルンの国王までを動員したことや、恋愛事件の葛藤《かっとう》を不良貴族との決闘によって解決しようとしたことは、彼の脆弱《ぜいじゃく》面を遺憾なく露呈しており、ベルンシュタインもいうように、*ヤンコ・ラコヴィッツアとの決闘で倒れたのは社会主義者ラッサールではなく、貴族のできそこないになった商人の息子ラッサールであった。

＊ベルンシュタイン『伝記』S. 293.

さてラッサールの全ドイツ労働者協会における活動は一年三か月にすぎず、しかも彼は、創立六週めには早くも長期の休暇をとるという状態であったが、全ドイツ労働者協会は成長してヨーロッパ労働運動の主流としてのドイツ社会民主党になった。私は今までラッサールの性格、思想および運動における脆弱面を少なからず強調してきた。しかしもし人がこの脆弱面をえぐるのに急で、彼の卓絶した面を軽視するならば、それは非常なる誤謬《ごびゅう》であろう。ラッサールの理論はマルクスのそれに比して緻密《ちみつ》さを欠き、ヘーゲル哲学の自己疎外に安住しているという致命的欠陥を持っていたが、他面人間の行動における理想の契機を率直に認め、民衆の素朴な愛国心に訴える強味を持っていた。彼の実践にいくつかの誤りがあったことはたしかである。しかしドイツの労働者階級にブルジョアジーから独立した自主的政党を結成させた功績は、永遠に彼のものである。そしてそのスローガンは理論的には完全でなかったが、ドイツの実情に即した百パーセントの煽動的効果を持っていた。彼は実にすぐれた戦略家であり、戦術家であった。彼の脆弱面も、彼のダイモンを思う存分活動させるためには必然的に随伴する害悪としてゆるさなければなるまい。けだし脆弱面を露呈せずには、彼のダイモンは彼の歴史的使命を完うさせなかったからである。まことに彼は善にも、悪にも比類なく強く、彼の一生は主我と没我との、正義感と虚栄心との奇妙な結合であった。

最後に、なにがいったいラッサールの歴史的意義であったか？　彼が労働者階級――ラッサールの労働者階級は勤労大衆を意味する――の歴史的使命を信じ、理想社会を勤労大衆のために、勤労大衆によって建設しようとした点に、偉大な思想家であると同時に、ユニークな政治家としての彼の歴史的意義が存する。労働者階級ないし勤労大衆の歴史的使命を、彼のように明快に説いた思想家は一人もなく、彼ほど大胆に実践した政治家は一人も存しない。

第四章　レーニンとレーニン主義

一　レーニンのおいたち

1　父と母

レーニン――ウラジミル・イリッチ・ウリアノフ――は、一八七〇年四月二十二日に、ヴォルガの中流スィンビルスクで生まれた。四月二十二日は、旧ロシア暦では四月十日である。

スィンビルスクは、当時人口約三万の田舎《いなか》都市で、鉄道も通じていなかった。レーニンの生まれる前には、この町が誇りうる名としては、歴史家カラムジンと作家ゴンチャロフとがあるばかりであった。スペランスキーの改革に反対した保守史学者と、オブローモフ的人間類型を創造した小説家との間には、何か共通なスィンビルスク的なあるものが見いだされるかもしれない。つまりスィンビルスクは、西ヨーロッパからは二千キロ以上も隔った、ヨーロッパ・ロシアのはてにある純ロシア的な町なのである。今日では、スィンビルスクは、レーニンの姓をとってウリアノフスクと呼ばれている。

レーニンの父、イリア・ニコラエヴィッチは、ヴォルガの河口アストラハンに住む仕立屋の息子であった。イリアの父——レーニンの祖父——ニコライは、イリアが七歳の時卒中で倒れたので、イリアより十三歳年長の兄が学業を断念して、家計の責任を負うことになった。イリアは、この兄のおかげでアストラハンの高等学校から、カザン大学に進むことができた。イリアは高等学校時代に、今日では非ユークリッド幾何学者として世界的に著名なロバチェフスキーの注意をひいたといわれるから、天分にも恵まれていたに違いないが、なによりも彼は勤勉な学生であったらしく、高等学校も、大学も優等で卒業している。

イリアは大学を出ると、恩師ロバチェフスキーの推薦によって、ペンザの測候所長となり、かたわらその地の貴族中学校で、数学と物理学とを教えることになった。ペンザでは、彼は中学校の同僚の家に寄寓していたが、やがてその家の夫人の妹マリア・アレクサンドロヴナ・ブランクと婚約した。イリアが三十三歳、マリアが二十九歳の時、二人はイリアの新しい任地ニジニ・ノヴゴロドで家庭を持ち、間もなく長女アンナと長男アレクサンドルとをあげた。結婚五年目に、イリアはニジニ・ノヴゴロド高等学校教官から、スィンビルスク地方視学官に転任することになった。時に一八六九年である。

一八六九年といえば、一八六一年の農奴解放に次いで、一八六四年に地方自治制の改革が行なわれ、地方自治体のもとに、どんどん初等教育が普及しはじめたころであった。イリアはこれから十七年間に、四五〇の学校建設を監督している。彼の地位はやがて視学官数人をしたがえる初等教育部長に進み、勅任官として、世襲貴族に列せられることになった。仕立屋のせがれが「閣下」と呼ばれる身分にまでなったのであるから、異数の出世であろう。

イリア・ニコラエヴィッチは、当時の教育界で光彩をはなっていたらしい。一八七六年のヴェストニク・エヴロプイ紙には、彼が「まれにみる、例外現象」であると描かれているそうであり、一九〇六年に出たロシアの教育史にも、「スィンビルスク地方における教育者中の第一人者は、衆目の一致するところイリア・ニコラエヴィッチ・ウリアノフであった」としるされている。第二国会のスィンビルスク地方選出代議士デラーロフは、イリア・ニコラエヴィッチを評して、彼は「保守的な見解の持ち主であったが、決して反動的ではなく……民衆の福祉に奉仕することに異常な熱意を有していた」とのべている。

レーニン、すなわちウラジミル・イリッチが生まれたのは、父イリアがスィンビルスクの視学官に転じた翌年であった。ウラジミルは、九八九年に、ビザンチンの皇妹と結婚して、正教に回心したキエフ公の名である。ウラジミルはイリア・ニコラエヴィッチ夫妻の三番めの子であり、ウラジミルの後にさらに三人の子供が生まれている。しかし六人の子供たちの中で、ウラジミル、すなわち後のレーニンが、風丰《ふうぼう》、性質ともに、勅任初等教育部長イリア・ニコラエヴィッチにいちばん似ている。イリアとウラジミルとの親子の写真を比べて見ると、二人があまりにも酷似しているのに驚かされる。禿《は》げ上がった頭、とび出たかん骨、細く鋭い眼、秀でた眉《まゆ》、平たい鼻《ひい》、たれ下がったひげの格好まで瓜《うり》二つといってよいほどだ。アストラハン出身の大ロシア人には、タタール人の血がかなり濃く混ざっているといわれるが、イリアとウラジミル父子の顔をながめると、なるほどとうなずかれよう。ウラジミルがイリアに似ていたのは、外貌《がいぼう》ばかりではなかった。民衆の福祉のために奉仕することに異常な熱意を有するという点も、父子に共通であった。レーニンが父からうけついだのは、あの特徴的な顔と仕事に対するなみはずれた熱意とだけではなかった。彼の姉アンナは、「陽気な性質とユーモアとそして癇癪《かんしゃく》」とをレーニンは父からゆずりうけたといっている。父からの遺伝には、もう一つあまりありがたくないものがあった。それは高血圧と脳溢血というこの父子の命とりになった病因である。

レーニンの母マリア・アレクサンドロヴナ・ブランクは、その姓が示すとおりドイツ系であった。マリアの父アレクサンドル・ブランクは、カザン地方の地主であり、医者であった。マリアの母はヴォルガ・ドイツ人の娘であって、新教徒だったらしい。ドイツ人を母として育ったマリアの教養は、やはりドイツ的で、この風はイリア・ニコラエヴィッチの家庭にもしみこんでいたようである。マリア・アレクサンドロヴナは、英、仏、独語をよくし、音楽も一とおりできた。しかし彼女の本領は家事にあり、六人の子供たちの養育に没頭していた。彼女がいかに子煩悩《ぼんのう》であったかは、長男サーシャ（アレクサンドル）がツァーリ暗殺陰謀のかどで捕えられ、処刑されたとき、また次男ウロージア（ウラジミル）が大学を追われたとき、遺憾なく示されている。マリア・アレクサンドロヴナは、父アレクサンドルから、カザンに近いククーシュキノの領地をもらっていた。この小さな領地で、後に大学を追われた十八歳のレーニンは、警察の監視のもとにほとんど一年間を送ることになる。レーニンは小規模ながら地主として、ともかくも搾取者階級に属していたわけだ。父イリア・ニコラエヴィッチの、初等教育部長としての仕事の少なくとも一半は、政治的に信頼できない教員を教職不適格者として追放することであったから、レーニンは、父方から見ても、母方から見ても、ツァーリズムの側に育ったということができる。精神分析の好きな人々には、ここから容易に子ウラジミルの、父イリアに対するエディプス・コンプレックスを導き出すことだろう。しかし革命家としてのレーニンを語るためには、父母よりも、むしろ兄アレクサンドルに重点をおかなければなるまい。

最後に父母について忘れてならないことは、父も母もヴォルガの流域に生まれ、アストラハン、サマラ、カザン、ニジニ・ノヴゴロド（今日のゴリキー）、ペンザの枠内《わくない》を離れていないことである。レーニン自身も、一八七〇年の誕生から、一八九三年にペテルブルクに出るまでの、人格形成に決定的な二十三年間をば、この枠内で過ごしている。十七世紀のステンカ・ラジン、十八世紀のプガチョフらロシア史を多彩にいろどる農民運動の舞台ヴォルガ地方こそは、いろいろな意味で最もロシア的なロシアであるといえよう。ロシア革命の指導者レーニンが、ヴォルガの地に生まれ、育ったということは、何か意味深いような気がする。ヴォルガ地方は、今日ソヴェト・ロシアの国力の中心をなしている。ヴォルガ河は、ウラルとともに、アジア・ロシアとヨーロッパ・ロシアとを分かち、そしてつないでいる。共産主義世界革命の指導者レーニンが、アジアとヨーロッパとの結び目に現われたことも、やはり象徴的といえるだろう。

2　兄と弟

ウラジミル――ヴォロージャ――と四歳年上の兄アレクサンドル――サーシャ――とは、体質も、気質も正反対であったが、兄は弟にとってあこがれの的だった。ヴォロージャは、一年半も年下の妹オリガとほとんど同時に歩きだしたほど、発育が遅れていたのに、やがて腕力も、知能もぐんぐん伸びて、万事兄サーシャを見習うようになった。「オートミルに牛乳を入れますか、バタにしますか」と母がたずねると、ヴォロージャは、サーシャのほうを見て、「サーシャと同じにして」と答えるのがつねだった。兄が高等学校の制服を着るようになると、ヴォロージャの好学心はいちだんとそそられたらしい。

ヴォロージャが父親にそっくりであったのに対して、サーシャは母親似であった。サーシャの顔は面長で、頭髪も濃く、皮膚はきめ細かで、全体として瞑想《めいそう》的な印象を与えた。ヴォロージャが活動的で、陽気であったのに反して、サーシャのほうはどちらかといえば陰鬱《いんうつ》で、内省的だった。二人とも学校では、抜群の成績を示したが、兄は自然科学方面にすぐれ、弟はラテン語、歴史、文学に秀でていた。作文を作ることは、兄にとっていちばん苦手であって、サーシャは長い間苦悶《くもん》した後、一気に書き上げるのをつねとした。そんなところにも、兄の直感的な天分が現われている。瞑想的、内省的であることと直感に長じていることとは、けっして矛盾しないのである。これに反してヴォロージャのほうは、ユーモラスな、外向的な性格に似ず、作文に関しては、きわめて組織的に仕事をした。作文の題目が示されると、ヴォロージャはさっそく構想にとりかかった。そして考えがまとまると、まず序論と本文の筋道と結論とをノートし、次いで下書きにはいる。作文の提出期限の少し前まで、この下書きの余白に、追加、注、訂正、引用文等を書きこみ、最後にできあがったものを清書するわけだ。こんなところに、ロシア革命の組織者、ソヴェト国家の建設者レーニンの、仕事のスタイルが、早くも特徴を現わしている。

兄と弟との性格の相違は、二人の好む作家の名に、最もよく示されている。兄はドストエーフスキー、弟はツルゲーネフとトルストイとを愛好した。ドストエーフスキーとトルストイという、ロシア民族の生んだ全く対照的な二大天才の魂が、このウリアノフ家の兄弟にそれぞれ分身を見いだしていたのである。今日のソヴェト・ロシアにおいて、ドストエーフスキーとトルストイとが占める対照的な地位にかんがみても、この兄弟の選択は興味深い。

兄アレクサンドルは、うそのつけない性格であった。「いちばん悪いことは何か？」と聞かれると、アレクサンドルは、「うそをつくことと卑怯《ひきよう》なこと」と答えるのをつねとしたという。うそと卑怯とを毛ぎらいするアレクサンドルの高貴な精神は、後に彼がツァーリ暗殺陰謀事件で取り調べられた時、検事をさえ感嘆させたほどであった。このような純情な青年の眼から見れば、社会の現実はいつの世でもあまりにも多くの虚偽と汚辱とにみちている。いわんや、八〇年代のツァーリズム・ロシアにおいてをやである。高等学校在学中に、アレクサンドルは、早くも信仰を捨てた。天性深い宗教心をいだいていたと考えられる彼が、正教の信仰を捨てたのは、骨の髄まで腐りきったツァーリズムと、為政者の憲兵的存在になりさがった教会とに対する抗議の気持ちからであったにちがいない。無神論者になってからも、アレクサンドルの言動には、非の打ちどころがなかったので、父も、教師も、何もいうことができなかったらしい。

高等学校を首席で卒業すると、アレクサンドルはペテルブルク大学の理学部に学ぶことになった。自然科学への興味は、幼いころから養われており、この点だけは父親似とも考えられた。ただ父が数学と物理学とを専門としたのに対して、アレクサンドルの関心は、生物学、なかんずく環虫類に向いた。無神論と生物学といえば、ツルゲーネフの『父と子』に出てくるバザーロフというニヒリストが想起されよう。十九世紀第四四半期のロシアでは、ダーウィンの進化論を通じて、生物学は、無神論と不可分に結びついていた。口数の少ない、ノーブルなアレクサンドル・イリッチ・ウリアノフと、饒舌《じょうぜつ》な野人バザーロフとでは、その風格に天地霄壌《しょうじょう》の開きがあるが、こういう全く類型を異にする二人の青年をば、同じく生物学を愛好するニヒリストに追い込んだところに、かえって、ロシア・ニヒリズムの根強さが見いだされる。

アレクサンドルは、ペテルブルク遊学中、父から毎月四十ルーブルもらっていた。彼は父に、三十ルーブルで十分だといったが、姉のアンナがやはり同額の四十ルーブルを送られているのにかんがみ、姉に迷惑をかけてはと、とにかく四十ルーブル受け取ることにした。しかし一年たって帰省した時は、彼は父にそっと八十ルーブル返している。アレクサンドルは、こういう無欲恬澹《てんたん》な青年であった。一八八五年の終わりに、学友たちから、秘密結社に入会することを勧められたが、アレクサンドルは、「クラブでは、しゃべるばかりで、ちょっとも勉強にならない」といって、断わっている。翌一八八六年には、父イリアが卒中で倒れた。父の死は、長男アレクサンドルにとって、かなりな打撃であったらしい。アレクサンドルが、学生の革命団体に加入したのは、父の急死直後であった。おそらく、高等学校で無神論者となって以来、彼の胸中に発酵していた革命思想が、父の死によって束縛から解放されたのであろう。父の死は、いろいろな意味で、息子を解放する場合が多いものだ。

一八八六年十一月十七日、ドブロリューボフの死後二十五周年を記念して、ペテルブルクの学生が、一大デモンストレーションを行なったとき、アレクサンドルも活発な参加者の一人であった。この事件で四十人の学生が、大学から追放された。良心的なアレクサンドルは、みずからが処罰を受けなかったことを恥じた。今まで生物学の実験に専念していたこの無口な青年は、今や別人のように、革命運動に没入することになった。言論の自由も、集会の自由も許されない帝政ロシアでは、テロに訴える以外に解放の手段はないように考えられたのも不思議ではない。今度は、アレクサンドル二世暗殺の六周年記念日が選ばれた。すなわち一八八七年三月一日である。そして、この日に敢行するはずになっていたのは、デモンストレーションではなくて、――アレクサンドル三世の暗殺であった。アレクサンドルを一員とする陰謀団は、「人民の意志党テロ部」と自称していた。「人民の意志党」は、六年前の暗殺事件を頂点として、秘密警察のはげしい弾圧により壊滅していたのであるから、彼らの「テロ部」は、独立した存在であった。団員は皆で、七人いて、最年長が二十六歳、最年少が二十歳であった。ちょうど二十一歳のアレクサンドルは、この中で、技術者として、ダイナマイト爆弾の製造の衝に当たった。ヴィルナからわざわざとりよせた硝酸は、弱すぎて役に立たず、後に団員の一人が逮捕に際してこの爆弾を使用したところ、全く爆発しなかった。また爆弾の補助用として買ったピストルも、全然役に立たないしろものだったらしい。こういうお粗末な暗殺陰謀団であったので、警察の注意も引かなかったのであるが、いよいよ決行という日に、部厚い医学辞典をたずさえる一人の学生が警察の手で取り調べられ、辞書は中が空《から》で、その中にダイナマイト爆弾が隠されていることがわかって、大騒ぎとなった。首魁《しゅかい》のチェフーエフは、たくみに逃げたが、アレクサンドルは下宿で捕えられた。

裁判では、被告たちの態度はまちまちだった。アレクサンドルだけは、実に男らしく一切の罪を引き受けようとした。彼は、同志たちには、「皆僕の責めにしてくれ」とささやき、裁判官に対しては、「祖国のために死ぬほど好ましい死に方はありません。……僕にはただ不幸なロシア国民を救うという目標しかありませんでした」と叫んでいる。このアレクサンドルのりっぱな態度には、検事さえも動かされたらしく、「被告ウリアノフの言明には、本官は全幅の信頼をおくものであります。彼の陳述にもし誤謬《ごびゅう》がありとすれば、それは自己が実際に行なわなかったことまで、一身に引き受けている点のみでありましょう」と述べている。裁判の結果は、絞首刑の判決であった。ツァーリに嘆願書を提出すれば、減刑される可能性があったが、アレクサンドルはそうした手段をとることを好まなかった。一八八七年五月二十日（露暦八日）の早朝、この天分に恵まれた青年は、シュリッセルブルク刑務所の絞首台上で、二十一年の生命を終えた。

万事「兄さんのとおり」にすることを習慣としていたウラジミルにとって、兄の処刑は、さぞかし大きな衝撃であったと思われる。父が頓死《とんし》して、翌年には兄が刑死するということは、十七歳の多感な青年には、筆舌に絶する体験だったにちがいない。兄の処刑を報道するペテルブルクの新聞を手にして、ウラジミルはその新聞を床にたたきつけながら、「きっと復讐《ふくしゅう》するぞ！」と叫んだそうである。「誰に復讐する？」と聞く隣人に対して、「なに、僕にはわかってるさ」と答えたと伝えられる。

しかしアレクサンドルの処刑が、ウラジミルを革命家にしたと考えることは、誇張であろう。姉アンナの手記によると、父が急死したころから、ウラジミルは、ツァーリズムに対しても正教教会についても疑問を持ち、進んで革命的になっていたらしい。レーニンと生涯をともにした夫人クルプスカヤの『想い出』に、兄の処刑当時、ウラジミルがすでに独立の思索力と判断力とを備えていたに相違ないことが指摘されている。たしかにクルプスカヤがいうとおり、もしウラジミルがそのころ独自の頭を持っていなかったならば、兄の刑死によってただ深い悲しみにひたるか、または兄と同じ方法でツァーリズムに復讐する途を選んでいたことと思われる。ウラジミルは、兄の革命精神に共感しつつも、その方法には疑問をいだいていた。直感的な兄よりも、もっと組織的な方法で、ツァーリズムに挑戦して、亡兄の仇《あだ》をとること——これが一八八七年のレーニンの夢であり、決意であったようだ。

兄の刑死に際して、ウラジミルに深い印象を与えたものが、もう一つあった。それはブルジョア自由主義のだらしなさということである。クルプスカヤに聞こう。

「後に私たちがもっとよく知りあった時、ウラジミル・イリッチは〝社交界〟が彼の兄の逮捕に対して、どういう態度をとったかについて語ってくれたことがある。あらゆる知人たちが当時ウリアノフ家の家族に背を向けてしまった。その時まで毎晩将棋をさしにやってきていた年とった教師さえ、訪問をぴったり中止した。当時スィンビルスクにはまだ鉄道が通じていなかったので、ウラジミル・イリッチの母は、息子が捕えられているペテルブルクへ行くためには、スィズラニ駅まで馬車を走らさなければならなかった。そこでウラジミル・イリッチが、母のためにいっしょに旅行をしてくれる人を捜すことになったが、暗殺未遂者の母といっしょに旅行してやろうという人は、ついに一人も見つからなかった。この一般の卑怯《ひきよう》さは、ウラジミル・イリッチの語るところでは、彼にすこぶる強烈な印象を与えたようである。疑いもなく、この青年時代の体験は、ウラジミル・イリッチの〝社交界〟つまり自由主義者たちへの関係に強い影響を及ぼした。彼は、自由主義者のおしゃべりがいかに無価値なものであるかを、夙《つと》に体験したのである。*」

* N.K.krupskaja : Erinnerungen an Lenin, 1929, S. 8.

後にもふれるとおり、レーニンの自由主義ブルジョアジーに対する敵意は、ツァーリズムに対するそれにまさるとも、断じて劣らなかった。レーニンは、ブルジョア自由主義をけっして信用しなかった。ブルジョア自由主義への骨の髄までしみこんだ憎悪——そこにレーニン主義の秘密をとく一つの鍵が潜んでいるものとすれば、兄の逮捕と刑死とをめぐるウラジミルの不快な体験は、なかなか含蓄が深いわけである。

二　マルクス主義者となる

1　革命運動へ

兄アレクサンドルが処刑されてから一か月たった一八八七年六月二十二日、ウラジミルは、首席でスィンビルスクの高等学校を卒業した。卒業に際して、彼は金牌《きんぱい》をもらっている。ツァーリ暗殺未遂犯人の弟に金牌を与えるということは、校長フェオドール・ケレンスキーにとって、必ずしも容易なことではなかったに違いない。ましてや、アレクサンドルが、同じくスィンビルスク高等学校卒業の際にもらった金牌をば、同志の逃亡資金を調達するために、入質したことは、当時周知のことであったことを思えば、ケレンスキー校長はやはり一種の人物であったといわなければなるまい。彼は故イリア・ウリアノフ勅任視学官の友人であり、その遺言によって、ウリアノフ家の後見役を引き受けていた。一九一七年にレーニンと政権を争うアレクサンドル・ケレンスキーは、フェオドール・ケレンスキーの息子である。奇しき因縁というべきだろう。

ウラジミルの大学進学についても、ケレンスキーは大いに骨を折っている。遠方のペテルブルク大学へ遊学さすことは、兄アレクサンドルの轍《てつ》をふませるおそれがあるというので、校長はウラジミルのために、亡父イリアの母校カザン大学を選定し、念入りの推薦状を書いている。その中にはウラジミルの天分、勤勉、成績等について、激賞してあるほか、「母は子女の養育に全力をあげており、宗教と規律とがこの養育の基礎であって、その成果は、ウリアノフの挙措に一見して明らかである。……ウリアノフの母は、彼の大学生活中彼と起居をともにする心組みである。」と、母親のなみなみならぬ熱意を指摘している。こうしてウラジミルは、カザン大学の法科に入学した。

しかし母の熱意も、ケレンスキー校長の配慮も、ウラジミルを長くカザン大学にとどめておくことはできなかった。兄アレクサンドルの処刑を機として、ペテルブルク大学から始まった学生運動の波は、同年の秋にはカザン大学にまで及んできた。一八八七年十二月十六日（四日）カザン大学の学生たちは、当局に対する要求を掲げて、示威集会を催した。ウラジミルは、ただ集会の最前列にがんばっていたというだけの理由で、大学から追放されたうえ、カザンからも立ち退きを命ぜられた。アレクサンドル・ウリアノフの弟であるというだけで、もういけなかったのである。姉のアンナの『想い出』によると、「若いの、なぜ反乱に加わるんだ？　まるで石の壁にぶつかっているみたいじゃないか？」と役人に問われて、ウラジミルは、「たしかに壁には違いないが、これかかった壁だ。すぐ倒れてしまうよ」と答えたという。

カザンの大学生活は、わずか三か月つづいただけであったが、今日では、この大学は、ウラジミル・イリッチ・レーニン大学と名づけられている。さてウラジミルは、母の領地ククーシュキノに引きこもって、警察の監視下に一八八八年の秋までのほとんど一年間を暮らすことになる。朝食がすむとウラジミルはただちに書斎に引き上げてしまい、午後三時の昼食まで、専心読書した。書物は近くに住む叔父の蔵書を利用したり、カザンの図書館から借りたりした。昼食から夕食までは、弟妹の勉強をみたり、夏は近所の川で泳いだりしたが、夜は読書三昧《ざんまい》だった。ウラジミルは高等学校時代から、友人たちとあまりつきあわず、一人引きこもって読書することを最も好んだが、この傾向はククーシュキノの閉門生活でいっそう強くなった。読書も趣味として読むというよりは、書き抜きをつくったり、批評を加えたり、感想をしるしたりして、すでにひとかどの学者の風格があった。

はじめウラジミルはたばこに手をつけたが、母の注意もあって、ぴったりやめてしまった。後に将棋を愛好した際にも、時間を食い過ぎることに気がつくと、彼は断然将棋を断《た》った。ウラジミルの意志の強さは、驚くほどである。ロシアのインテリゲンツィアには、何でも好きなものにおぼれる傾向が強かったといわれる。トルストイもジプシー女への欲情にはいつも負けていたし、ドストエーフスキーも賭博《とばく》にはからきしだらしがなかった。酒と女に身をもちくずすドミトリー・カラマーゾフは、この意味でロシア・インテリゲンツィアの一面を代表しているわけだ。またはてしのないサロン談義に、貴重な時間を空費する風習は、ロシアの知識階級にのみ特有のものでないにしても、とにかく彼らの根強い慣行であった。ウラジミルには、子供の時から孤高と呼んでもよい一面があって、サロン談義を毛ぎらいした。だべることは、だべる雰囲気《ふんいき》——ボヘミアン的な——を連想せしめる。ウラジミルは、乱雑な環境の中で、とりとめもないことをだらしなくしゃべることを最も排撃した。そこには、秩序を愛し、規律を重んじ、そしてなによりも自己と他人との時間を愛惜する気持ちが働いていたのだろう。時間を尊重することは、仕事を持っている人だけがよくするところだ。たしかにウラジミルには大きな仕事があった。父の死以来漠《ばく》然《ぜん》と自覚され、兄の死によっていちだんと明確化した仕事があった。どんな手段で、この仕事をなしとげるかは、まだはっきりしないが、とにかく仕事を持っていることだけは確実だ。たばこをやめたのも、将棋を断ったのも、だべる誘惑に屈しなかったのも、すべては、この仕事のためであった。もちろん、だべることを好まないという点には、他人の私事に立ち入ることを排するという気持ち——これはクルプスカヤの語るとおり、ウラジミルの一貫した特徴だった——も与《あずか》って力あったことと思われる。だべっていると、不可避的にゴシップやスキャンダルに巻きこまれることになる。ウラジミルには、生来、素朴なヒューマニズムがあって、他人の弱点をのぞきこんでひそかに喜ぶという悪趣味から遠かったのである。

さてウラジミルは、一八八八年の秋にカザンへもどることを許された。しかし大学への復帰は問題外であった。母は、ウラジミルの将来を憂慮して、必死になって大学復帰を嘆願したが、当局は頑《がん》として応じなかった。やっと一八九一年になって、ウラジミルはペテルブルク大学で法科の卒業資格試験を受けることを許された。彼は四月と五月とに全課目の半分を受験し、十一月に残りの半分を受験した。十一月二十七日、彼は最優等で合格証を与えられた。翌一八九二年一月に、ウラジミルはサマラの弁護士ハルディン氏の法律事務所で働くことになったが、当時すでに彼は正真正銘のマルクス主義者になっており、法廷の仕事にはほとんど何の興味もなく、ひたすらマルクス主義の理論と実践に打ちこんでいた。そして翌年には、ウラジミルは二足のわらじをはくことをさらりとやめて、首都ペテルブルクで革命運動に専念することになる。彼のマルクス主義は、彼に職業的革命家として、二十四時間を革命運動にささげることを要請したのである。それでは、彼はいつ、どのようにしてマルクス主義者となったか？　彼のマルクス主義はどのようなマルクス主義であったか？

2　プレハーノフとともに

ウラジミルがマルクス主義者となったのはいつからであろうか？　ステクロフによれば、ウラジミルは兄アレクサンドルから『資本論』第一巻の写しを送ってもらったという。

『資本論』第一巻のロシア訳は、すでに一八七二年に出ているから、これはありえないことではない。またアレクサンドルはナロードニキとして刑死したとはいえ、『資本論』を読んでいたことは事実のようである。しかしウラジミルがマルクス主義について学んだ確実な時期は、一八八九年に彼がサマラで、プレハーノフの『われわれの相違点』と題する書物を読んだころであると思われる。この書物によって、ウラジミルはナロードニキからマルクス主義者に脱皮したらしい。一八八八年の秋、彼がカザンへもどったころ、そこではフェドセーエフを中心とするマルクス主義グループが活動していたから、ウラジミルも大なり小なりその影響を受けていたのだろう。しかしこのグループにウラジミルが加わったという形跡はない。やがて彼は、ドイツ語をマスターして、原書で『資本論』の第一巻と第二巻とを読みあげ、プレハーノフに追いつき、追いこすことになる。

　ナロードニキ派とマルクス主義者との関係については、ここで深く立ち入ることを避ける。*ナロードニキは、一八八一年三月一日のアレクサンドル二世暗殺事件以来衰亡に向かっており、アレクサンドル・イリッチの暗殺陰謀は、いわば残照のようなものだった。これに反して、一八八一年以来ジュネーブに亡命生活を送る元ナロードニキのプレハーノフを中心とし、ヴェーラ・ザスリッチ、パーヴェル・アクセルロード、レフ・ドイッチらをもって構成される「労働解放団」の影響力は、次第に拡大していった。この中で一頭地を抜いていたのは、もちろんプレハーノフであった。当時西ヨーロッパのマルクス主義が急速に俗流化されてゆくなかにあって、彼のヘーゲル哲学に関する学識と、ナロードニキ譲りの革命精神とは、断然異彩を放っていた。「労働解放団」結成の年一八八三年に書いた『社会主義と政治闘争』、一八八四年の『われわれの相違点』、一八九五年の『一元史観の発展』は、ロシア・マルクス主義の基礎をおいたものである。

＊ 本書二六六ページ以下参照。

プレハーノフが、一八八三年の『社会主義と政治闘争』と、一八八四年の『われわれの相違点』において説いたところは、次の三点に要約できよう。第一にはロシアもまた、西ヨーロッパと同様に資本主義化の運命を免れえない。第二にはロシアの農民もまた、西ヨーロッパの農民と同様本質的に革命的な階級ではなく、百姓一揆《いっき》的なものに過大の期待をかけることは無政府主義に帰着する。したがって農村共産体を将来の社会主義ないし共産体制の手がかりにすることは、妄想《もうそう》にすぎない。第三にロシア革命の担《にな》い手はプロレタリア階級であるが、ただちにプロレタリア政権の成立を考えるのは、ブランキズムであって、革命の当面の目標はブルジョア民主主義の実現である。

以上の三点のうち、第一と第二とはナロードニキに対するいわば消極的な主張であり、第三は来たるべきロシア革命の性格に関する積極的な構想を含んでいる。ナロードニキの迷妄を否定するかぎりにおいて、プレハーノフの考えが問題なく正しいことは、八〇年代の終わりからほとんど何人の眼にも明らかになってきた。ウィッテが登場し、フランスとの軍事同盟が具体化した一八九一年は、ロシアの資本主義発達史上、画期的な年となった。

ところが、将来のロシア革命の性格、革命の主体、目標、見通し等に関する積極的な構想については、なかなか問題がこみ入ってくる。資本主義化が不可避だということになると、大地主貴族に基盤をおくツァーリズムと、新興ブルジョアジーとの関係はどうなるか？ 革命の終極のゴールが共産主義社会の実現にあるとすれば、プロレタリア階級が将来ブルジョア階級を打倒すべきことは当然としても、プロレタリアートとブルジョアジーとの当面の関係はどういうことになるか？ ロシア・マルクス主義の父プレハーノフは、革命の担い手がプロレタリア階級であることを説きながら、他面プロレタリアートの即時政権掌握をしりぞけて、ブルジョア民主主義を当面の目標にした。それではプロレタリア階級は、さしあたりブルジョアジーとの階級闘争を停止して、ブルジョアジーを主体とするブルジョア民主主義革命に協力すべきか？ 後進国のマルクス主義者とプロレタリアートとを悩ます難問が、早くもロシアに現われたのである。

一八九四年末に発刊されたプレハーノフの『一元史観の発展』という書物を見ても、プレハーノフは断じて凡庸の俗流マルクス主義者ではなかったことがわかる。弁証法的唯物論は、対立、闘争、運動の要素を重視する点において、従来の唯物論から区別されると、誇らしげに主張されるが、十九世紀の末葉に、プレハーノフほどこの点を強調したマルクス主義者はいなかった。『一元史観の発展』においても、唯物論と唯物史観の分野で、階級闘争がいかに決定的な意義を持っているかが力説されている。このようにプレハーノフは、階級闘争論こそマルクス主義の精髄であることを百も承知していたから、彼がプロレタリアートに対して、たとえ当分の間にしろ、ブルジョアジーとの休戦を勧めることは、考えられないところだ。しかし一八九〇年代に、ロシアのマルクス主義が逢着《ほうちゃく》したディレンマからは、どのような労資協調論が飛び出してきても、けっして不思議ではない。果たして一方では、ピョートル・ストルーヴェを中心とし、ツガン・バラノフスキー、ブルガーコフ、およびベルジャーエフをも含む合法的マルクス主義者と称する一団が結成されたかと思うと、他方には、『労働者の思想』という雑誌を足場として、経済主義者というグループが生まれた。

合法的マルクス主義者は、ロシアにおける資本主義の発達を自然科学的な必然性として受け取り、これに協力し、これを支援することで満足しようとする。資本主義さえ十分成熟すれば、資本主義は必然的に社会主義へ転化するというわけだ。つまり、彼らはマルクス主義の中から社会主義実現のための、客観条件の成熟という半面のみを学んで、階級闘争およびその帰結としての革命と独裁という主体的な半面を捨ててしまったわけである。生産力と生産関係との対立というマルクスの公式から、生産関係の側を全く捨象してしまうという傾向は、これから後も無数にくりかえされるマルクス主義の俗流化に共通なものであるが、合法的マルクス主義者ほどこれを大胆にやってのけたのはちょっと珍しい。経済主義者のほうは、ツァーリズムとの闘争という政治的な面をばブルジョアジーに一任して、みずからは賃上げその他の経済闘争に専念しようとするわけで、実質的には結局合法的マルクス主義と同じことになる。つまりブルジョアジーとの政治闘争をやめて、ただ資本主義の枠《わく》の中で、合法的に労働条件に関する社会改良を獲得してゆこうとするわけだ。そして合法的マルクス主義と経済主義との国際的背景として、一八九〇年代にはいって胎動しはじめた広義の修正主義運動があったことはもちろんである。

ここでサマラのウラジミル・イリッチに帰ろう。彼がプレハーノフの『われわれの相違点』により開眼され、マルクスの資本論によって体得したマルクス主義は、合法的マルクス主義者や、経済主義者のものとは、最初からまるで違っていた。ウラジミルの場合、ツァーリズムは最愛の兄の敵であって、これとの宥和《ゆうわ》は頭から問題外である。またブルジョアジーがいかに頼りない存在であるかは、兄の処刑に際して骨身に徹するほど味わわされたところだ。ウィッテの財政経済政策を見ても、ツァーリズムとブルジョアジーとは不可分であり、ブルジョアジーを支援して、ツァーリズムと戦うなどとは、彼にとって全く噴飯物である。ウラジミルがマルクス主義の中で最も感銘したのは、第一に歴史における階級闘争がブルジョア階級とプロレタリア階級との二大階級の決戦に帰着すること、第二にその結果プロレタリア階級がブルジョア階級をば、革命と独裁とを通じて打倒し、ついに階級なき社会を実現することの二点であった。*

＊マルクス主義の精髄が、この点に存するということは、レーニン自身が一九一四年十一月に執筆した『カール・マルクス』と題する小編において、マルクスのワイデマイエルあて書簡（一八五二年三月五日付）を引用しながら力説している。このレーニンの小編は、アドラツキー版『資本論』第一巻の付録として容易に読むことができる。マルクスを理解するうえにも、レーニンを知るうえにも不可欠の文献に属する。

そもそもマルクス主義の中には、異質的な二つの要素が含まれている。一つはユダヤの予言者から、ヨハネの黙示録を経て、再洗礼派、バブーフ、ブランキに通ずる黙示録的終末論であり、他の一つはこの終末論を肉づける経済の科学的分析である。そしてマルクス主義の魅力は、この二要素が不可分に結合しているところにあるともいえよう。* すなわち現存資本主義社会そのものが、ブルジョア階級とプロレタリア階級との二大陣営に真っ二つに分裂してゆく、いないるという科学的分析そのものが、革命と独裁とを媒介とするプロレタリア階級の完勝という形態で、資本主義の終末論、共産主義の黙示録を基礎づけているわけだ。そこで社会が二つに割れること、一方——プロレタリアート——が善を、他方——ブルジョアジー——が悪を代表とすること、そして歴史的必然性の摂理によって善が悪に勝ち、階級なき一つの社会が実現することが科学的に予言される。必然の王国から自由の王国への飛躍は、経済の分析の到達点ではなく、出発点である。**

* 拙著『社会思想史』(弘文堂アテネ文庫) 参照。

** この点を最も鋭く衝いたのは、Carl Schmitt : Die geistesgeschichtliche Lage des heutigen Parlamentarismus, 1923 (S. 47—48) である。

一八九一年、ウラジミル・イリッチがサマラで『資本論』の研究に没頭していた時、ひどい飢饉《ききん》がロシアを襲った。この飢饉は、ウラジミルの眼には、ロシア資本主義の矛盾そのものの爆発として映じた。ナロードニキの残党ヴォドヴォーソフによれば、ウラジミルは飢饉に対する救済事業を排撃して、次のように主張したといわれる。

「飢饉は特殊な社会組織の直接の結果である。飢饉はこの社会組織を廃止することによって、はじめて廃止することができる。……何々『協会』が飢えたる者を助け、その不幸を和らげようとするゆえんは、容易に理解できる。この『協会』そのものがブルジョア秩序の一部なのである。……飢饉は重大な混乱を惹起《じゃっき》し、あるいはブルジョア秩序全体を破壊するおそれがある。だから富裕な人々が飢饉の影響を和らげようとするのは、しごく当然なのだ……飢えた者に食を与えようというこの企ては、心理的には、わが国の知識階級の特徴たるサッカリンのように、甘ったるい感傷主義の表現でしかない。*」

＊ ここではシューヴのレーニン伝日本訳上巻四七ページに引用された直井氏の訳文を利用した。『虚栄なき独裁者』は、考察が一面的であることを免れないが、やはりすぐれた伝記である。なおレーニンの伝記としては、左の各書がよい。

G. Vernadsky : Lenin, red dictator, 1931.
D. S. Mirsky : Lenin, 1931.
Valeriu Marcu : Lenin, 1927.
James Maxton : Lenin, 1931.
Bertran Wolfe : Three who made a revolution, 1948.
Louis Fischer : Lenin, 1966.

ヴォドヴォーソフの回想記は、レーニンを人間離れのした冷酷漢として描き出すことに急なきらいがあって、必ずしも信をおきがたい。事実ウラジミル・イリッチの一家だけが慈善救済事業に反対し、農民が餓死するのを見て喜んでいたように述べているあたりは、あまりにも誇張しすぎている。しかし右に引用した部分は、ほぼ正確にウラジミルの態度を物語っているようだ。

こうしてマルクス主義の精髄を一気につかんでしまうと、ウラジミルはただちにその科学的肉づけに全力を注ぐことになった。つまりマルクスが資本主義一般について言ったことを、ロシア資本主義に関して、適用し、広め、深め、確認することである。一八九三年、ウラジミルは、ポストニコフの『南ロシア農民経済』という書物の書評を「農民生活における新しい経済運動」と題して書き上げた。この論文はある雑誌に掲載されるはずであったが、書評としては、分量が大きすぎたことと、内容が支配的見解に対するあまりにも痛烈な批判を含んでいたことのために、発表されずに終わり、ようやく一九二三年になって、レーニン全集第一巻に採録された。ここでウラジミルは、早くも第一級のマルクス経済学者であることを示している。ウラジミルの強みは、単にマルクスの終末論をうけついだばかりでなく、その科学をも自家薬籠《やくろう》中のものにした点にあった。この小論は、ウラジミル・イリッチの主著『ロシアにおける資本主義の発達』(一八九九年)の一部として利用された。また同じころウラジミルは『社会民主主義者とナロードニキとの討論』と題する問答体の小論を書き、筆写でサラマの同志間に回覧にした。

一八九三年八月、ウラジミルは、確固たるマルクス主義者として、爪《つめ》の先までマルクス主義で武装しながら、ペテルブルクに現われた。表面は弁護士フォルケンシュタイン氏の法律事務所に勤めることになっていたが、彼はもう百パーセントの職業的革命家であった。

ウラジミルがペテルブルクに到着してからの動静は、夫人クルプスカヤ女史の手で生き生きと描写されている。彼は秘密結社「老人組」に属し、そこで間もなく一八九四年の春にクルプスカヤ女史と会う。時に彼は二十四歳、女史は二十六歳であった。

ナジェジュダ・コンスタンティノヴナ・クルプスカヤ女史は、ポーランドに対するツァーリのロシア化政策に反対したため職を奪われた官吏コンスタンティン・クルプスキーの娘で、もの心ついて以来労働者教育に一身をささげていた。「人民の中へ」というナロードニキのよい伝統を、彼女はうけついでいたわけである。ウラジミルは彼女らの啓蒙《けいもう》事業をいったん笑いとばしてしまうが、やがてそれが大衆との接触に大いに役立つことを知って、これを利用するようになる。このようにして、合法活動と非合法活動とをたくみに結合し、中核の秘密結社の周辺に、多数の大衆団体をあやつるという、レーニン主義独特の組織理論がうみ出されてゆく。

これからのウラジミル・イリッチの活動は、周知のとおりだ。一八九四年には「人民の友とは何か？」を書き、翌春には病気静養をかねて、内外のマルクス主義グループの連絡のため外遊し、プレハーノフ、アクセルロードに会う。九月には帰国して、「労働者階級解放闘争同盟」を組織する。年末に逮捕され、一八九七年二月まで、一年余を刑務所に送って、シベリアへ流される。翌一八九八年五月には、クルプスカヤ女史がウラジミルを流刑地シューシェンスコエ村に訪ねてきて、七月二十二日に二人は結婚する。一九〇〇年二月十日に流刑の期限が切れ、同年七月二十九日には首尾よくドイツへの亡命に成功する。

そしてこの年の十二月二十四日には、プレハーノフとの合作によってイスクラ第一号が出た。イスクラ時代は、レーニンが師プレハーノフを追い越して、レーニン主義を築いてゆく画期的な時期である。ウラジミル・イリッチがちょうどこのイスクラ時代から、レーニンという筆名を使用し始めたことも象徴的とさえ考えられる。つまりレーニンは十分成熟し、完全に彼自身となったのである。そこでレーニンの生涯から一応離れて、レーニン主義の検討へと移ろう。

三　レーニン主義の断面

1　プロレタリアート独裁の理論と戦術

レーニン主義とは何か？――という問いをみずから提出して、スターリンは次のように答えている。

「ある者はいう――レーニン主義とは、ロシアの情勢の独特な諸条件に、マルクス主義を適用したものである、と。この定義には一分の真理は含まれているが、まだまだすべての真理をいいつくしてはいない。実際、レーニンはマルクス主義をロシアの現実に適用し、しかもこれをたくみに適用した。だがもしレーニン主義がロシアの独特の情勢に対するマルクス主義の適用にすぎないならば、その場合は、レーニン主義は、純粋に民族的な、そしてただ民族的なだけの、純粋にロシア的な、そしてただロシア的なだけの現象であっただろう。しかるにわれわれは、レーニン主義が、あらゆる国際的発展にその根をもっている国際的現象であり、ロシアのみの現象ではないことを知っている。だからこそ、わたくしはこの定義が一面的であるという欠点を持っている、というのである。

他の者はこういう――レーニン主義は、穏和な非革命的なものとなったかのようにいわれている後年のマルクス主義とはちがって、十九世紀の四〇年代におけるマルクス主義の革命的要素の復活である、と。マルクスの教義を二つの部分、すなわち革命的な部分と穏和な部分とにわけるこの愚劣なまた俗悪な分類のやり方を問題外とするならば、この全く不十分な、不満足な定義の中にさえ、一分の真理があることを認めなければならない。その一分の真理とは、レーニンが第二インターナショナルの日和《ひより》見《み》主義者によって生きうめにされたマルクス主義の革命的内容を、実際に復活させたという点にある。だがこれは一分の真理にすぎない。レーニン主義に関する完全な真理は、レーニン主義が単にマルクス主義を復活させたばかりでなく、資本主義およびプロレタリアートの階級闘争の新しい諸条件のもとにおいて、マルクス主義をいっそう発展させつつさらに一歩前進したという点にある。

しからばレーニン主義とは結局何か？

レーニン主義は、帝国主義およびプロレタリア革命時代のマルクス主義である。もっと正確にいうならば、レーニン主義とは一般的にはプロレタリア革命の理論と戦術であり、特殊的にはプロレタリアートの独裁の理論と戦術である。マルクスおよびエンゲルスは、発展した帝国主義が未だかってなかった革命前(われわれはプロレタリア革命のことをいっているのである)の時期、すなわちプロレタリアを革命のために訓練する時期に、プロレタリア革命がまだ直接的、実践的に不可避なものでなかった時期に、活動したのであった。しかるにマルクスおよびエンゲルスの弟子としてのレーニンは、発展した帝国主義の時期に、いいかえれば、プロレタリア革命がすでに一国において勝利し、ブルジョア民主主義を粉粋し、プロレタリア民主主義の時代を、ソヴェト時代を開いたところの、プロレタリア革命の展開期に活動したのである。これがレーニン主義は、マルクス主義のさらに発展したものである、というゆえんである。

通常、レーニン主義の中に含まれている非常に戦闘的な、非常に革命的な性質が指摘されている。これは全く正しい。だがレーニン主義のこの特殊性は、二つのことが原因になっている。すなわち第一にはレーニン主義がプロレタリア革命から生まれたものであって、その刻印をつねに身につけざるをえないということ、第二にはレーニン主義が第二インターナショナルの日和見主義——これとの闘争は資本主義との闘争に成功するために必要欠くことのできない前提条件であったし、また現在でもそうである——との闘争において成長し、強化したということである。一方にはマルクスおよびエンゲルス、他方にはレーニン、この間には、第二インターナショナルの日和見主義が完全に支配していた一つの時代が横たわっており、この日和見主義との仮借ない闘争がレーニン主義のもっとも重要な任務の一つとならざるをえなかった、ということを忘れてはならない。*」

＊ スターリン全集 VI. pp.70—71.

たいへん引用が長くなったが、この中にレーニン主義の特徴がよくつかまれている。スターリンによれば、レーニン主義は一般的にはプロレタリア革命の理論と戦術であり、特殊的にはプロレタリアート独裁の理論と戦術であるという。そしてこのプロレタリア革命・プロレタリアート独裁の理論と戦術としてのレーニン主義は、マルクス主義のロシアへの適用から出発しながら、この適用の過程を通じて、第二インターナショナルの手で生きうめにされていたマルクス主義の革命的内容をば復活せしめたというのである。そこで第二インターナショナルの日和見主義との仮借ない闘争がレーニン主義の最大の任務の一つだったというわけだ。

さきにのべたとおり、レーニンはマルクス主義を学んだ最初から、その革命的・終末論的核心をば、ずばりとほりあてていたのであるから、レーニン主義がスターリンの指摘するような特徴を備えるようになったことも、不思議ではない。ここでは、レーニン主義の形成過程を歴史的にたどったり、またその主要な特徴を列挙的に分析したりすることを避けて、レーニン主義がマルクスからうけついだ革命的・終末論的伝統に焦点を定めながら、いわばレーニン主義の断面をときほぐしてゆきたいと思う。

2　目的意識性と自然発生性——党組織論と国家論

マルクスの場合も、資本主義崩壊の必然性、すなわち、共産主義革命の緊迫性は、主体的にはプロレタリアートの階級意識の成熟過程としてとらえられていた。しかし五〇年代以後のマルクスでは、主体的な面よりも、客観的な側に焦点が置かれていたといってよい。これは十九世紀の後半という時代の制約を考えると当然のことであるし、またマルクス主義が科学的社会主義を誇称する以上、当然経なければならない段階でもあった。第二インターナショナルの日和見主義的堕落は、主体性の面を全く軽視したところに存したとも考えられる。ところがレーニン主義では、プロレタリアートの階級意識をいかにして成熟させるかという主体的条件の面に、極度の重点が置かれる。階級意識は自然発生的に成熟してゆくものでなく、目的意識的に成熟させてゆくものとされる。一九〇二年の『何をすべきか？』において、レーニンはこの点を次のように強調している。

「われわれは、労働者が社会民主主義（今日の共産主義）的意識を持ちえなかったといった。この意識はただ外部から持ち込まれることができたのである。すべての国の歴史は、労働者は彼ら自身の力だけでは、単に労働組合意識、つまり資本家と闘争し、政府からあれやこれやの労働者に有利な法規を要求する、等々のために組合に団結する必要を確信するだけにすぎぬということを示している。社会主義の教義は、しかしながら、有産者階級の教養ある代表、すなわちインテリゲンツィアによって取り扱われた、かの哲学的、歴史学的、経済学的諸理論から生じたものである。近代科学的社会主義の創始者たるマルクスおよびエンゲルスも、その社会的地位からいえば、ブルジョア・インテリゲンツィアに属していた。同様に、ロシアにおいても、社会民主主義の理論的教義は、労働運動の自然的成長とは全く独立に発生したのであり、革命的社会主義的インテリゲンツィアの思想的発展の自然不可避的結果として生じたのである。*」

* レーニン全集（第四版）V. pp.347—348.

そこで「革命理論なくして、革命運動なし」ということになり、この革命理論、すなわちマルクス・レーニン主義を外部から、いいかえれば労働者と資本家との関係の圏外からプロレタリア階級の中へと持ち込むことが必要になってくる。このように、自然発生性の面を排して、もっぱら目的意識性の面をおしすすめてゆくところに、レーニン主義のレーニン主義たるゆえんがある。レーニンが、一九〇〇年十二月のイスクラ第一号において、次のように組織問題の重要性を説いているのも、このためであった。

「われわれは爾後《じご》の数号において、組織問題のために一連の論文を掲載するつもりである。いったい、組織の問題はわれわれの弱点に属している。われわれはこの点においては、ロシア革命運動の古い戦士たちにはるかに及ばない。この欠陥は率直に承認されなければならない。そしてわれわれは闘争の秘密な指導と、活動規範、すなわちいかに憲兵を瞞着《まんちゃく》し、警察網をのがれるかの方法の系統的な宣伝を行なうために、全力を注がなければならない。革命のために、夕べの余暇をささげるばかりでなく、全生活をささげる人々がつくりあげられなければならない。われわれの活動の種々異なった種類に応じ、厳密な分業が実現されうるほど大きな組織がつくりあげられなければならない。最後に戦術の問題に関しては、次のことだけをのべておく。社会民主主義は、政治闘争の何かあらかじめ確定された計画もしくはただ一つの方法によって、その手をしばられ、活動を制限されるものではない。彼らにとっては、党の現存諸勢力と一致し、現存の状況において到達しうる最大の結果を保証するものでありさえすれば、すべての闘争手段が用いられてさしつかえないのである。強固に組織された党にとっては、一個のストライキをも政治的なデモンストレーションへ導き、政府に対する政治的な勝利に転化させることが可能である。強固に組織された党にとっては、たった一か所における蜂起《ほうき》も、勝算ある革命に成長せしめることが可能である。われわれは、個々の要求、個々の譲歩を獲得するための対政府闘争は、単に小ぜり合いであり、前哨《ぜんしょう》戦にすぎないことを忘れてはならない。——決戦はますます切迫してきている。われわれの前には、その全能力を発揮しつつ、われわれに弾丸を雨霰《あめあられ》とふりそそぐ敵の要塞《ようさい》がそびえている。このためすでに多くのすぐれた同志が奪い去られているのである。われわれはこの要塞を奪取しなければならない。そしてそれは奪取されうる。もしわれわれが成長しつつあるプロレタリアートの全勢力とロシアの革命家の全能力とを結合して、一個の党を、すなわちロシアにおいて生気あり、誠意ある分子たちに存しているところのすべてのものを結集しうる党を組織するならば。*」

＊レーニン全集（第四版）IV. p.345.

こうして形成されたレーニンの党組織論こそ、一九〇三年にロシア社会民主労働党をばボリシェヴィキとメンシェヴィキとに分裂させた原動力であったことは、周知のとおりである。＊当時レーニンは、党員資格を職業的革命家に限る理由を、ツァーリズムの憲兵と警察とに対抗するためというロシアの特殊事情に帰していた。しかしこの党組織論の根底には、二大階級の決戦――それは潜在的、顕在的に内乱の形態をとる――において、勝利するプロレタリア階級側の戦争指導に任ずるという、黙示録的終末論が潜んでいる以上、これがやがて国際的規模に拡大されてゆくことは必至である。

＊本書二二九、二七八ページ参照。

果たして、第一次世界大戦に際する第二インターナショナルの崩壊を境に、レーニン主義の党組織論は、西ヨーロッパの労働運動へも適用されてゆく。民族・植民地問題を中心に帝国主義理論が展開され、一方において社会民主主義者が最も悪質な敵として烙印《らくいん》されるとともに、他方において植民地、半植民地の民族独立運動が最も有力な同盟軍として迎えられる。すなわち一九二〇年のコミンテルン第二回大会に、二十一か条のコミンテルン加入条件と民族・植民地問題に関するテーゼとを採択することによって、レーニンの党組織論を国際化するうえに、画期的な足跡を残したのである。

一九一七年の夏から秋にかけて、レーニンが『国家と革命』という題のもとにまとめあげた国家論も、彼の党組織論の延長ないし発展と考えることができる。そこには、プロレタリア革命によるブルジョア国家の揚棄と、プロレタリアートの独裁国家の死滅とに関するマルクスの国家理論が、レーニン一流の明快な表現で祖述され、確認されているわけであるが、この書物においてほどレーニン主義の終末論的性格が露骨に示されているところはない。すなわちブルジョア国家において、国家の階級性は二大階級の対立という形で最も単純化され、プロレタリア革命を不可避にする。そしてプロレタリアートは、プロレタリアートの独裁を通じてブルジョアジーの階級支配を徹底的に覆滅することにより、階級なき社会を実現する——と同時にプロレタリア国家もまた死滅してしまい、人類は必然の王国から自由の王国へと昇天するというわけだ。*

＊レーニンの国家論については、E. H. Carr : The Bolshevik Revolution, 1950, P.233. 参照。

この場合にも、国家一般が死滅するというあいまいな、自然発生的な錯覚を排撃して、プロレタリアートの革命と独裁という目的意識的な主体性が強調されている、そしてプロレタリアートの革命と独裁が高度に目的意識的な性格をになっていることに注目すれば、職業的革命家の前衛党というレーニンの党組織理論なくしては、レーニンの国家論もナンセンスになってしまうことは明らかである。つまり彼の国家論は、党組織論の延長ないし発展にほかならないのだ。

3　機会主義の安全弁

レーニンの党組織論にしても、国家論にしても、このように革命的終末論を根底に持っているからには、そこには科学とは氷炭相いれない鉄の壁が含まれているはずである。ロシア社会の階級構造に関するレーニンの分析がいかに高度の科学性を持っていても、またブルジョア国家の階級性についてのレーニンの暴露がいかに透徹して科学的なものであるにしても、彼の科学と表裏一体をなしている革命の終末論が、必ずその科学性を歪曲《わいきょく》し、制約しているはずである。ここにレーニンのドグマ性とは一見矛盾するように見える彼の機会主義の根拠が潜んでいる。レーニンが一九〇六年のストックホルム党大会で、土地の国有化政策から、農民への分配政策へと転換したのも、一九一八年にブレスト・リトフスクで、ドイツ帝国主義に譲歩したのも、また一九二一年三月に、ネップへと大胆に後退したのも、すべてこの機会主義の現われである。彼の機会主義はもちろん根本の革命的終末論を否定するものでなく、むしろ革命的終末論を補完するものであった。彼の革命的終末論が根強かったからこそ、彼は機会を見て大幅に後退して、犬死にを免れえたともいうことができよう。しかしとにかくレーニンの革命的終末論に、こうした安全弁がついていたことはすこぶる重要である。

国家論については、彼はみずからの終末的行き過ぎを十分修正する時間的余裕を持たずに、この仕事をスターリンに残した。スターリンは、一九三九年三月十日、第十八回党大会における報告演説の末尾で、かなり大胆にレーニンの国家論を修正している。*

＊　スターリンはここで、国家の機能を対内面と対外面とに分け、後者に関するかぎり、将来共産主義の段階に進んでも、国家は存続しうるとのべた。さらに対内面においても、搾取の根絶とともに、軍事的

圧迫の機能は消滅するが、人民の財産を盗み着服する分子から社会主義財産を防衛する防犯的機能や、平和的な経済的、組織的活動と、文化的、教育的活動とは、存続し、発展するとされる。(『レーニン主義の諸問題』pp.605—606) これはソヴェト国家二十年間の経験を通じて、ブルジョア国家理論の正しい部分が確認され、承継されたことを示すものといわなければならない。この点に関しては、「思想」一九五〇年四、五月号掲載のセルゲイ・ヘッセンの論文が示唆的である。ただヘッセンは、スターリンの修正を直線的な発展と強弁しているが、これはやはり修正と考えるべきであろう。終末論の行き過ぎをすべてトロツキスト的極左偏向の罪に帰することは、あまりにも無理である。

党組織論に関しては、一九二二年のコミンテルン第四回大会で、レーニン自身がその国際的適用の限界について、反省する機会を持った。少し長くなるが、革命的終末論のドグマ的狂信性に対するレーニンの機会主義的、プラグマティズム的修正の好例として引用しよう。

「一九二一年の第三回大会で、われわれは各国共産党の組織的構成とその活動の方法および内容とに関する一つの決議を採択した。この決議は優秀なものである。しかしこの決議は全くロシア的に述べられている。つまりすべてがロシアの発展からとられている。これはこの決議において良い点でもあれば、また悪い点でもある。なぜ悪いかといえばほとんどいかなる外国人も――これは私の確信するところである、私はこのことをいう前に、この決議をもう一度読んでみた――これを読むことができないからである。第一にこの決議は長すぎる。五十節、もしくはそれ以上ある。このようなものを外国人はふつう読むことができない、第二にたとえ読まれたとしても、いかなる外国人もこれを理解することができない、なぜならまさにあまりにもロシア的過ぎるからである。だがこれはロシア語で書かれているためではない、なぜならりっぱに各国語に訳されている。そうではなくて、徹底的にロシア的精神によって貫徹されているからである。第三にもし外国人がこれを例外的に理解したとしても彼はこれを実現することはできない。これが第三の不都合である。

私はここに来ておられる二、三の代表者の人々と少しばかり談合した。そして私はこの大会の会期中に各国のもっと多数の代表諸君と十分に会談を行なう——もっとも、私自身はこの大会に、遺憾ながら参加できないが——可能性を見いだすであろうことを期待している。私の印象では、われわれはこの決議については大きな誤りを犯した。すなわちわれわれはみずから前進の路を閉ざしてしまったのである。先にも述べたようにこの決議は優秀なものであり、私は五十もしくはそれ以上の条項に署名している、しかしながらわれわれは、このロシアの経験をもっていかに外国に近づくべきかを理解しなかった。この決議中のすべては死文字にとどまっている。そしてもしわれわれがこのことを理解しないならば、われわれは前進することができないであろう。*」

* Protokoll des IV. Weltkongresses der K. I. S.229—230.

4　無神論——個人の否定

最後にレーニンの革命的終末論が、いかなる世界観によって基礎づけられていたかを見よう。彼の主著の一つである『唯物論と経験批判論』が明示しているように、彼はきっすいの唯物論者であった。しかしレーニンがマッハやアヴェナリウスの徒と、主として認識論の分野で矛《ほこ》を交えているのに眩惑《げんわく》されて、彼の唯物論をもっぱら認識論上の問題であると考えてはならない。「地球が先か、人間が先か？」とか「人間は大脳で考えるか？」等というレーニンの設問が示すように、彼の唯物論は、弁証法的という誇称にもかかわらず、カント以前の唯物論と本質的に異なるものでなかった。すなわちその核心は哲学的物質の厳存に対する信仰にあり、裏からいえば神の存在の否定にあった。つまりレーニンの唯物論は、無神論の帰結であったのである。*

＊　本書二七〇ページ以下参照。

レーニンは多忙な革命運動の中にあって、なぜ唯物論のためにあのような部厚い書物を書かなければならなかったのか？　彼のゴリキーにあてた一九〇八年三月二十四日付書簡が示しているとおり、そこには戦術的動機が働いていたであろう。すなわちロシア社会民主労働党内の日和見主義的傾向が新カント派哲学をもって武装していたからである。しかしこの戦術的動機の底に、いっそう深い根拠が潜んでいることを見のがしてはなるまい。問題はなぜ日和見主義が新カント派哲学と結合して現われたかに存する。このことはロシアのみの現象ではなく、ベルンシュタインを含んで、一切の修正主義運動に共通の現象であることは、きわめて示唆的だ。

マルクスからレーニンにいたる唯物論は、宗教を否定するところから出発している。マルクスも、レーニンもまず無神論者となってから、革命家となり、社会主義者になったことは、けっして偶然ではない。ところで彼らは宗教を否定することによって、個人の人格の尊厳、言葉をかえていえばその道徳的自由をも否定せざるをえなかった。なぜならば、個人の人格の尊厳ないし個人の道徳的自由は、窮極において宗教と不可分に結びついているからである。いな個人の実存そのものが、なんらかの形における宗教的な基礎づけなくしては、ニヒリズムに帰着せざるをえないのだ。そこでマルクス・レーニン主義では、宗教と同時に、個人とその道徳的自由が抹殺《まっさつ》されてしまった。そして個人とその道徳的自由とを抹殺することによってのみ、「甲の、あるいは乙の、あるいは全プロレタリアさえもが、さしあたり何を目標として考えているかが問題なのではない」*というマルクスの乱暴な主張が正当化されうるのであり、また「われわれの任務は実際の統制を中央委員会の手中に収めることであり、わが党の強固さと純粋性とを貫徹することである」**というレーニンの徹底した中央集権主義も是認されうるのである。レーニンがブルジョア自由主義に対していだいていた猛烈な敵意も、宗教の否定およびこれに伴う個人の抹殺と微妙な関係を持っている。

* Marx, Engels : Gesamtausgabe, I. Abt. 3. Bd. S. 207.
** レーニン全集（第四版）VI. p.459.

このように考えてくると、プロレタリアートという集団による革命と独裁によって、階級なき社会を実現しようとするマルクス・レーニン主義の終末論は、個人とその道徳的自由とを否定する無神論と不可分の関係にあることがわかる。そこで個人の道徳的自由は、マルクス・レーニン主義にとっては一番の禁物であることになり、個人の道徳的自由を基礎づける新カント主義や宗教のたぐいが潜入してくることに対しては、厳戒を要することになった。

実際新カント主義や宗教のたぐいがたとえ一滴でも混じると、マルクス・レーニン主義はたちまちその革命的終末論を失い、日和見主義に転化してしまう。このことは、歴史が示すところだ。レーニン主義が、宗教と観念論哲学の潜入に対して、極度に敏感なのはこのためである。レーニン主義は、単に既成宗教が支配階級に奉仕しているからというような表面的な理由にもとづいて、反宗教的なのではないのだ。

個人を抹殺するということ、そしてそのために宗教を否定するということは、レーニン主義にとっていわば死活の重要性を持っている。そこにはまた、レーニン主義の戦闘的無神論が、擬似宗教的性格を帯びてくる根拠も見いだされよう。哲学的物質の物神化に始まって、物質的生産力、プロレタリアート、党が次々に物神化され、最後にはレーニン、スターリンの神格化に及ぶ、そして個人は、カリスマの指示する歴史的必然性のために滅私奉公することにのみ、救済を見いだすよう要請される。個人の道徳的自由は否定され、良心は党を媒介としてカリスマにあずけられる。カリスマのマキアヴェリズムは、終末論によってどこまでも正当化される。革命のためには、何をしても許される。終末論的ファナティシズムと機会主義的マキアヴェリズムとが、レーニン主義において奇妙な補完関係に立っているのは、このためである。

第五章　トロツキーとトロツキズム

一　トロツキーは裏切者か、裏切られた革命家か？

トロツキーがマルクスとたたかっているといったら、地下のトロツキーは、きっと大きな目をむいて怒るに違いない。「否《いな》、否、千度も否！」と彼は絶叫するだろう。トロツキーがレーニンとたたかっているといったら、どうだろうか？　彼はいうだろう。「レーニンとたたかったことはある。しかし十月革命は、レーニン、トロツキーの合作の成果だ。レーニンと対立したいろいろの問題をふりかえってみると、大部分は自分のほうが誤っていた。けれどもレーニンのほうが間違っていたことだってあるのだ。それに二人の対立はむしろ例外的で、ほとんど全部の重要問題について、レーニンと自分とは、各自別々に同一の結論に到達した。レーニンなきあと、レーニンの精神を承継しているのは、スターリンでなくて、自分だ」と。要するにトロツキーは、かつてレーニンとたたかったことがあることを否認しないが、現在、レーニンとたたかっているという見解には、断固承服しないわけだ。

ところが、トロツキーはスターリンとたたかっていると、誰かがいったら、トロツキーは、「しかり、しかり、千度もしかり」と答えるに違いない。トロツキーによれば、スターリンは「官僚の親玉」であり、「専制君主」であり、「反動、裏切者、テロリスト」であり、「テルミドリアン」であり、そして最後に「殺人鬼」である。彼のスターリン憎悪はほとんど狂気じみている。トロツキーの前半生は、ツァーリズムとの闘争にささげられ、後半生はスターリンとの死闘に費やされたといっても過言ではあるまい。つまりトロツキーにいわせると、レーニン、トロツキーの合作によって成功したロシア革命は、テルミドリアン・スターリンの手で裏切られたというのだ。トロツキーは、さしあたり裏切られた革命家ロベスピエールだということになる。レーニンは一九二二年五月に卒中で倒れ、一九二四年一月に永眠したから、テルミドリアンの跳梁《ちょうりょう》を見ないですんだが、トロツキーは、スターリンのため革命の祖国を追われ、果てしない流浪の旅ののち、一九四〇年八月二十一日、「スターリンの刺客」の手にかかって、無念にも惨殺されたというわけだ。いな卒中で死んだことになっているレーニンさえ、トロツキーの死後出版された遺稿『スターリン伝』によると、スターリンの子分ヤーゴダ――ゴリキー毒殺のかどでのちに処刑された男――の手で、毒殺された疑いが濃いと書いてある。

トロツキーの言い分ばかり聞いていると、実際スターリンは革命の裏切者、殺人鬼であり、トロツキーは裏切られた革命家だということになりそうである。

こういうことを信じている人は、一九五六年にソ連共産党が非スターリン化をはじめるまで、日本にはほとんどいなかった。しかし、外国では、トロツキーの主張を一〇〇パーセント支持するいわゆるトロツキストがたえず存在していた。トロツキストは第四インターナショナルの旗のもとに、地球上いたるところで活動していた。スペインの内乱の時などたいへんな勢力だったし、今日でも共産主義の多元化の陰には、トロツキーの亡霊がのぞいている。

もちろん、ソヴェト連邦の国内に関するかぎり、十月革命の英雄トロツキーの名は、今なお完全に葬られてしまっている。党の公史『全連邦共産党史』には、トロツキーはただ革命の裏切者、ファシストの手先としてのみ顔を出している。トロツキーは、単にスターリンと決裂後、ボリシェヴィキ政権を裏切ったばかりではなく、十月革命当時においても、ただ革命を裏切るためにのみ、革命に参加したというのだ。ソ連国民の中でも、今ではトロツキーの名を、単に悪魔の代名詞としてしか知らない人々のほうが多いだろう。ソ連の国家権力によって、トロツキーの名が組織的にソ連の歴史から抹殺されはじめてから、もう三分の一世紀以上になる。六十歳未満のソ連人は、レーニンと肩を並べた、はなやかな時代のトロツキーを知らないことになる。

ソ連以外でも、わが国のように、敵も味方もソ連の国定共産主義をうのみにしているところでは、トロツキーの立場は気の毒なほどみじめである。それでも一九三七年（昭和十二年）に、トロツキーが『裏切られた革命』（The Revolution Betrayed）という書物を出した時には、当時の二大総合雑誌、「改造」と「中央公論」とが、競ってこれにとびつき、両誌ともその翻訳を八月号の付録にしたほどだった。しかし戦後は、ソ独戦に完勝したスターリン大元帥は、わが国でもほとんど神格化されたのに反して、トロツキーの名は、ソ連国家と国際共産主義とにかつて巣食っていただにのようにとり扱われている。たしかにスターリンとトロツキーとの決闘は、もうはっきり勝負がついている。国際共産主義の見地から見ても、二つの世界が対峙《たいじ》している冷戦時代にトロツキーの反ソ共産主義の立場は、ひどく不利となった。共産主義といえば、スターリンのソヴェト共産主義以外にないと考えられたのも当然であろう。

わたくしは、かねがねから共産主義を考察する場合、生きている共産主義運動を見なければいけないという主張を持っている。手前勝手な共産主義理論をでっちあげて、自分のほうが共産主義の正統だと唱えるほど馬鹿げたことはない。そんなことをすれば無数の共産主義の正統が生まれるだろう。中ソ対立が表面化するまで、共産主義の正統は、疑いもなくソヴェト共産主義だった。またこの意味では、スターリンが、レーニン主義の正統であり、マルクス主義の正統であるというのも正しかった。

しかしそうだからといって、スターリンの共産主義が、マルクスやレーニンの段階の共産主義と全く同じものだというのも愚かなことである。レーニンが死んでからでも、四十六年たち、イスクラ時代からはもう七十年近く経過している。一九〇五年の第一次ロシア革命当時に、「今から半世紀後には、ロシアと東ヨーロッパと中国とそして東南アジアは、共産主義国になるが、西ヨーロッパはあいかわらず資本主義のままだろう」とレーニンに告げる人があったら、レーニンはこの予言を信じただろうか？　いわんや百二十三年前に共産党宣言を書き、「共産主義者はドイツに主たる注意を払う。なぜならドイツはブルジョア革命の前夜に立っており……ドイツのブルジョア革命は、プロレタリア革命のすぐ前の序曲たりうるから」と断言したマルクスは、第二次大戦後の祖国ドイツがロシア軍とアメリカ、イギリス、フランス軍とによって分割占領されたのをながめたら、いったい何というだろうか？　共産主義は、疑いもなくマルクスの段階、レーニンの段階から、スターリンの段階へと変化している。これを直線的な発展だと強弁するのは、明らかに無理である。

　このように共産主義の変化を認めた場合、変化の実相を把握《はあく》し、その根源を分析するがためには、いったいどうすればよいか？　それには、生きている共産主義の中で、正統のソヴェト共産主義、すなわちスターリン主義とたたかっている異端派の言い分を聞くことがいちばん捷径《しょうけい》である。異端派の正統派に対する運動は、異教徒の側からする攻撃よりも、はるかに激烈である。異教徒相互間には、寛容は割合に容易だが、異端と正統との間では、食うか食われるかの、文字どおりの死闘が演ぜられる。したがって正統派から異端に対する弾圧もまたものすごい。異端は見つかり次第法敵、瀆神《とくしん》者として火あぶりにされ、十字架にかけられる。ソヴェト共産主義に対する最大の異端は、いうまでもなくトロツキーだ。

　そこで正統派共産主義者とトロツキストとは、お互いに裏切者、スパイ、殺人鬼という最高度の悪罵《あくば》を投げあっているわけだ。こうした罵倒や、中傷は、当事者間にはやむをえないことかもしれないが、生きている共産主義の実体を観察しようという立場にとっては、大いに邪魔になる。われわれはつとめて冷静に、虚心坦懐《たんかい》に、この不倶戴天《ふぐたいてん》の敵同士の死活の闘争をながめて、両者の言い分を歴史上の事実に照らして比較分析し、そこに共産主義の謎《なぞ》を究明する鍵《かぎ》を発見しなければならない。

わたくしがここにあえてトロツキーを採り上げたのは、スターリンを排して、トロツキーを支持するためでもなければ、またその逆でもない。トロツキーを媒介としてスターリン主義、すなわちソヴェト共産主義の本質をつかむためである。トロツキーは今日なお第四インターナショナルなどのもとに相当の実勢力を持っているが、もとよりスターリンのとは比肩しえない。スターリンのソ連邦は、トロツキーやトロツキストたちの批判や痛罵にもかかわらず、どんどん発展して、世界を二分する強国になってしまった。

この意味では、繰り返していうが、トロツキーとスターリンとの勝負はとうについているのだ。問題はしたがってスターリンの立場とトロツキーの立場との中で、どれが正しいかという点にあるのではない。問題は生きている共産主義の運動としては、ほとんど完敗しながらも、いな、まさに完敗したればこそ、トロツキーのスターリン批判、ソ連批判は、今日のソヴェト共産主義のいちばん痛い点を衝《つ》いているところにあるのだ。言葉をかえていえば、敗れたトロツキーの理論のほうが、勝ったスターリンの理論を一見完全にやっつけているように見えるところに、まさに今日のソヴェト共産主義の秘密——レーニンの段階からの変化の秘密――が潜んでいるのだ。トロツキーを媒介として、スターリン主義を理解するのが、今日の共産主義を把握するいちばんよい方法だとわたくしが主張するのは、この意味である。そこでこれから、今日の共産主義すなわちスターリン主義の正統に対する最大の異端であり、正統派の秘密を理解する鍵であるトロツキーの思想を追及してみよう。

二　トロツズキムの形成

1　トロツキーのおいたち

トロツキー――本名はレフ・ダヴィドヴィチ・ブロンシュテイン――は、一八七九年十月二十六日に、南ロシア、エリザベートグラードに近いヤノウカ村に生まれた。* 父ダヴィド・レオンティエヴィチ・ブロンシュテインはユダヤ人の富農であり、ちょうどレフが生まれる少し前に、地主ヤノウスキーから二百五十エーカー余りの土地を買収し、そのうえ約四百エーカーほどを借地したのだった。トロツキーは一八八八年にオデッサの学校に入学するまで、ヤノウカの農場で成長した。彼が比較的豊かなユダヤ人の家庭に生まれたことは、注目されてよいだろう。

マルクスも、エンゲルスも、そしてレーニンも生活難を知らないで育った。トロツキーも経済的には恵まれていた。共産主義の著名な指導者が、スターリンを除いては貧しい家庭の子でなかったことは、ある意味で重要である。またトロツキーがユダヤ人であることも、むろん軽視できないが、しかし父が富裕であった結果、幼年時代にひどい差別待遇を受けなかったことのほうがよりいっそうたいせつである。この点でトロツキーの環境は、マルクスに似ている。ちょうどラインラントのユダヤ人がマルクスの誕生前に解放されていたように、トロツキーの幼時には、ロシアのユダヤ人にも、一応法の前の平等が与えられていた。もちろんマルクスの父親が持っていたような高度の教養は、トロツキーの父親には全く欠けていたし、トロツキーが高等学校にはいろうとした時には、ユダヤ人の子弟に対する入学の制限が彼を待ちうけていた。総じて、トロツキーの環境は、マルクスほどには恵まれていなかったといえる。しかしユダヤの血が、トロツキーの生涯と思想とにとって決定的な影響を与えたと考えるのは、間違っている。

＊ トロツキーの生涯については主として彼の自伝 Mein Leben, 1930 による。

トロツキーにとって、ユダヤの血よりもいっそう大きな意味を持っていたのは、出生の時期であった。彼の誕生のちょうど二月前には、――彼が自伝で特筆しているように――「人民の意志」党が、アレクサンドル二世に対する死刑の宣告を決議し、その宣告は約一年半後に、厳粛に実行されたのだった。トロツキーは、ナロードニキの活動が頂点に達したころ生まれたわけだ。そしてナロードニキがアレクサンドル二世の暗殺に対する報復的弾圧によって、下火になると、やがてプレハーノフらの手で、ロシアにマルクス主義が輸入される。プレハーノフがロシアを追われ、外国でマルクス、エンゲルスの研究を始めたいる前に、ジュネーヴではプレハーノフを中心としたロシア人のマルクス主義団体「労働解放団」が生まれ（一八八三年）、ロシア社会民主労働党の綱領草案（第一回一八八四年、第二回一八八七年）が起草されている。つまりトロツキーがヤノウカの農場ですくすく育っている間に、彼がマルクス主義の革命運動に身を投ずべき条件は、着々整えられていたわけである。

トロツキーの生まれた年は、ヨーロッパの国際情勢にとっても画期的な年であった。前年にはベルリン会議があって、ロシアはビスマルクの親墺・親英政策に憤激のあまり、露骨にドイツを恫喝《どうかつ》しはじめていた。ビスマルクはロシアを牽制《けんせい》するために、オーストリアとの同盟を固め、このようにして、第一次大戦の戦線配置は次第に具体化しつつあった。ロシア革命と世界大戦との大暴風雨の襲来をつげる黒雲が、はるか水平線のかなたに姿を現わした一八七九年に、ヤノウカよりは、さらに南方のカフカズに、トロツキーのライヴァル・スターリンが生まれ出たことは、興味深い。スターリンはトロツキーよりも約二か月後に生まれた。そしてトロツキーと同じようにマルクス主義の革命運動にとびこんでいった。トロツキーとスターリンとは、このように完全な同時代人であり、一生を革命にささげた点でも同じであるが、性格も、仕事のスタイルも、正反対といってよいほど違っていた。トロツキズムとスターリン主義との対立も、二人の性格や、仕事のスタイルの相違と不可分に結びついている。そこでこれからトロツキズムの形成と発展とをたどってゆく場合、つねにスターリンの生涯と思想とに対照しながら検討を加えてゆきたいと思う。

さてトロツキーは、一八八八年の秋オデッサの聖パーヴェル実科学校に入学し、一八九六年には、ニコライエフの学校に転じた。オデッサでは、トロツキーはまだ明確な政治的意見を持たず、ただ漠然《ばくぜん》たる反抗精神をいだいていただけだった。この反抗精神の出所は、トロツキーによれば、「アレクサンドル三世治下の社会状態であり、警察の横暴であり、地主の搾取、官吏の腐敗、国家主義的な束縛、学校内や市内における不正事件であり、また田舎の子供や、使用人や、労働者との接触、工場での会話、シュペンツェル家の人道的精神、それにネクラーソフの詩や、あらゆる種類の書物の読破であり、これを要するに、当時の社会的雰囲気全体であった。」

ところがニコライエフでは、トロツキーの政治的関心は急速に高まり、彼は次第に革命運動に深入りすることになる。当時彼の読書は、ミルの論理学や、ベンタムの功利主義や、ミネのフランス革命史等広範にまたがり、マルクス主義からはなお遠かったけれども、雰囲気はすでにはっきりとマルクス主義的であった。

南ロシアにはそのころ工場が続々建設され、プロレタリア階級が急速に成長していたが、インテリゲンツィアの革命家と労働者とは、読書会その他の方法で、結ばれてゆき、やがて南ロシア労働者同盟が成立した。一八九六年には、セント・ペテルブルクに三万人の繊維労働者のストライキが行なわれ、レーニンは前年から労働者階級解放闘争同盟をつくって、確固たるマルクス主義の上に立つ革命運動を展開していた。

一八九八年一月、トロツキーは検挙されて、ニコライエフの刑務所に入れられ、次いでヘルソン監獄を経て、オデッサの刑務所に送られた。トロツキーがマルクス主義の研究をはじめたのは、このオデッサの刑務所においてだった。そこで彼はアントニオ・ラブリオラの論文を通じて、史的唯物論を学んだ。トロツキーは、ラブリオラの論文の強烈な印象が、三十年後にもはっきりと残っていることを自伝で告白している。トロツキーがラブリオラからマルクス主義にはいったことは、非常に重要だ。一八九五年にエンゲルスが没してから、マルクス主義は、カウツキーのような俗物の手で骨抜きにされ、ベルンシュタイン以下の新カント派によってひどい修正を受けてしまったが、このマルクス主義のいわば大空位時代に、弁証法の精髄をわずかに護持しえたのは、イタリアのヘーゲル主義者アントニオ・ラブリオラのみといってよい。トロツキーもいっているように、ラブリオラは、政治の方面では、まるきりだめだったが、歴史哲学の分野では、りっぱなマルクス主義者だった。トロツキーは、ラブリオラのおかげでマルクス主義を俗流化された形態によってではなしに、学ぶことができた。もちろん、ラブリオラの論文を手がかりにするマルクス主義研究は、十分なものとはいえなかったに違いない。

トロツキーがレーニンの『ロシアにおける資本主義の発達』を読んだのは流刑を前にして、モスクワの護送監獄においてだったし、マルクスの『資本論』を研究したのは、シベリアの流刑地においてだった。彼のマルクス研究がいかに模索的であり、困難なものであったかが知られよう。そのかわりトロツキーは、マルクス主義を既成のドグマとしてうのみにしないで、あくまで自分の頭で考えぬいた結果、苦心して到達した結論をマルクスやレーニンによって確認してゆくという過程をたどることができた。ここによい意味でも、悪い意味でも、独創的な思想家としてのトロツキーの特徴が早くも見いだされよう。

トロツキーは一九〇〇年の秋、レナ河畔ウスト・クート村に流刑された。一九〇二年には、シベリアのトロツキーのもとへ、レーニンの書いた『何をなすべきか？』が送られてきた。この年の秋トロツキーは流刑地を脱走して、サマラの「イスクラ」派国内総本部で「ペロ」というペンネームを用いて活動した。やがてトロツキーは、レーニンの要請で、オーストリアとの国境をひそかに横断し、ウィーン、パリを経て、ロンドンのレーニンを訪れた。時に一九〇二年の秋であった。それから一九一七年の五月にロシアへ帰るまで、一九〇五年の第一次革命に際する短い中断期を除いて、トロツキーの十五年間にわたる長い亡命生活が始まった。

亡命中トロツキーが最も親しく交際したのは、マルトフ、ドイッチ、ザスリッチらメンシェヴィキの指導者たちだった。家庭を持っていたレーニンとは、自然接触の機会が少なかったようである。ここにトロツキーが一九〇三年の分裂に際して、メンシェヴィキ派に走った一つの原因が潜んでいる。

トロツキーがロンドン、パリ、ジュネーヴで、マルトフ以下のボヘミアン革命家たちと談笑したり、一九〇五年の第一次革命には、ペテルブルク・ソヴェトの議長として怪気炎をあげたりして、国際的な名声をあげている間に、スターリンは何をしていたか？　彼はカフカズ地方のオルグとして地味な活動を続け、一九〇二年の四月に逮捕されてから、二月革命までの十五年間に、六度検挙され、五度脱走するという苦難の地下生活を送っていた。＊捕われても、流されても、そのつど執拗《しつよう》に自己の責任部署に復帰し、ロシアの大地を死んでも離れないスターリンと、西ヨーロッパで亡命生活を続けるトロツキー。こうした生活様式の中に、スターリン主義とトロツキズムとの対立の秘密がかくされているのではなかろうか？

＊　本書二八三ページ以下参照。

2　ロシア革命の矛盾

一八九八年に成立したロシア社会民主労働党の幹部間には、トロツキーがロンドンにレーニンを訪問した一九〇二年の秋ごろ、すでに深刻な対立がはじまっていた。当時、マルクス主義は、ナロードニキに完勝しており、ロシアにおける資本主義の発達は、何人も否定しえない厳然たる事実になっていた。しかしプレハーノフのようにただナロードニキの誤謬《ごびゅう》を批判しただけでは、ロシア革命の問題は一歩も前進しないのみか、かえって迷路にふみこむだけであった。

なるほどナロードニキのように、ロシアは資本主義の段階をとびこえて、農村共同体を手がかりに独特の社会主義へ進みうるというのは間違っていよう。しかしそれでは、後進国ロシアに、先進国なみの資本主義が発達するまで待っていよというのか？　半世紀、いな、一世紀もすれば、ロシアの資本主義は、イギリスのように高度化するかもしれない。しかしそれまでロシアのプロレタリアートはただ傍観していればよいのか？　ツァーリズムをいったいどうしようというのか？　自由主義ブルジョアジーを主体とするブルジョア民主革命を側面から応援せよというのか？

ロシアの自由主義ブルジョアジーが十分強力で、革命を完遂するだけの気魄《きはく》と能力とを持っているならば、それもよいかもしれない。ところが何よりも困ったことには、ロシアのブルジョアジーはツァーリズムの発注と補助金とに依存し、ツァーリズムと抱合してしまっている。ロシアのブルジョアジーには民主革命をやる力なんかみじんもない。そこでドイツ社会民主党のロシア版として結成されたロシア社会民主労働党は、早くもデッド・ロックに乗り上げてしまった。第一ドイツ社会民主党のように、国会中心主義で闘争するといっても、肝心の国会がないのだから、どうにもならないではないか？

ロシア・マルクス主義のこの隘路《あいろ》を突破しえたのは、実にレーニンのみであった。プレハーノフ以下の先輩たちが、資本主義のもとにおける労資の対立というマルクス主義の公式論にとらわれていた時、レーニンは、ロシア革命の理論をきたえあげていた。レーニンの出発点はロシアにおける革命の緊迫性だった。資本主義の発達が高度であるか、低度であるかということと、革命が緊迫しているかいないかということとは、直接にはむすびつかない。ロシアは資本主義の発達において立ち遅れているにもかかわらず、いな立ち遅れていればこそ、革命の前夜に立っている。その革命の内容はブルジョア民主革命と呼びうるかもしれない。しかし革命の主体はブルジョアジーでなく、プロレタリア階級だ。もちろんロシアのプロレタリア階級は質的にも、量的にも未熟だろう。しかしロシアのプロレタリアートは未熟なればこそ、かえって革命的である。そして量的な不足は、人口の八五パーセントを占める農民の、土地改革を求める革命的エネルギーによって補うことができる。こうして、ロシア革命の理論としての、レーニン主義、すなわちボリシェヴィズムは、プレハーノフ、ザスリッチ、アクセリロードら先輩たちのメンシェヴィズムとはっきり対立してきた。

ボリシェヴィズムとメンシェヴィズムとの対立の根本は、すでにのべたとおり、前者があくまでロシア革命を課題としているのに対して、後者はドイツ社会民主党派の水を割った俗流マルクス主義を機械的にロシアに適用したものにすぎないところに存していた。マルクス主義が一八四〇年の段階において持っていた革命理論としての性格を復活した点において、たしかにボリシェヴィズムすなわちレーニン主義は、原始マルクス主義の復活であった。さらにまたロシア革命の理論である点において、レーニン主義はロシア的であり、その革命的ニヒリズムにおいて、その農民重視の人民革命論において、またその前衛党組織論において、ナロードニキから遺産をうけついでいた。*

＊　本書二六六ページ参照。

しかしレーニン主義の国際性もまた見のがせない。レーニンが第一次世界大戦中に、資本主義の発展不均等性の理論を中心に展開した帝国主義論は、今しばらく問わないにしても、レーニン主義には高度の国際性が見いだされる。

ロシアのように自由主義ブルジョアジーが無力なため、ブルジョア民主革命を遂行できない国々は地球上にたくさんある。そうした国々では、農民が人口の大半を占めており、土地改革を求めて革命的エネルギーを発揮している。中国がそうだ。東ヨーロッパがそうだ。東南アジアがそうだ。こうした地域に対して、「先進国は後進国の将来の姿を示すものであり」、「一つの社会形態は、その中で発展しうるだけの生産力が発展しつくすまではけっして没落しない」というマルクスの有名な公式を、機械的に適用することはすこぶる危険である。なぜなら歴史の発展はきわめて不均等であり、後進国は先進国の資本主義によって多かれ、少なかれ影響されているので、世界の資本主義の諸矛盾は、最も資本主義の発展の遅れた植民地、半植民地にしわよせされているからだ。そこで帝政ロシアや中国や、バルカンや東南アジアのような広い意味の植民地、半植民地諸国では、資本主義が未熟であるにもかかわらず、いな、まさに未熟であればこそ、資本主義は不安定であり、革命の機が熟しているのだ。そうした国々では、レーニンが一九〇五年の『民主革命における社会民主主義の二つの戦術』において、喝破《かっぱ》した次の言葉は、だいたいそのままあてはまる。

「プロレタリアートは、農民大衆を吸収することによって、絶対主義の抵抗を破砕し、ブルジョアジーの動揺性を麻痺《まひ》しつつ、民主革命を完遂しなければならない。プロレタリアートは、住民中の半プロレタリア層の大衆を吸収することによって、ブルジョアジーの抵抗を破砕し、農民と小ブルジョアの動揺性を克服しながら、社会主義革命を完遂しなければならない。*」

＊　レーニン全集（第四版）IX. p.81.

そこでレーニン主義は、自由主義ブルジョアジーがいないか、またはすでに反動化しており、農民大衆がまだ革命的エネルギーを包蔵している国々にぴったり来る革命理論だということができる。もともとマルクス主義は、一九〇〇年代のロシアとほぼ同程度に後進国であった一八四〇年代のドイツを舞台として、形成され、ドイツ・ブルジョアジーに民主革命を完遂する能力がないところから、プロレタリアートを革命の主体に選んだのであった。*したがってレーニンの着想は、マルクスの精神からいえば、むしろ当然のことで、少しも怪しむに足りないのだが、カウツキーやベルンシュタインの手で、革命（Revolution）の理論から、進化（Evolution）の理論へと骨抜きにされていた俗流マルクス主義にとっては、レーニンの主張はナロードニキのグロテスクな復活に見えた。

＊　拙著『ロシア革命史』四一ページ、および Arthur Rosenberg : Geschicte des Bolschewismus, 1932, S. 26. f. 参照。

ところでレーニンの企図するような人民革命が成功した場合はどうなるのか？　もちろん、目標は社会主義にある。しかし資本主義の未熟なロシアで、いきなり社会主義に進みえないことはわかっている。当時、ロシア一国だけで社会主義に進みうると考えていたマルクス主義者は、ロシアにただの一人もいなかった。もし農業国のロシアが、いきなり社会主義に進みうるという人がいたら、それこそナロードニキの復活だ。レーニンは来たるべきロシア革命の内容がブルジョア革命であることを固執する。そしてレーニンは労農同盟による人民革命が成功した場合、プロレタリアートと農民の民主独裁によって、社会主義の建設に対する準備を行なうべきものと考えた。レーニンの民主独裁という考え方は、非常におもしろい。それは形容矛盾のように見えるが、実際ロシア社会の矛盾をそのまま反映した言葉だ。ブルジョアジーはすでにブルジョア革命の主体たりえないほどに反動化しているが、プロレタリアートはまだプロレタリアートの独裁をやりうるほど成熟していないという矛盾、プロレタリアートがブルジョアジーにかわってブルジョア民主革命を完遂しなければならないという矛盾、これが民主独裁という概念に反映している。民主独裁は明らかに不安定な、明らかに過渡的なもので、やがてプロレタリアートの独裁に進むべき性質のものだ。

3　永久革命論

トロツキーが彼の永久革命の理論をひっさげてさっそうと登場するのは、まさにこの段階においてである。トロツキーは、レーニンの民主独裁という考え方にまっこうから反対した。彼によれば、ロシアにおいて可能なのは、ツァーリズムの独裁か、プロレタリアートの独裁かしかない。もちろん、トロツキーは、当時のロシアにおいて、プロレタリアートが未熟であることを承認する。しかし彼は農民の進歩性にきわめて狭い限界があることを強調し、プロレタリアートと農民とが民主独裁を行ないうるという可能性を否定する。権力を握ったプロレタリアートに節欲を求めることはどだい無理だし、もし節欲すればブルジョアジーのほうが工場閉鎖やサボタージュで挑戦するにきまっているというのだ。レーニンの考え方のいちばん弱い点をば、トロツキーはきわめて鋭く衝いているわけである。

それではトロツキーはいったいどうしようというのか？　彼はロシア革命の矛盾は、舞台をロシア一国に限定するかぎり出路がないと断定する。ロシア革命を頭からブルジョア民主革命ときめてかかり、しかもロシア一国のみを念頭におくところに、ボリシェヴィズムもメンシェヴィズムも共通の誤謬を犯しているとトロツキーは考える。

トロツキーによれば、ロシア革命の矛盾を解決してくれるものは、西ヨーロッパのプロレタリアートよりほかにない。ロシア革命が成功して、ヨーロッパの反動勢力の支柱たるツァーリズムが崩壊すれば、革命は必ず西ヨーロッパ、なかんずくドイツに飛び火する、とトロツキーは主張する。

高度資本主義国ドイツの革命は、当然社会主義革命であり、社会主義ドイツのプロレタリアートは、その豊富な資本と技術とをもって、ロシアのプロレタリアートを援助してくれるにきまっている。ここにおいてドイツの社会主義革命は、ロシアに飛び火して、ロシア革命は社会主義革命に驀進《ばくしん》しうる。つまりロシア革命は、西ヨーロッパの革命と結合することにより、国際的規模において、その矛盾を解決しうるというわけだ。これが永久革命論の要旨である。*

* Leo Trotzki : Die Russische Revolution, 1905, 1923, SS. 228—231.

もちろんレーニンも、ロシア革命と西ヨーロッパ革命との関連を無視したわけではない。一八九四年の『人民の友とは何か？』で、レーニンは、「ロシアのプロレタリアートは農民と結んでツァーリズムを打倒したうえで、勤労被搾取者大衆とともに、外国のプロレタリアートと手を握って、社会主義革命へと驀進する」*といっている。ただレーニンの場合は、西ヨーロッパのプロレタリアートの援助は可能性にとどまっており、たとえそれが来なくても、ロシア革命は自力で何とか切りぬけうることになっている。——それがために、レーニンは民主独裁という一見奇妙なものを考え出したのだ。ところがトロツキーでは、西ヨーロッパのプロレタリアートの援助は、ロシア革命にとって、不可欠の条件になっている。万一西ヨーロッパの革命が成功しなかったらどうなるか？　ロシア革命は手をあげざるをえないことになろう。トロツキズムには退路がないといわなければならない。永久革命という言葉は、一八五〇年三月付の、共産主義者同盟中央機関のよびかけ**からとったもので、トロツキーの創作ではないが、この言葉はトロツキーの名とむすびつくことによって、独特の意味を持つことになったわけだ。一九一八年のブレスト・リトフスク会議で、トロツキーがレーニンと意見を異にした根因は、彼の永久革命論の中に存している。この点はあとでふれる。

* 『全連邦共産党小史』1938, p.21 参照。

** Das Kommunistische Manifest (Elementar bücher), S. 66.

4　党組織論

トロツキーの永久革命論は、このようにボリシェヴィズムとメンシェヴィズムとの双方を攻撃する独自の立場だった。ところがこれより先一九〇三年七月十七日から、最初はブラッセルで、続いてロンドンで開催されたロシア社会民主労働党第二回大会において、ボリシェヴィキ派とメンシェヴィキ派とが決裂した時、トロツキーはメンシェヴィキ派に属していた。つまりこの分裂の直接の動機となった党組織の問題に関しては、トロツキーはレーニンの主張を排して、マルトフ説に賛成したわけだ。この場合マルトフは、ドイツ社会民主党流の大衆党組織をとろうとし、レーニンはナロードニキ流の職業的革命家による前衛党組織をとろうとしたことは、周知のとおりであるが、トロツキーは、レーニンの期待を裏切って、メンシェヴィキを支持した。

トロツキーがメンシェヴィキに加わった一つの理由としては、彼とメンシェヴィキの指導者たちとの間の個人的親密性をあげうる。このことはさきにのべたとおりであるが、そこにはもっと深い根拠があったこともちろんだ。トロツキーは、レーニン流の党組織論が包蔵する危険性を何よりも重視したのである。

一九〇四年の『われわれの政治的課題』という書物において、トロツキーは次のようにレーニンを批判している。*「レーニンの方式では、党が労働者階級のかわりになってしまう。党の機関が党にかわってしまう。中央委員会が党機関にかわってしまう。そしてしまいには、独裁者が中央委員会にとってかわってしまう。」

＊　同書 p.54.

さらにトロツキーが、レーニンの立場をジャコバン主義だと批判していることはおもしろい。レーニンはこれに対して、自分がジャコバンなら、対手はジロンド党だと応酬している。ボリシェヴィキの領袖《りょうしゅう》たちが後年ジャコバンの巨頭連と同様に同志討ちを始めたことを思うと、トロツキーの言葉には、恐るべき予言が含まれていたことがわかる。＊トロツキーのレーニン批判は、たしかにレーニン流の前衛党組織がおちいりやすい危険をするどく衝いている。この点でトロツキーは、ローザ・ルクセンブルクと完全に一致している。彼女も一九〇四年の『ノイエ・ツァイト』に、『ロシア社会民主党の組織問題』と題する論文を寄稿して、＊＊レーニン流の党組織によると、一握りの強力な中央委員が末端組織の生殺与奪権を握ることになり、その結果は大衆の自発性を圧殺し、党を大衆から遊離して、必然的に党の官僚化をもたらすと、痛烈にレーニンを批判している。党組織の問題に関しては、トロツキーはたしかにローザ・ルクセンブルク流の西欧共産主義者である。＊＊＊いな、組織問題に、他のすべての問題が反映していることを考慮すると、トロツキズムは東欧共産主義でなくて、西欧共産主義だということができよう。さきにのべた永久革命論もトロツキズムの西欧主義を表わしている。レーニン主義が、西欧革命と切り離したロシア一国だけの革命においても、生き抜く道を用意していたのに反して、トロツキズムはロシア革命と西欧革命とをつねに不可分なものとして、把握していた。そこによい意味においても、悪い意味においても、トロツキズムの西欧性・国際性があるのであって、まかりまちがうと、西欧依存主義に堕落する危険性が潜んでいる。

＊ L. Deutscher : Stalin, 1949, p.56 参照。

＊＊ Rosa Luxemburg : Organisationsfragen der russichen Sozialdemokratie, Neue Zeit 22. Bd.1. S. 484—492, 529—535.

＊＊＊ 拙著『ドイツ共産党史』二二一—二四ページ参照。

トロツキーのレーニン批判には、たしかに西欧民主主義へのトロツキーのあこがれが含まれている。トロツキーは自伝で、少年時代にロシアの政治組織に対する敵意から、西ヨーロッパやアメリカの理想的な幻影をいだくようになり、万人を包容する高度の文明を夢見たが、このあこがれがのちに理想的な民主主義という考え方と結びついたと告白している。＊

＊ Leo Trotzki : Mein Leben, S. 89.

党組織論に関するトロツキーの考え方には、疑いもなく、西欧民主主義の伝統をプロレタリア民主主義として生かそうという意欲が見られる。むろん、民主主義者トロツキーと専制主義者レーニンとを機械的に対立させる考え方はこっけいである。トロツキーがロシアの人口中ごく小部分を占めるにすぎないプロレタリアートばかりをとりあげて、ややもすれば農民大衆を忘れようとするのに対して、レーニンのほうは、つねに農民や半プロレタリアの大衆を重視した。その意味ではレーニンのほうがかえって民主主義的だといえる。

またレーニンは、トロツキーが彼の党組織論を陰謀団的だといって批判したのをひどく反撃している。* 実際ロシア社会の現実から出発するかぎり、レーニンのほうがはるかにぴったりしていることは、疑いない。このことはトロツキー自身が認めている。これは自尊心のつよいトロツキーが自己の非を認めたほとんど唯一の例だというところから見ても、勝負はあまりにも明白だ。** しかしそれにかかわらず、トロツキーのレーニン批判には、正しいものが含まれていることもまた真実である。レーニンの党組織論は、ツァーリズム・ロシアにおいては、たしかに正しかったけれども、そこには大きな危険が含まれていたのだ。特にレーニンの党組織論が、ロシア以外に適用される場合、この危険は恐ろしいものになる。*** トロツキーの立場はロシアに関するかぎり明らかに間違っていたが、ボリシエヴィキ流の党組織がおちいりやすい誤謬をついている点で、トロツキーの批判は今日でも価値を持っている。

* レーニン全集（第四版）VI. p.457.

** Leo Trotzki : Mein Leben, S. 155.

*** レーニンは当時自己の党組織論の適用をロシアに限定していた。全集（第四版）V. p.433.

トロツキーは、党組織論に関するレーニンとの対立において、自分のほうが間違っていたとあっさり自伝で認めているが、この点についての彼の「誤謬」はきわめて根深いものであり、彼が二月革命後ボリシェヴィキに入党してからも、たとえば一九二〇年の秋、労働組合の国家機関化の問題に際して、同じ理由により、レーニンと激しく対立している。*

いな、レーニンなきあとに、トロツキーがボリシェヴィキ党からたたき出されることになったいちばん重要な根拠は、党組織に関するトロツキズムとレーニン主義との相違にあるとさえいえるのだ。

＊ Ruth Fischer : Stalin and German Communism, 1948, p.190.

トロツキーとレーニンとの党組織論についての対立が、いかに深刻なものであったかは、トロツキーが一九〇三年以後しばしばボリシェヴィキとメンシェヴィキとの調停に乗り出し、党の合同を策していることによっても知られよう。レーニンにとっては、これほど迷惑な話はないのだが、トロツキーはみずから中間派をもって任じ、しきりに党の統一を唱道し、統一をはばむボリシェヴィキを批難する。

メンシェヴィキは、レーニンによればすでに反革命的なのであり、これとの合同は百害あって一利ないのだけれども、トロツキーには、それがどうしてものみこめない。ここにプロレタリアートの形式的統一に執着するトロツキーの日和見主義がいちばんはっきりあらわれている。この点もトロツキーは自伝で後悔し、自己の不明を承認しているが＊、彼もちょっとふれているとおり、ボリシェヴィキとメンシェヴィキとの合同を説いたのは、トロツキーばかりでなく、ローザ・ルクセンブルクも同様であったことを見のがしてはなるまい。

＊ Leo Trotzki : Mein Leben, S. 209.

彼女は第一次大戦の前夜まで執拗にボリシェヴィキとメンシェヴィキとの合同を工作し

ている。* 彼女とレーニンとの反目の大きな原因の一つが、この点に存したことを思えば、トロツキーが東欧共産主義者ではなく、西欧共産主義者であることはいっそう明らかになろう。トロツキーは本質的にボリシェヴィキではないのだ。

* Ruth Fischer : Stalin and German Communism, 1948, pp.21—22.

第一次世界大戦の勃発とともに、第二インターナショナルが崩壊し、国際労働戦線が、社会愛国主義、社会平和主義、社会革命主義の三派に分裂してから後も、組織問題に関するトロツキーとレーニンとの対立は続いた。*

* 拙著『ドイツ共産党史』六四ページ参照。

レーニンはドイツ社会民主党の裏切りに嚇怒《かくど》したのち、ただちに社会革命主義者のみで、第三インターナショナルを結成すべきことを主張した。レーニンにとっては、帝国主義戦争に公然協力している社会愛国主義のみならず、帝国主義戦争に公然抗争しない社会平和主義者も、マルクス主義に対する裏切者である。自国政府の敗戦を賭《と》して、戦争に反対し、帝国主義戦争を内乱に転化しようとする社会革命主義者の立場のみが、唯一の正しい立場である。

ところがトロツキーは、ロシア政府の敗戦を賭することは、ドイツ帝国の勝利を求めることになるという理由で、レーニンの敗戦主義に反対し、「勝利も敗北も困る」と主張した。* レーニンはこのトロツキーの立場が日和見主義であることを完膚なきまでに批判している。**

＊ナーシェ・スローボォ、第一〇号。
＊＊ レーニン全集（第四版）XXI. pp.247―252.

ところがトロツキーの日和見主義は、当然社会平和主義者との絶縁に反対することになる点がたいせつである。果然トロツキーは、ツィンメルワルドとキーンタールで開かれた第二インターナショナル戦争反対派の会議で、即時第三インターナショナルの結成を主張するレーニンに反対して、社会革命主義者と社会平和主義者との調停に乗り出している。この場合も、注目すべきことは、ローザ・ルクセンブルク派がやはり社会平和主義者との即時絶縁に反対していることである。

ドイツでは、社会革命主義の立場はあまりにも弱体で、大衆的基盤を欠いていたから、ローザ・ルクセンブルクの立場は正しかったかもしれないが、ロシアに関するかぎり、トロツキーの立場はあまりにも日和見主義的であった。

三　トロツキズムの本質

1　レーニンとの合作

トロツキーが一九〇八年の十月から、ヴィーンでプラウダを発刊し、レーニンと猛烈な論戦を展開していたころ、スターリンはどうしていたか？

スターリンは一九〇七年五月ロンドンで開かれた党大会で、トロツキーとはじめて会っているが、当時はまだカフカズ地方の一オルグにすぎなかった。しかし彼は一九〇三年の分裂以来、最も忠実なレーニン主義者、ボリシェヴィキであり、一九一二年にはボリシェヴィキ派の協議会で、中央委員に推され、国内事務局を託されている。さらに彼は一九一三年の初めには、クラカウのレーニンのもとで、有名な『マルクス主義と民族・植民地問題』を書き、ロシア革命の理論としての第一期レーニン主義を、ロシア・世界革命の理論としての第二期レーニン主義へと発展させる土台を築いた。*スターリンの活動はあくまで地味ではあったが、やがて彼がレーニンの片腕となり、後継者となるべき準備は着々整えられていたわけだ。

＊ 本書二九一ページ以下参照。

しかし一九一七年に二月革命が勃発し、ツァーリズムがもろくも崩壊した時、ボリシェヴィキ党の混迷ぶりははなはだしいものであった。レーニンが第一次大戦中に、帝国主義論や、『若干のテーゼ』で展開した第二期レーニン主義は、国内の同志には徹底していなかった。そこでレーニンがドイツ参謀本部仕立ての封緘《ふうかん》列車に乗って、四月三日にペテルブルクに帰着した時には、カーメネフやスターリンら留守役の幹部たちの頭を切り換えることから着手しなければならなかった。有名な四月テーゼはこの目的のために書かれたものである。

しかしレーニンの権威をもってしても、ボリシェヴィキ党幹部の頭の切り換えが、なかなか容易でなかったことは、党の公史も認めているとおりである。党の公史は、この場合レーニンに反対して、「民主独裁」という一九〇五年の方式を固執したのは、カーメネフとルイコフだということになっているが、*トロツキーのロシア革命史によれば、スターリンもカーメネフやルイコフに劣らず動揺していたことになっている。**

＊　全連邦共産党小史 p.181.

＊＊　Leo Trotzki : Geschichte der russischen Revolution (Februar-Revolution), SS. 303—319.

もちろん政敵トロツキーのスターリン評価をそのまま引用することは危険であろう。しかしスターリンに対してきわめて好意的な伝記者マーフィーさえ、当時スターリンが憲法制定会議の召集問題や、臨時政府とソヴェトとの関係をいかに処理するかの問題で、ひどく動揺し、暗中模索していたことを認め、この時期をスターリンの生涯における最大の危機と断定している。*このマーフィーの見解はだいたい当たっていると思う。スターリンがカーメネフやルイコフの徒と違っていた点は、彼らがレーニンの指導に抵抗し、容易に四月テーゼの線に同調しなかったのに対して、スターリンは最も早くレーニンに承服したことである。**スターリンはこの場合も、レーニンの最も忠実な弟子として、生涯の危険を克服したわけだ。

＊　J. T. Murphy : Stalin, 1879—1944, 1945, pp.86—87.

＊＊　なおこの点は、スターリン自身も認めている。スターリン全集 VI. p.333 参照。

四月テーゼは、民主独裁からプロレタリアートの独裁への、レーニン主義の転機を画するものであるが、*レーニンが古いボリシェヴィキ党幹部たちの頭の切り換えに難渋していた時、意外な援軍が西半球から到着した。トロツキーが五月に帰国したのだ。トロツキズムとレーニン主義とは、一九〇三年以来対立を続けてきたが、レーニンが四月テーゼで民主独裁を放棄した結果、トロツキーをレーニンから遠ざけた一つの原因は消滅した。自信の強いトロツキーは、レーニンがトロツキストになったのだといっている。

＊　四月テーゼについては、拙著『ロシア革命史』一六九ページ以下参照。

いま一つの原因、すなわち党組織論に関する見解の相違については、トロツキーのほうはあっさり自説を撤回した。こうして十月革命を眼前に控えて、レーニンとトロツキーとの合作は成ったのである。もちろんレーニン主義とトロツキズムとが完全に一致したわけではない。レーニン主義も西ヨーロッパの革命を待望してはいたが、＊けっしてこれをロシア革命が生きるための不可欠の条件とはしていなかった。レーニンはいかなる場合でも、革命の敗北主義者ではない。これに反してトロツキズムは相かわらず、西ヨーロッパのプロレタリアートの援助を、ロシア革命にとって死活の条件と考えていた。トロツキーは依然として西欧依存主義者である。しかし当時は、レーニンもトロツキーも西ヨーロッパ革命は必ず到来するものと信じていたから、この点に関する根本的な見解の相違は表面化しなかった。

＊　レーニンは、「全交戦国における革命運動の合作は、ロシアにとって特に重要だ、なぜならロシアは最後進国で、当面社会主義革命は不可能だから」といっている。全集（第四版）XXI. pp.248—249.

トロツキーが正式にボリシェヴィキへの入党を許されたのは、七月の党大会においてであったが、彼は十月革命において疑いもなく、絶大な役割を果たしている。周知のようにボリシェヴィキ党の公史では、トロツキーの功績は完全に抹殺されているが、現代史においてこれほどひどい歴史の偽造はない。もちろん後述するようにトロツキーは、後日スターリン政権の裏切者になったから、ソ連邦においてトロツキーの名が悪魔の代名詞に転化したことは、理由のないことではないが、わが国においてまでソ連邦の公史をうのみにするのはむしろ滑稽《こっけい》というほかはない。わたしはただ、一九一八年十一月六日付のプラウダに、スターリン自身が次のように書いていることを指摘するにとどめよう。

「蜂起《ほうき》を実際組織する仕事は全部、ペトログラード・ソヴェトの議長、同志トロツキーの直接指導下に行なわれた。駐屯部隊が迅速にソヴェト側に移行したことと、軍事革命委員会の仕事ぶりが巧妙であったこととについて、党は誰よりもまず第一に、主として同志トロツキーに負うものであることを、確信をもって断言することができる」

2　永久革命論の破綻

十月革命におけるトロツキーの絶大な役割にもかかわらず、トロツキズムとレーニン主義との深刻な対立は、機会あるごとに露呈されている。トロツキーの入党を承認した七月の第六回大会において、トロツキー派のプレオブラジェンスキーが永久革命論を主張したのに対して、スターリンが、「ヨーロッパのみがわれわれの進路を指示するという古くさい仮説をすてよ」と応じているのは、後の一国社会主義理論の萌芽《ほうが》として重要である。*

＊ 全連邦共産党小史 p.189.

しかし何といっても、ブレスト・リトフスクの講和問題をめぐるレーニンとトロツキーとの対立が最も劇的だ。トロツキーは、さすがにブハーリンのように革命戦争の遂行を主張したわけではなかったが、「講和もせず、戦争もせず」という有名な合言葉で、レーニンの講和受諾説に反対した。一九一八年一月二十二日の中央委員会では、トロツキー説が九対七で支持されている。二月十八日にドイツ軍が行動を開始するに及んで、ようやくトロツキーはレーニンに同調し、二月二十三日の最後的票決には、トロツキー派の棄権によってレーニンは辛うじてブハーリン派を抑《おさ》えることができたのだ。

レーニンは「トロツキーとの講和のためには、ラトビアとエストニアとを失う価値がある」*と毒舌したそうであるが、トロツキーがブハーリンの極左小児病にひきずられたのは、ドイツ帝国主義との講和によって、ドイツ革命を妨害することにならないかという懸念からであった。**つまりトロツキーの場合ドイツ革命への期待のほうが、ソビエト政権の安全よりも重かったわけであって、ここに彼の永久革命論が一貫されていることが知られよう。

＊ F. Schuman : Soviet Politics, 1949, p.136.

＊＊ レーニンはトロツキーのこの立場を第七回党大会において徹底的に批判している。

ブレスト・リトフスク後、トロツキーは陸海軍人民委員に転じて、赤軍の建設と内乱および干渉との闘争に超人的な活動を続けたが、彼が軍用列車で東奔西走している間に、スターリンを中心とする党人とトロツキーの溝はしだいに広まり、深まっていった。赤軍の建設に旧帝政陸軍の職業軍人を利用しようとするトロツキーのやり方は、スターリンによって敗北主義の烙印《らくいん》をおされた。

ツァリーツィン（スターリングラード）事件*は、赤軍と党とをめぐるトロツキーとスターリンとの対立の表面化にすぎない。内乱と干渉とが一九二〇年をもってだいたい一段落したころには、トロツキーの地位はその世間的名声にもかかわらずすでにいちじるしく傾いていた。労働組合の国家機関化を主張するトロツキーの提案は、複雑な含みを持っていたが、トロツキーの主たる意図が、赤軍と労働組合とによって党の官僚化と独裁化とを防ぐところにあったことは疑いない。レーニンはスターリンとともに、断固としてトロツキーのこの提案をはねつけ、**ボリシェヴィキ党の国家党的地位を擁護した。ボリシェヴィキの党組織論に対するトロツキーの反対が、いかに根強いものであるかは、この問題に最もよくあらわれている。

＊　ツァリーツィン事件については党史の二二七ページ以下と、トロツキーの自伝の四一九ページ以下とをあわせ読む必要がある。

＊＊　レーニン全集 XXXII. pp.2—6.

十月の英雄トロツキーは、早くも三年余にして反対派に回ったが、レーニンが健在な間は、トロツキーの地位はまだ揺がなかった。レーニンはトロツキーや労働者反対派の反ボリシェヴィズムを仮借なくやっつけると同時に、党の官僚化、独裁化を中和するための解毒剤として、党内の反対派を苛酷《かこく》には弾圧しなかったわけだ。

ところが一九二二年にレーニンが病に倒れ、これと相前後してスターリンが党の書記長に就任するに及んで、トロツキーの立場はますます不安定なものとなってきた。政治局では、トロツキーに対するジノヴィエフ、カーメネフ、スターリンの三角同盟が組織され、党の統制委員会その他のキー・ポストには、スターリンの同志たちが据えられていった。*トロツキーとスターリンとの対立を宥和《ゆうわ》しようとする病めるレーニンの努力も、彼の遺言も、もはや何の効果もなかった。そこへトロツキーにとって致命的な打撃が来た。それは西ヨーロッパ革命の完敗である。

* Leo Trotzki : Mein Leben, S. 472 以下参照。

一九一八年十一月から翌年の一月にかけてのドイツ革命が流産に終わり、一九一九年四月のバイエルン・ソヴェト共和国や、三月―七月のハンガリー・ソヴェト共和国がはかない夢に終わっただけでも、トロツキーの永久革命論にとっては相当な打撃であった。一九二〇年八月には、赤軍のワルシャワ攻撃によって、新たな世界革命の途が開かれたかに見えたが、これも結局大きな失敗だった。

最後に一九二三年の夏から秋にかけて、ドイツ共産国がルール占領と破局的インフレーションにより崩壊に瀕《ひん》した時、待望の西ヨーロッパ革命が到来したかの感があった。しかし十月十二日のハンブルク蜂起はエピソードに終わり、翌日に国防軍は難なくドイツ共産党の牙城《がじょう》ドレースデンに入城してしまい、十一月八日にはミュンヘンで早くもヒットラーの一揆《き》が起こるという始末では、ドイツ共産主義が回復不能の打撃を受けたことは、万人の目に明らかとなった。西ヨーロッパの共産主義に対するこの致命打は、同時にトロツキーの政治的生命にとっても、必殺の一撃であったのだ。

四　トロツキーの悲劇

一九二三年末から翌春にかけての時期は、世界史の一転機であった。マルクの安定とともに、西ヨーロッパの資本主義は、いわゆる相対的安定期にはいった。西ヨーロッパの内なるプロレタリアートを主体とする世界革命はテルミドールを迎えたわけである。レーニンが一月二十一日に永眠したことさえ、何か象徴的であった。トロツキーは、西ヨーロッパのプロレタリアートに裏切られた。彼はロシア革命のロベスピエールとして、没落の一途をたどってゆく。五月に開かれた第十三回ボリシェヴィキ党大会は、トロツキズムを正式に小ブル偏向として弾劾《だんがい》した。次いで一九二六年十月には、トロツキーは中央委員会と中央統制委員会との共同決議により政治局から、翌年十一月には党から除名され、一九二八年一月には、モスクワを去る四千キロのアルマ・アタに追放されてしまった。

トロツキーの惨敗には、種々の原因が作用していることはもちろんであろう。これをシューマンやマーフィーのように性格の悲劇として分析することも可能だ。ボリシェヴィキとメンシェヴィキのいずれにも属さなかったトロツキー、勝利も、敗戦も困るといったトロツキー、講和もせず、戦争も行なわずと主張したトロツキー、そこには何か一貫したあるものがある。

彼の終生の同志であったヨッフェが、自殺に当たってトロツキーにあてた遺書には、次のような注目すべき文句がつづられている。

「親愛なるレフ・ダヴィドヴィチ、君と私とは、数十年の共同の活動によって、かつ私はあえてこれを期待するのですが、個人的な友情によって、お互いに結ばれていま す。このことは今、お別れするに当たって、私から見て君が誤っていると思われる点を君にのべる権利を私に与えてくれると思います。私はいまだかつて、君の指摘した道の正しさを疑ったことはありません。君の知られるとおり、『永久革命』の日から、過去二十年以上、私は君といっしょに仕事をしてきました。しかし私は、いつもこう信じています。君には、レーニンの不撓不屈の意志と、彼の何ものをもってしても降伏しない精神と、将来大多数を制し、すべての人が将来彼の道の正しさを認めることを予見して、正しいと思った道にただ一人になってもふみとどまる彼の用意とが欠けています。政治的には、一九〇五年以来、君はいつも正しかったのです。そして私が君に繰り返し語ったように、私は、レーニンが一九〇五年においてすら正しかったのは君のほうであって、彼ではないと承認したのを私自身の耳で聞いています。人は死にさいしては、嘘《うそ》はいいません。そして今私は、再びこれを君に向かって繰り返します。……

しかし君はこれまでしばしば過大評価した同意または妥協のために、君の正しさを放棄してきました。これが誤りです。私は繰り返しています。政治的に君はいつも正しかったのです。そして現在は、これまでよりさらに正しい。いつの日にか党はそれを理解するでしょうし、歴史がこれを承認しないということはないでしょう」*

* Leo Trotzki : Mein Leben, SS. 521—522.

トロツキスト・ヨッフェのトロツキー評価はむろん甘すぎるし、とくに末尾の部分は疑わしいが、ヨッフェがトロツキーの欠点としてあげているところは、まさに図星である。たしかにトロツキーの悲劇は、性格の悲劇でもある。しかし、トロツキーの敗北を彼の性格に帰してしまう見解は肝心の点を見落としている。それは、彼がみずからの永久革命の理論自体によって裏切られ、西ヨーロッパの共産主義革命に裏切られたという厳然たる事実である。

資本主義の発展不均等は、レーニンやトロツキーや、はてはスターリンが予測したよりも、もっと深刻だった。最後進国のロシアにまず革命が勃発《ぼっぱつ》することを理論づけたままではよかったが、西ヨーロッパの共産主義革命が完敗に終わることを見落としていた点で、レーニンも、トロツキーも、スターリンも間違っていた。*

* スターリンは、一九四六年に、全集第一巻への序文の末尾で、「資本主義が未熟で、プロレタリアートがまだ住民の大多数を占めていない国では、社会主義の勝利は、不可能である」という彼自身したがっていたテーゼが修正されなければならなかったことについてのべている。全集 p.XV.

ところが、レーニンとスターリンには、万一西ヨーロッパ革命が来ない場合の退路が用意されていたが、トロツキーにはそれが閉ざされていた。ここにトロツキー没落の根因が存するのであって、トロツキーやトロツキストがこれを「冷酷な」スターリン、「殺人鬼」スターリンの陰謀に帰そうとしていることは間違っている。いな一九二三年から一九二六年まで、満三年間も敗北主義者トロツキーを政治局にとどめておいたことは、スターリンが意外に辛抱強い人物であることを物語っているのだ。

敗北主義者トロツキーはこのようにして完敗した。西ヨーロッパの共産主義革命が成功しなくとも、ソヴェト政権は生きぬかなければならない。そして生きぬくためには、利用しうるものは、何でも利用しなければならない。学者的良心から、これを回避しようとする指導者は、二億のソヴェト・ロシア人を裏切ることになる。スターリンには、トロツキーに欠けていたあのレーニンの特質が備わっていた。彼は不《ふ》撓《とう》不屈の意志をもって、資本主義包囲下の要塞《ようさい》ソ連邦を守りぬいたのだ。一国社会主義も、五年計画も、大祖国戦争もすべてソヴェト政権を死守するために、スターリンが残した仕事である。

なるほどトロツキーが指摘しているとおり、一九二三年まで、一国社会主義を唱えたマルクス主義者はいなかったかもしれない。* また、スターリン自身が一九二四年の四月までは、一国社会主義の可能性を否認していたことも、私がたびたび指摘したとおり間違いない事実である。** そしてスターリンが同年十二月になって、一国社会主義の問題を国内的な面と国際的な面とに分け、社会主義の国内的な建設は、一国のみにおいても可能であると訂正したこともほんとうだ。また今日のソ連邦にビザンチン・キリスト教文明の伝統が脈々として流れていることも、トインビーを俟《ま》たずともあまりにも明白である。*** しかしスターリンにとっては、ソヴェト国家を守りぬくことのほうが、抽象的な理論の純粋性を守りぬくよりも、はるかに重要なのだ。なぜならこれは国家理性の至上命令だからである。

* Leo Trotzki : Geschichte der russischen Revolution (Oktober-Revolution), S. 674 以下参照。

** スターリン『レーニン主義の諸問題』十一版 p.137 参照。

*** Toynbee : Russia's Byzantine Heritage (Civilization on Trial, 1948), p.167 以下参照。

トロツキーはスターリンの一国社会主義に反対することによって、自己の永久革命論に殉じた。彼は一九三七年の『裏切られた革命』で、十月革命はテルミドリアン・スターリンに裏切られたと書いてある。しかしこれは間違っている。裏切ったのはスターリンではない。また裏切られたのは十月革命ではない。西ヨーロッパの共産主義革命の挫折が、トロツキーを裏切ったのだ。そして西ヨーロッパのプロレタリアートに裏切られたトロツキーは、ソヴェト政権にとって唯一の活路であるスターリンの一国社会主義に反対することによって、ロシア革命に対する裏切者の烙印をおされてしまった。敗北主義者を裏切者というのなら、彼は確かにこの意味で裏切者の名に値しよう。

しかしトロツキーのスターリン主義批判に、ただ一つ正当なものが含まれていることを否定するとすれば、トロツキーに対して不当であろう。それはスターリンのソヴェト共産主義が、一九一七年—二三年当時の国際共産主義から変質していることの指摘である。この変質をいかに説明するかは、困難な問題だ。ニーバーのように、共産主義が前期黙示録から後期黙示録へ転化したと考えることもできる。＊ロシアの国家理性の役割を重視することも可能だ。ただ最も明白な事実は、一九一八年—二三年に西ヨーロッパの内なるプロレタリアートの共産主義革命が失敗した結果、東欧（ロシア）共産主義が西欧共産主義に完勝したということと、アジアの外なるプロレタリアートの共産主義革命が着々成功しているため、東欧（ロシア）共産主義がますますソ連邦中心の反西欧的・ロシア国家的国際主義に傾いたということとである。このソヴェト共産主義の変質を衝《つ》いている点において、トロツキーの主張には真理が含まれている。

＊ R. Niebuhr : An Interpretation of Christian Ethics, 1935, p.20 参照。

『裏切られた革命』の巻末において、なお西ヨーロッパの共産主義革命を待望していたトロツキーは、一九三九年十月に、「もし十月革命が、この戦争中またはその直後にどの先進国においても承継されないとすれば、われわれは、疑いもなく現代とその動因とについてのわれわれの考え方を再検討する問題をとりあげなければなるまい。すなわちわれわれはほんとうに社会革命の時代にはいったのかどうか？」と悲観的観測をもらしたといわれる。第二次大戦後二十五年、ヨーロッパと中国と東南アジアにおける共産主義の成功と、西ヨーロッパ先進諸国における共産主義の停頓《ていとん》とそして中ソ対立の激化とを目のあたりに見たならばトロツキーはいったい何といったであろうか？

第六章　スターリンとスターリン主義

一　序　言

スターリンは、一九二四年一月レーニンの死後——正確には一九二二年五月レーニンが病に倒れて以来——その死まで実に三十年間、ソヴェト連邦を全面的に指導した人物である。一九二二年三月から一九四一年四月末まで、彼は単に全連邦共産党（ボリシェヴィキ）の書記長であったにすぎず、彼がソヴェト連邦首相として名実ともにソヴェト連邦の指導者となったのは、独ソ戦を眼前にひかえた一九四一年のメーデーからであった。しかしそうした名目的地位のいかんにかかわらず、スターリンはほとんど三分の一世紀間のソヴェト連邦を文字どおり全面的に指導してきた。

彼はソヴェト連邦の真実の政府である全連邦共産党の中央委員会政治局を通じてソヴェト連邦の政治と経済とを指導してきたのみならず、大祖国戦争中は国家防衛委員会の長として、またソヴェト連邦元帥として最高統帥に任じた。さらに『ボリシェヴィズム史の若干問題について』と題する、彼の一九三一年末日付書簡がソヴェト史学の革命をもたらした例や、最近の言語理論の例でもわかるとおり、彼の強力な指導は思想、学術、文化の広域な分野にわたっている。いなソヴェト連邦にはスターリンの指導が及ばなかった領域は全く存しないというべきであろう。彼が反ソ的、反共的陣営から独裁者と呼ばれ、ツァーリと名づけられるのはこのためである。*

* 例えば Eugene Lyons : Stalin, czar of all the Russians, 1941, p.17.

スターリンはしかし単にソヴェト連邦の指導者であったばかりではない。彼は同時にまた国際共産主義の指導者でもあった。一九二四年の第四回世界大会以来、彼は第三インターナショナルを強力に指導した。一九四三年五月にコミンテルンが解散してから後も、各国共産党の全連邦共産党に対する、したがってまたスターリンに対する関係にはなんら実質的変化がなかった。とくに一九四七年九月末にコミンフォルムが結成されてからは、チトーの除名やゴムルカの失脚等の例が示すように、異端者に対しては仮借ない弾圧が行なわれた。そして全世界の共産党がスターリンの指導するソヴェト連邦と全連邦共産党の動向に一糸乱れず忠実に同調するありさまは、まことにマスゲームを見るように壮観である。反ソ主義者がスターリンは地球の五分の一を支配するのみならず、他の五分の四においても強力な第五列を駆使していると説いたのはこのためであろう。

今スターリンを中心として共産主義思想を検討しようとする場合、スターリンがソヴェト連邦と国際共産党との指導者であったという事実を忘れてはならない。スターリンは学者、思想家ないし革命家ではなく、何よりもまず第一級の政治家である。彼はみずからマルクス・レーニン主義者であるといっているが、その意味は彼が単にマルクス・レーニン主義を信奉し、実践しているというにとどまらない。むしろ逆に、彼が地球の五分の一を占める大国の責任ある政治家として実践したことが、そのままマルクス・レーニン主義の内容となっていったのである。言葉を換えていえば、マルクス・レーニン主義は一九二〇年の後半からスターリン主義の段階にはいった。スターリン主義の段階における共産主義はもはや単なる革命思想でもなく、また革命運動でもない。それは世界を二分するソヴェト勢力の生きた政治活動なのである。共産主義はもはやマルクスやエンゲルスの頭脳から生まれた抽象的な理論ではなく、大国ロシアの土壌に深く根をおろした具体名な実践となった。共産主義はただの政治・社会思想ではなく、精鋭なソ連軍を中心とする強大な軍事力である。

　したがって他の政治・社会思想の場合のように、スターリンの思想的成長の跡をたどってゆくというだけでは、共産主義の現段階を十分に把握《はあく》することはできない。スターリン主義とも称すべき共産主義の現段階は、過去三十年間のソヴェト連邦史*を離れては全く理解できず、また米ソ関係を主軸として動いている世界政治を無視しては絶対に捕捉することができない。

＊ソヴェト連邦史については、拙著『ロシヤ革命史』および『全連邦共産党小史』参照。なお目下刊行中の E. H. Carr : A History of Soviet Russia は、質的量的に最大のソ連史である。

しかし他面スターリンがつねに謙遜《けんそん》してレーニンの忠実なる弟子と自称しているように、レーニンを離れてはスターリンを論じえないのはもちろんである。スターリンは一八九二年にチフリスの神学校で、レーニンの『人民の友とは何か?』を一読してたちまち未知の著者に深く傾倒して以来、レーニンが倒れるまで四半世紀の間、終始一貫してレーニンの最も忠実な門弟であった。トロツキー主義者やローザ・ルクセンブルク派のドイツ共産主義者*(たとえばアルトゥール・ローゼンベルク、フリッツ・シュテルンベルク、ルート・フィッシャーら)によれば、レーニンの死後スターリンはレーニン主義を歪曲《わいきょく》し、裏切ったと称せられるが、私見によればこの批難は当たっていない。スターリン主義はレーニン主義の最も忠実な発展であり、スターリンはレーニンの正統的後継者であることは否定できない。もしスターリン主義にトロツキーやローザ・ルクセンブルク派の指摘するような欠陥があるとすれば、それは夙《つと》にレーニン主義の中に芽生えていた欠陥の発展にすぎない。すなわちレーニン主義の持つ真理と誤謬、強い面と弱い面とをともに強力に発展せしめた意味において、スターリン主義はまさにレーニン主義の最も忠実なる発展にほかならないのである。レーニンによってスターリンを批判しようとする異端共産主義者の試みは、この意味で誤っている。

＊ たとえば Ruth Fischer : Stalin and German Communism, 1948. Chap.22 以下参照。

このようにスターリン主義、すなわち現段階の共産主義を正しく把握するがためには、スターリンの個人としての成長、レーニン主義の形成過程、および世界政治におけるソヴェト連邦の発展という三つの要素を研究してゆかなければならない。これはいろいろの意味で至難な課題である。なぜならば国際情勢の緊迫を反映してこの三つの要素のいずれについても極端な二つの見解が対立しているからである。すなわち一方はスターリンを神格化し、共産主義を狂信し、ソヴェト連邦の政策を無条件に支持し、賛美しているのに対して、他方はスターリンを悪魔視し、共産主義を盲目的に排撃し、ソヴェト連邦の一挙手一投足を憎悪し、罵倒《ばとう》する。これら二つの態度はいずれも間違いであり、人類のために不幸をもたらすものである。スターリンは神でも悪魔でもなくして人間であり、共産主義の中には真理も誤謬も含まれており、ソヴェト連邦の政策は善でも悪でもなく、ソヴェト連邦という大国の利益のために遂行される現実政策であるというのが実相であろう。このような公平な、客観的な立場から、スターリン主義の分析を試みたいと思う。

二　スターリンのおいたち

1　ゴーリのソソ

ヨースィフ・ヴィサリオノヴィチ・ジュガシュヴィリ（Yossif Visarionovich Djugashvili）――ジョセフ・スターリン――は、一八七九年十二月二十一日、カフカズ（コーカサス）の田舎町ゴーリに生まれた。父ヴィサリオン・ジュガシュヴィリはグルジア（ジョージア）人の靴直《くつ》しであり、母エカチェリーナは信心深いオセット人であった。

ヴィサリオンは元来ゴーリに近いディディ・リロ村の出身で、代々貧しい靴直しを業としていたが、七〇年代の半ばによりよい生活を求めて、年若い妻とともにゴーリに移り住んだのであった。人口五千のゴーリの町には当時すでに資本主義の手が延びており、ヴィサリオンの腕はもはやものをいわなかったので、彼はやむなく靴工場に通って口を糊《のり》した。彼はひどい酒飲みであった結果、妻エカチェリーナの生活苦はいっそう加重された。次々に生まれる子供たちはどうしたものか早世してしまった。敬虔《けいけん》なエカチェリーナは日夜神に祈り、無事に育つ子を授かるように念じた。四人めの子を宿した時、彼女はもし男児ならば聖ヨースィフの名をとり、聖職にささげることを神に誓った。ヨースィフが生まれた時の母エカチェリーナの喜びを知るべきである。

ヨースィフの生まれた家は文字どおりの陋屋《ろうおく》であった。広さは五メートル平方くらい、窓は一つしかなく、床は煉瓦《れんが》で、壁は木造であり、調度品としては石油ランプののったテーブル、サモワールののった食器棚《だな》、ソファーおよびストーヴ各一個と木製の椅子《いす》三脚のほかは何一つなかった。靴工場で働く父の収入はきわめてわずかであったうえに、父は収入以上を飲んでしまう始末であったから、母も洗濯《せんたく》婦などとなって働かなければならなかった。父の飲酒はジュガシュヴィリ家の生活にとって、精神的にも物質的にも大きな負担であったが、ヨースィフに対する母の愛情はそれだけにいっそうあおられたようである。ソソ——ヨースィフの愛称——の成長のみが貧苦に虐《しいた》げられるエカチェリーナの唯一の希望であった。彼女はソソが将来正教会の聖職者となる日を夢見ながら、ソソの愛育のために身を粉にして働いたのである。

ソソは七歳の時天然痘《とう》に冒されたが幸い生命をとりとめ、八歳になるとゴーリの教区学校にはいった。帝政ロシアのすべての学校がそうであったように、ゴーリの学校も全科目をロシア語で教えた。ソソは学校で外国語に苦しめられることによって、はじめて自己が異民族に属し、大ロシア人から抑圧されていることを自覚した。母国語であるグルジア語を家庭で母から教えてもらわなければならないということは、幼いソソの上に深い印象を残したに違いない。後述するようにスターリンがレーニンの指導下に民族・植民地問題に関するすばらしい研究を行ない、資本主義の発展不均等性の理論を媒介とするレーニン主義の発展に寄与しえたのは、こうした彼のおいたちに負うところが大きいと思われる。*彼は一九一二年以来ボリシェヴィキ党内において民族・植民地問題に関する最高権威であり、十月革命後は民族問題人民委員に選ばれており、今日の連邦制の創設と運用とは主として彼の功績である。

＊『マルクス主義と民族問題』一九一三年。スターリン全集 II, pp.290—366.

ソソが十一歳になったとき、父は死んだ。ソソを聖職者にすることに反対し続けてきたヴィサリオンがいなくなったので、母はソソを初級神学校に転じさせた。当時の彼はやせた少年であったが、眼は大胆であり、口もとは断固たる決意を示していた。成績は抜群ではなかったが、よい生徒として先生の気受けもよかった。十四歳のとき彼は奨学金を得て、カフカズの首都チフリスの大神学校に進むことになった。

ゴーリの初級神学校時代にソソの精神は長足の進歩を遂げた。母の辛苦、家庭の貧困は彼をいつまでも無邪気な少年にとどめておかなかった。彼は自然の美しさに対して、社会はなにゆえにこのように悲惨であるのかをみずから問うたが、教師も、僧侶《そうりよ》もなんの手がかりも与えてくれなかった。そこで彼は図書館へ行ってダーウィンの『種の起源』と『人間の由来』とを読んではじめて前途に曙光《しよこう》を覚えることができた。それは「神が人間をつくったのではなく、人間は猿《さる》から進化したのだ」という認識であり、「したがって教会はわれわれを愚弄《ぐろう》しているのであって、神は存在しないのだ」という結論がそこから生まれた。あとに述べるように帝政ロシアの神政（Theocracy）のもとにおいては、無神論はただちに現存社会秩序の否定へと導かざるをえず、逆に現存社会の否定は神の否定へと進まざるをえない。ドストエーフスキーも説くように、ロシアの社会主義は無神論にほかならないとすれば、ソソが進化論を通じて神の存在を否定したことは、彼が社会主義者となり、革命家となる一歩前まで進んだことを意味している。さらにまたスターリンを革命思想に開眼したのがダーウィンの進化論であったという事実は、今日のソヴェト共産主義において、進化論が占める特異な地位にかんがみて興味深い。

ヤロスラフスキーによれば、ソソが「奴《やつ》らは俺《おれ》たちを愚弄しているのだ。神は存在しない」と喝破《かつぱ》した時、級友はよほど驚いたらしい。「どうしてそんなことがいえるのだ？ ソソ！」と友人が反問した時、彼の答えは、「本を貸してやるから読みたまえ。それを読めば世界も生物も君が考えているのとは全く違うことがわかる、神についてのお説教は皆でたらめなんだ」というのであった。

ソソが無神論に到達しながら、このことを母にもらさず、平然としてチフリスの大神学校に入学したのはなぜであろうか？　彼は少年時代から無口で、そして用心深かった。九〇年代の帝政ロシアは、フランスとの同盟に続くフランス資本の投下によって外面的な国力の増強を示していたが、内部的には地下の革命運動に苦悩していた。グルジアではツァーリズムに対する革命運動は被抑圧民族の解放運動と結びついていたから情勢はいっそう深刻であった。このような環境のもとで無神論を口外することはすこぶる危険であったことはいうまでもない。ソソが前述のように友人に無神論を説いたことはよほどの例外と考えられる。彼は年少の時から自説を吹聴してまわるタイプではなかった。冷静に、慎重に、忍耐強く待機するというスターリン書記長の特徴はけっして付け焼き刃ではないのである。

さらに家庭の情況から見て、ソソにとってはチフリスの大神学校に入学することが知識を得るための唯一の道であったことは疑いない。ダーウィンによって禁断の実を味わったソソは、自然と社会とに関する科学的認識に飢えていた。チフリスは当時すでに十六万の人口を有するグルジアの首府であり、大学、図書館、博物館等の文化施設に欠けるところはなかった。チフリスはなおカフカズ地方における革命運動の中心でもあった。そこにはグルジア人、オセット人、アルメニア人の秘密結社があり、他のカフカズ諸国から多数の革命家が潜入してきていた。

ここでグルジアとカフカズについて瞥見《べっけん》してみる必要がある。カフカズはアジアの裏海とヨーロッパの黒海とをつなぐ陸橋であって、最高六千メートル近い峨々《がが》たる山脈によって南ロシアの平原から遮断《しゃだん》されている。ここは古来東西の諸民族が入り乱れて抗争した地であり、住民の語る言葉は少なくとも四十種以上あって、アラビア人はこの地方を「多くの言葉を語る山」と名づけたほどである。ヘロドトスもストラボもこの地方における人種と言語との驚くべき混交について述べている。アレクサンドロス大王は西から、ジンギスカンとタメルランは東から、ノルマンと十字軍は南から、そして最後に大ロシア人が北からカフカズを征服して、それぞれいくらかの痕跡《こんせき》を残した。

クラ川の上流に住むグルジア人はこの混乱の中にあって辛うじて母語を維持してきたが、血液の中にはギリシア人、ペルシア人、アルメニア人、クルド人、モンゴル人、ロシア人の血統を交えていない者はないと考えられる。グルジア人が独立していたことはほとんどなく、絶えず強力な外国の支配下にあったので、それだけに十二世紀におけるダヴィド王とタマラ女王治世の全盛期が忘れられず、当時民族的独立への意欲は熾烈《しれつ》であった。グルジアの首都チフリスが少なくとも各世紀に一回以上は外敵によって破壊されたという事実は、民族闘争の激しさを如実に示すものである。ロシアが十八世紀末にグルジアを最後的に征服して以来、グルジアははじめて外面的平和を得たが、内部的には民族的独立を求めてやまなかった。グルジア人は陽気で、社交的で、酒と唄《うた》と踊りとを愛する反面に、猜疑《さいぎ》心が深く、復讐心《ふくしゅう》が強いといわれる。ギリシア神話やユーリピデスの悲劇メデアで、グルジアの王女メデアが金羊毛を求めてやってきたヤソンを助けるためにみずからの弟を殺し、次いでヤソンに裏切られるとみずからの子供を殺して復讐する物語はその例証として引かれる。しかしメデアの殺人とスターリンの粛清とを結びつけることはもちろん軽率である。

2 チフリスの神学校

ソソが入学した大神学校は、グルジアの革命運動から隔離されていなかった。民族的独立運動と結びついた革命運動の嵐《あらし》はすでに八〇年代からこの学校を吹きまくっていた。帝政ロシアに対する学生の暴動のために学校はしばらく閉鎖されていたほどであり、ソソの入学する七年前には、革命的な学生の手によって校長が暗殺される始末であった。一八九三年にソソが入学した当時は、校内には多数の秘密結社があり、無神論、社会主義、無政府主義のパンフレットや書籍が流布されていた。学校当局は革命的学生運動をあらゆる手段によって弾圧しようとしたが、帝政ロシアのような言語道断な圧制のもとにおいては、弾圧の強化はかえって逆効果を生むばかりであった。後年スターリンが当時を回想して次のように物語っていることは興味深い。

「学校では最も屈辱的な体制と最も専制的な仕打ちにあった。スパイが盛んに行なわれた。九時にはベルが鳴って朝食に行くが、食堂から帰ってみると、われわれが食事している間われわれの引き出しの中はすっかり引っくり返して捜索されていることがわかった」

このような校内の秘密警察制、手紙の開封や校外生活のきびしい監視は、かえって学生たちを革命運動に追い込む結果を招いた。学校はツァーリズムの思想憲兵としての正教教会の聖職者を養成する機関であったが、正教教会がツァーリズムに魂を売って、ツァーリズムの非道な圧制の用具と化している状態のもとにおいては、神学校はロシア革命の聖職者を生むことになる。学生たちは正教に回心するかわりに、革命思想に回心するのである。当時全ロシアの大学専門学校がこのような状態にあり、当局と学生とは抑圧者と被抑圧者、反革命勢力と革命勢力との関係に置かれていたが、チフリスの神学校では、第一に学校が最も反動的な神学の学校であり、第二に学校が隷属民族の学校であることのために、校内の情勢はいっそう緊迫していた。

ソソは最初から聖職者になる意志を持たなかったので、文学、歴史、社会科学および自然科学に関して広く知識を求めた。彼の特に好んだのはグルジアの民族詩人イリア・チァヴチャヴァジアの詩、チェルヌイシエフスキー、ピサレフの評論、トルストイ、チェーホフ、ゴーゴリの小説であった。さらに彼はダーウィンの著書のほかに、ライアルの『人間の前史』、フラマリオンのコペルニクスとガリレオに関する書物や、『宇宙の驚異』を耽読《たんどく》した。彼の興味は文学のほかはもっぱら自然科学、特に地球と人類の発生史に向けられていた。ソヴェト共産主義が社会よりも自然を優先せしめ、自然科学特に遺伝理論を中心とする生物学を強い支柱とする特徴は*、スターリンの思想的成長の跡にも現われている。

* たとえば Max Werner : Der Sowjet-Marxismus (Gesellschaft, 1, 2, 7号, 1927) 参照。

ソソの用心深い配慮にもかかわらず、入学後一年にして彼が好ましからぬ書物を読んでいることを探知されてしまった。ムラホヴスキーとゲルモーゲンという二人の教師が、ソソの手からヴィクトル・ユーゴーの『海の苦役者達』を没収し、この書物の中に図書館の入場券を発見したのである。彼は校長に呼び出されて懲戒され、校内の懲罰室の中に入れられた。けだしこの前にすでに彼はユーゴーの『九十三年』を持っているかどで警告を受けていたからであろう。その後も禁書の閲読のために彼は再々懲罰室に入れられている。ソソが好ましからぬ書物を読むだけにとどまっていたとすれば、おそらく神学校を無事に卒業できたに違いない。ところが入学後一年余で、彼はチフリスに設立された非合法のマルクス主義者グループと結びついた。当時ロシアのマルクス主義は、九〇年代とともに始まった急速な資本主義の発展に応じて全ロシア工業地帯に飛び火して、ナロードニキと革命運動の覇権《はけん》を争っていた。バクーの油田を中心とするカフカズ地方は、ペテルブルク、モスクワ、ドンバスと並んで重要なロシア資本主義の中枢であった。ソソはチフリスのマルクス主義者グループと接触することによって、巨大なロシア革命運動の中に巻き込まれることとなったのである。彼はもはやエカチェリーナの愛児ソソではなかった。当時彼はすでに同志の間ではコバという変名を用いていた。コバはカフカズの伝説に出てくる英雄の名前である。

マルクス主義グループの同志を通じて彼はマルクス、エンゲルス、カウツキー、プレハーノフ、アダム・スミス、リカルドー、バックル、フォイエルバッハらの著書を手に入れて熟読することができた。マルクスの『資本論』はチフリスの町に一冊しかなかったので、同志たちは筆写して読みふけったという。当時レーニンはペテルブルクで盛んに活躍しており、一八九四年には『人民の友とは何か？』を書いてナロードニキを攻撃し、翌年には有名な労働者階級解放闘争同盟を結成して、勤労大衆への扇動を開始していたが、スターリンがレーニンの著作を読んだのは、後述するように神学校を放校される直前のことである。

マルクス主義を研究するに及んで、少年時代からの彼の深刻な疑問ははじめて氷解した。社会の矛盾はマルクス主義によって必然的なものとして説明され、しかもプロレタリア階級を中核とする被抑圧大衆の革命運動によってのみこの矛盾を解決しうることを彼は知ったのである。ダーウィンは彼に自然科学を教え、マルクスは社会科学を教えた。ダーウィンによって彼は無神論者となり、マルクスによって社会主義者になった。西ヨーロッパではダーウィンの進化論とキリスト教の信仰とは両立しうるし、無神論者は必ずしも社会主義を意味しないが、神政の支配する後進国ロシアでは、進化論は無神論であり、無神論は社会主義に進まざるをえないのである。

スターリンはマルクス主義に回心するやいなや、神学校内におけるマルクス主義グループの中心となって活動を開始した。爾来《じらい》今日まで半世紀間、彼のマルクス主義はレーニンの指導と豊富な実践的教訓とを通じて無限に発展してゆくが、いったん回心したコースは終始一貫変化していない。

一八九八年九月二十九日校長は次のような報告を受けた。

「午後九時食堂においてヨースィフ・ジュガシュヴィリは一団の学生を集めて学校当局の許可を得ていない書物を読み聞かせていたので、ただちに取り調べを受けた。」

神学校におけるスターリンの政治活動はこのようにして当局の知るところとなり、翌年の五月二十七日には神父ディミトリーの提言によって、彼は放校処分に付された。放校になる数か月前に彼は一八九八年に設立されたロシア社会民主労働党チリフス支部の創立委員となっていた。

スターリンは後年当時を回想して次のように語っている。

「私がマルクス主義者になったのは、いわば私の社会的環境のせいであり——父は靴工場の職工であり、母も労働者であった——また父母と同じ社会的レヴェルにあった私の周囲の中に革命的雰囲気《ふんいき》があったからであり、そして最後には私が数年間を送った正教教会の神学校のジェスイット的弾圧と頑迷固陋《がんめいころう》さのゆえである。」

正教の神学校がいかにスターリンの革命思想に貢献したかを知るべきである。帝政ロシアの学校は程度の差こそあれすべて正教の神学校的色彩を持っており、社会全体が一大神学校の形態をとっていたから、ロシアのマルクス主義者は正教に対する憎悪と反感とからそのアンチ・テーゼとしてのマルクス主義に回心したのである。今日ソヴェト共産主義の中に、正教と酷似した数多くの特徴を見いだすのはけだし当然であろう。

三　マルクス・レーニン主義の形成――ロシア革命の理論

1　レーニンとスターリン

一八九八年、スターリンはチフリス神学校在学中に、ペテルブルクの労働者階級解放闘争同盟から発行したレーニンの『人民の友とは何か、そして彼らはいかに社会民主主義者に対して闘うか？』と題する論文を読んで、たちまちその透徹した分析と大胆な結論とに魅了されてしまった。人民の友とは六〇年以来ロシア革命労働の主流をなしてきたナロードニキのことであり、この論文でレーニンはロシアにおける資本主義発展の必然性を論証し、そこからロシア革命の指導力はプロレタリア階級の中に求められなければならないことを帰結して、ナロードニキの反動性を暴露したのである。ロシアのプロレタリアートは農民と結び、ツァーリズムを打倒したうえで、広範な勤労被搾取者の大衆とともに、外国のプロレタリアートと手を握って共産主義革命へと驀進《ばくしん》するというのがこの論文における＊レーニンの明確な見通しであった。

＊『全連邦共産党小史』（ロシア版）p.21.

スターリンは神学校時代から分析的な思惟《しい》と正確、かつ冷徹な表現をもって級友に知られていたが、スターリンがレーニンの論文の中に見いだしたものはまさにこの特性にほかならなかった。レーニンとスターリン、この二人の天才には数多くの相違点があるが、理論が明晰《めいせき》で表現が冷徹であり、全くなんらの錯覚、妄想《もうそう》の類を交えない判断力において両人は完全に一致している。十月革命、ブレストの講和、新経済政策のレーニンと、五か年計画、人民戦線政策、大祖国戦争のスターリンとは、錯覚妄想の類を交えない冷厳無比の判断力を示して遺憾がない。チャーチルがスターリンとの初会見後彼を評して、「冷徹な知恵を持った、なんらの錯覚、妄想を有しない人」と舌を巻いたのはもっともである。

レーニンの『人民の友とは何か？』を一読して以来、スターリンはまだ見ぬレーニンの弟子となった。彼がレーニンと直接交渉を持ったのは、五年後に獄中でレーニンから手紙を受け取った時であり、レーニンに直接会ったのは一九〇五年フィンランドのタンメルフォルスに開かれた党協議会においてであったが、彼の師レーニンに対する忠誠は一八九八年以後レーニンの晩年に至る四半世紀間ほとんど微動だにしなかった。この間スターリンがレーニンに認められ、重用されたのは一九一二年のプラハ協議会のころからである。それまではスターリンが一方的にレーニンから学びながら革命家として成長してゆく時期である。ここでわれわれは眼をレーニンに転じなければならぬ。

レーニン、すなわちウラジミル・イリッチ・ウリアノフは一八七〇年四月二十二日、イリア・ニコラエヴィチ・ウリアノフとマリア・アレクサンドロヴナ・ブランクとの間の第三子として、スィンビルスクに生まれた。父はスィンビルスクの高等学校長、視学官であり、母はヴォルガ・ドイツ人の血統を引いていた。ウラジミルがカザン大学に入学した年、すなわち一八八七年の五月二十日には動物学を専攻していた兄アレクサンドルが革命運動のために死刑になっており、同年十二月には早くもウラジミルも逮捕されている。兄はナロードニキであり、彼もまたナロードニキとして出発した。ナロードニキとはいったい何であったか?

2 ナロードニキ

ナポレオン戦争に劇的勝利を収めたロシアは、ヴィーン会議後には全ヨーロッパを圧する強国として自他ともに許したが、内部的には致命的欠陥を蔵していた。すでにフランス革命前にプガチョフの叛乱が起こってヴォルガの沿岸を席巻し、農奴制に基づくツァーリズムの脆弱《ぜいじやく》性を暴露しており、一八二五年にはパーヴェル・ペステリ大佐一味のデカブリスト事件がツァーリズムの危機を告げていた。問題は人口の九〇パーセントを占める農奴の困窮に存した。一八四八年の二月革命後——二月革命はロシアにペトラシェフスキー事件を生んでいる——ロシアはヨーロッパにおいてただ一つの農奴制国となった。一八六一年にアレクサンドル二世は上から農奴を解放してツァーリズムを革命から守ろうとしたが、解放に莫大《ばくだい》な賠償金を必要としたため、農奴は実質的にはなんら解放されなかった。人口の九〇パーセントを占める農民が農奴として無知文盲の半動物的境遇に置かれ、アジア的な笞刑《ちけい》等の拷問によって搾取されているのを眼前に見て、ロシアのインテリゲンツィアは深刻な苦悩を味わった。ロシア社会は大地主貴族と農奴との二つの世界に分裂して、その間を架橋すべき中産階級がなく、前者はヨーロッパ文化に心酔しているのに反して、後者は昔ながらのムジークのままであったので、ロシアのインテリゲンツィアはみずからの学問、芸術および教養に自信を持つことができなかった。なぜならばロシアのインテリゲンツィアの習得した文化は、みずからの創造した文化ではなくして、西ヨーロッパからの借り物であり、しかもこの借り物はロシアの人民大衆の生活には何の役にも立っていないのみか、実に彼らの犠牲によって可能にされたものであったからである。ここにロシア・インテリゲンツィアの苦悩が存していた。*

＊ Nicolas Berdyaev : The Origin of Russian Communism, 1937, pp.64—65.

すでに十八世紀にはラディーシチェフが、その名著『ペテルブルクからモスクワへの旅』の中で農奴制の悲惨に苦悩するインテリゲンツィアの姿を描いている。ヨーロッパ化した貴族と昔ながらの農奴とにロシアを分裂せしめたものは十八世紀の初頭に行なわれたピョートル大帝の大改革であった。ピョートルの西ヨーロッパ化政策は、西ヨーロッパの近代的技術を採り入れてロシアをヨーロッパの強国たらしめようという時代の要請に基づいていたとはいえ、下からの民意を無視して、上から国家権力を濫用することにより改革を強行しようとしたところに大きな無理があった。こうして新都ペテルブルクに集められた貴族たちはフランス人の保母とドイツ人の家庭教師との手によって子弟をヨーロッパ化し、パリ風の社交界で下手《へた》なフランス語を用いて得意になっていたが、人民大衆はひげをそりおとした点以外にはあまり近代化しなかった。

このようなロシア社会の矛盾は、良心的なインテリゲンツィアを苦悩せしめたあげく、彼らの精神を分裂せしめずにはおかなかった。彼らは自己の文化に対する自信を失い、ついには人民の生活に役立たない一切の文化を否定するに至った。宗教も、芸術も、科学も、一切の文化価値が虚無として否定された。ロシアのインテリゲンツィアはニヒリスト*になったのである。彼らはしかしながら単に一切の文化価値を否定して諦観《ていかん》したのではなかった。彼らは人民の生活に役立たぬ文化を人民の犠牲において習得したことに罪の意識を持ち、人民に対する罪を償うために、なんらの報償を求めずに人民革命の犠牲者となる義務を感じた。**

* Thomas Masaryk: The Spirits of Russia, II. pp.69―81参照。周知のようにニヒリストという名称はツルゲーネフが一八六二年の作『父と子』の主人公バザーロフに与えたのが初めてである。ドストエーフスキーの『悪霊』はネチャーエフ事件を中心とするニヒリストの生態を如実に描き出している。

** ヤンコ・ラヴリン『トルストイ』日本訳八三ページ参照。人民に対する義務の理論はラヴロフによって最も明確に樹立された。

ロシアのニヒリストは人民大衆の解放運動以外の一切の文化価値を否定し、すべての宗教、芸術、哲学および科学をぜいたく品として排撃した。ニヒリズムはベルジャーエフの説くとおり恩寵《おんちょう》なき禁欲主義であり、ロシアの黙示のアンチ・テーゼである。*なぜならばニヒリズムは歴史の不正と文明の虚偽に対して反逆して、今までの誤れる歴史を一度断絶せしめたうえで、あらためて正しい歴史を建設しようとするものだからである。したがってニヒリズムは当然最後の審判を予定し、この審判までは破壊に、そして審判後は建設に専念しようとする。

＊ Nicolas Berdyaev : The Origin of Russian Communism, 1937, p.49.

ベリンスキー、チャーダエフ、ゲルツェンらの西ヨーロッパ派のインテリゲンツィアも、キレーフスキー、ホミャーコフ、ダニレフスキーらのスラヴ派のインテリゲンツィアも、ニヒリストであることには変わりがなかった。彼らは現在を否定する点においては全く共通であり、ただ前者はピョートル以前のロシアを否定するのに対して、後者はこれを肯定する点だけが違っていたにすぎない。母の死によって神を否定したドブロリューボフも、ラヴロフも、チェルヌイシェフスキーも、はたまたミハイロフスキーもすべてニヒリストであった。いなドストエーフスキーもバクーニンもやはりニヒリストに属する。ツァーリズムが正教教会と抱合した結果、十九世紀中葉以後のロシア・インテリゲンツィアは例外なく正教のアンチ・テーゼとしてのニヒリズムに回心したのである。

このようなニヒリスト・インテリゲンツィアの中から、人民解放という神聖な目的のために手段を選ばないテロリスト革命家が輩出するのはもはや当然であった。果然「土地と自由」という秘密結社が組織され、ツァーリズムの要人に対するテロによって、最後の審判を実現しようとした。このテロリスト・ニヒリズムを理論化したのがネチャーエフの『革命問答書』である。彼は少数精鋭の職業的革命家よりなる秘密結社を組織し、これら前衛の革命的英雄主義によって人民革命を実現しようとした。この独特の党組織論はトカチョフ、バクーニンを経てレーニンに継承されることは後述するとおりである。ネチャーエフが理論化したナロードニキ運動は新「土地と自由」党、「人民の意志」党へと進展してゆく。

党組織論に次ぐナロードニキの特徴は、ロシアの資本主義化の否定とその農民重視とである。彼らは貧苦に悩む無知な農民を神聖化し、農民を生んだ母なるロシアの大地を信仰した。ミール、すなわち当時まだ残存していた農村共産体の中に、彼らは理想社会の幻影を発見して狂喜した。ナロードニキはそのニヒリズムにもかかわらず、いなそのニヒリズムのゆえに、ロシア正教のメシア意識を承継していた。ロシアは西ヨーロッパの資本主義を経過せずに、一路理想の社会主義社会へと進みうる、いな資本主義に汚毒された西ヨーロッパを救済することは、資本主義化されない唯一の強国ロシアの聖なる使命だ、というのがナロードニキの信念であった。*

＊ロシア人のメシア意識は後述するように淵源《えんげん》するところすこぶる遠いが、「神を妊《はら》める唯一の国民はロシア国民だ」という『悪霊』の中のシャートフの絶叫はその最も大胆な表現であろう。そしてこの場合ロシアの大地とその大地から生えた農民とが特殊の意義を与えられている点に注目すべきである。『カラマーゾフの兄弟』のアリョーシアも『罪と罰』のラスコーリニコフも大地に接吻しており、『悪霊』のチーホン僧正は「大地からもぎ放されておられる、信仰がない」といって貴族インテリゲンツィアのスタヴローギンを責めている。大地から生えた農民はこれに反して無知であり、醜悪であればあるほど貴いのであり、偉大な真理を蔵しているのである。この点についてはなかんずく『カラマーゾフの兄弟』第六編第三ゾシマ長老の説話と教訓の項参照。

ナロードニキの第三の特徴はそのニヒリズムから来る当然の帰結としての唯物論であり、戦闘的無神論であった。唯物論は正教のアンチ・テーゼとして戦闘的無神論となるのであり、正教教会がツァーリズムに魂を売り渡した代償として、ツァーリズムの敵対運動は唯物論たらざるをえなくなったのである。ナロードニキの唯物論は自然科学特に進化論に基礎を置いており、したがって最も素朴な形態をとる。正教教会の迷信に対する啓蒙《けいもう》から出発するナロードニキの唯物論は、素朴唯物論以外の一切の哲学を奢侈品《しゃし》として排撃し、自然科学を哲学、神学の地位に引き上げてしまった。かくて自然科学の仮説が不可謬のドグマとなるという、ソヴェト共産主義の伝統が樹立された。*

＊最近のルイセンコ事件がその一例である。全連邦農学学士院はモルガン・メンデル遺伝学説の教授を禁止した。ジェブラク教授は一九四七年アメリカの週刊紙サイエンスにおいて、多数のソヴェト連邦の遺伝学者がモルガン・メンデル説を支持していることを認めたためにプラウダ紙によって痛烈に批難された。彼はしかしルイセンコ説が共産党の中央委員会によって公式に確認されたことを知って、最近自説を撤回し、「私は党員として、党の中央委員会が誤謬と認めた学説を保持しえない」旨プラウダに投書した。農学学士院は異端を撤回しない学者二名（オルベリ、シュマルガウツェン）を追放し、細胞発生学の権威ドビーニンの主催する研究所を廃止し、生物学に関する教科書の書き換えを命じたといわれる。(Time, Sep. 6. 1948)

ナロードニキの革命運動は一八八一年三月一日にアレクサンドル二世の暗殺に成功した時頂点に達した。文化を不正義とし、正義の実現のために文化を否定し、零における平等を実現しようとする彼らの気魄《きはく》はすさまじかった。「人類を幸福にするがためには人類の大半を殺してもよい」「革命家はただこの世界を破壊するためのみに生きており、革命に役立つものは何でも道徳的である」「破壊の情熱は創造の情熱である」というのが彼らの合い言葉であった。まことに一切の個人生活の享楽をしりぞけて、超人的な能率をもって革命事業に没頭するナロードニキには、不可能なことがないように見えたが、彼らの基盤が揺らぐ時が来た。彼らを混迷せしめたもの、それは一八八〇年代に始まり、九〇年代にはいってフランス資本の投下によりいちじるしく促進されたロシアにおける資本主義の発達であった。

3　ロシア資本主義とマルクス主義

ロシア資本主義はその後進性のゆえに異常な発達のテンポを持っていた。一八六五年から九〇年までの四半世紀間にようやく倍加した工業労働者の数は、次の十年間にさらに倍加した。特にフランスとの同盟に伴い二万一千露里の戦略鉄道が急速に敷設されたことは、ロシアの資本主義化を決定的なものにした。ロシアの資本主義化を執拗《しつよう》に否定しつづけたナロードニキは、この情勢を前にして茫然《ぼうぜん》なすところを知らなかった。ナロードニキの代表的理論家チェルヌイシェフスキーは、「ロシアは資本主義を回避しうるか？」という問いに答えて、「ロシアは資本主義時代を零に近づけることによって、前資本主義から、社会主義へと飛躍しうる」*と主張したが、ナロードニキの英雄的献身にもかかわらず、ついに資本主義を零に近づけることはできなかった。

＊ チェルヌイシェフスキーの見解は、資本主義を先取して、共産主義者の手によって計画的に産業革命を行なおうとするソヴェト共産主義の予言としては興味深い。Masaryk : Spirits, II. p.34 参照。

なおこの点については Eduard Heimann : Communism, Fascism or Democracy? 1938, p.112.

ロシアの資本主義化を待機するように、アレクサンドル二世暗殺の翌々年には、スイスのジュネーヴで、ロシア・マルクス主義の父プレハーノフを中心とする労働解放団が結成された。早くも一八八四年にはマルクス主義者によってロシア社会民主労働党綱領の第一次草案が作成され、*プレハーノフはマルクス主義の立場からナロードニキ攻撃を開始した。プレハーノフのナロードニキ批判は第一にナロードニキがロシアの資本主義化を単純に否定する点に向けられ、第二にナロードニキが農民を妄信する点を衝《つ》いて、革命はプロレタリアートの手によって遂行されるべきことを説き、第三にナロードニキが個人を歴史の主体としている点をたたいて、階級が歴史の主体であり、歴史は階級闘争によって進展すると主張した。そのかぎりプレハーノフは誤っていなかった。

＊マルクス主義のロシアへの輸入は一八六二年バクーニンが『共産党宣言』をロシア語に訳した時にさかのぼる。『資本論』第一巻はニコライ・オンによって一八七二年に訳出されている。

しかしプレハーノフの学んだマルクス主義はドイツ社会民主党のマルクス主義であり、主意的な革命ではなくて必然的な進化に重点を置いていた。けだし極度に主体性を強調するナロードニキに対抗する関係上、プレハーノフは客観的必然性の面を偏重せざるをえなかったものと思われる。しかしこのままではマルクス主義はついに外来のサロン・マルクス主義に終わり、革命運動の主導権をナロードニキから奪うことはできなかったに相違ない。なぜならばロシアにおける資本主義の発達を肯定する点では、彼らはブルジョア自由主義者と異ならず、しかもこの点を除く他の点では彼らよりもナロードニキのほうがはるかにすぐれていた。何よりもナロードニキはサロン・マルクス主義者の持たない革命的行動力を持っていたし、しかもロシアの現実に即応していた。すなわちプレハーノフらのサロン・マルクス主義者たちは人口の九〇パーセントを占める農民を全く無視していたうえに、ツァーリズムを脅かす革命の緊迫性を理解しえなかった。彼らは憲法も議会もない帝政ロシアにおいて、ドイツ社会民主党そのままの大衆政党組織により、自由主義ブルジョアジーと提携しながら議会主義を通して社会主義を実現しようと夢想していたのである。ロシアの大地から生まれ、ロシアの現実に即応していたナロードニキは、今やロシアの資本主義化によって陳腐なものになろうとし、他方ドイツから輸入されたサロン・マルクス主義は、ロシアの資本主義化を肯定する点以外に現実的基盤を持たないという、この矛盾を解決するために登場したのがナロードニキ・アレクサンドルの弟、ウラジミル・ウリアノフ、すなわちレーニンであった。

レーニンは一八八八年、すなわち十八歳の時早くも『資本論』を読んだ。天性の革命家であったレーニンは、当時ドイツ社会民主党によって俗流化されていたマルクス主義の中に、一八四三年―四八年の原始マルクス主義*が保持していた恐るべき革命性を読み取った。一八四〇年代のドイツ社会と一八九〇年代のロシア社会との酷似性――資本主義発達の程度、人口中における農民の比重、革命の緊迫性等々――も否定できないが**、何よりも重要なことはレーニンのニヒリズムが、マルクスの中にニヒリズムを嗅《か》ぎ出した点である。現存社会秩序における人間性の否定――人間の自己疎外――を共産主義革命という最後の審判によって克服し、必然の王国から自由の王国へと飛躍しようとするマルクスの思想はそれ自体必ずしもニヒリズムではないが、ニヒリストの手にかかると容易にニヒリズムに転化される素因を含んでいる。

＊　原始マルクス主義については第一章参照。

＊＊　Arthur Rosenberg : Geschichte des Bolschewismus, 1932, S. 31.

レーニンは一八四〇年代のマルクス、エンゲルスと同様に革命の緊迫性から出発した。彼にとってはサロン・マルクス主義者のようにブルジョアジーとプロレタリアートとの機械的対立に拘泥《こうでい》して、革命の好機を逸することは論外であった。彼はマルクス主義者である前に、ロシアの革命家であったのである。プレハーノフらのサロン・マルクス主義者たちは資本主義という概念にとらわれて、ツァーリズムを忘れ、尨大《ぼうだい》な農民大衆を看過した。レーニンはツァーリズムの打倒のためには広範な農民層の革命的エネルギーを動員することが不可欠であることを知っていた。この点まではナロードニキのほうがかえってサロン・マルクス主義者よりも正しい。ただナロードニキの致命的欠陥は、農民の持つ脆弱性を認識せず、これをむやみに神聖化したところに存した。農民はラジンやプガチョフのような一揆《いっき》は起こしえても、革命を遂行することはできない。革命を完遂するためには都市の組織的勢力が農民の爆発的なエネルギーを指導するのでなければならない。ではロシア革命を指導すべき勢力はブルジョア階級か、あるいはプロレタリア階級か？

まずブルジョアジーを見れば、彼らは資本主義の未熟と、そして何よりも外国資本の優越＊のためにはなはだしく微力であるのみか、迫り来る革命を恐れて早熟的に反動化して、ツァーリズムと抱合している。

＊ 全連邦共産党小史（ロシア版）一五六ページによれば金属工業の七二パーセント、ドンバスの炭田、バクーの油田の半ばは外国（主としてフランス）資本であった。拙著『ロシア史入門』六九ページ参照。

ブルジョアジーがロシア革命を指導する資格を有しないものとすれば、『ヘーゲル法哲学批判』（一八四三―四四年）のマルクスに従って、プロレタリアートに着目するよりほかはない。ところがロシアのプロレタリアートは、資本主義の後進性にもかかわらず、いなまさにその後進性のゆえに、非力なブルジョアジーとは対照的に強力であった。ロシア・プロレタリアートの強力性はまず第一にその高度の集中性に存した。一九〇一年の統計によれば、全工場労働者の四六・七パーセント＊が、労働者五百人以上の大工場に集中していた。なかんずくペテルブルクとモスクワとは巨大なプロレタリアートの要塞《ようさい》であり、前者の金属工と後者の繊維工とは来たるべき革命に絶大な役割を果たすはずであった。

＊ 『全連邦共産党小史』（ロシア版）p.142.

次に重要なことは、ロシア・プロレタリアートがきわめて革命的であったことである。イギリスやドイツの労働者階級も、産業革命の初期においては大いに革命的であった。たとえばチャーティスト運動やシュレジエンの職工蜂起を想起せよ！　原始マルクス主義の秘密を蔵するプロレタリアートという*概念は、このような産業革命初期の革命的労働者を原型としている。人倫の喪失態とか人間の自己疎外とかいう原始マルクス主義のプロレタリアート観は、当時の革命的労働者を哲学的に把握したものであった。ところがイギリスやフランス資本主義が十九世紀初頭にかけて爛熟《らんじゅく》するに伴って、これら先進国のプロレタリアートはいかなる意味においても革命的ではなくなり、現存社会秩序の枠《わく》内において自己の生活水準を向上さすことに専念する平凡な小市民に化してしまった。イギリスの労働運動がトレード・ユニオニズムに帰結し、ドイツ社会民主党が修正主義を生み出した社会的基盤は実はここに存したのである。しかるに十九世紀末から二十世紀初めにかけてのロシア・プロレタリアートは、資本主義の後進性と半植民地性とを反映して、いわば原始的革命性を保有していた。

＊　猪木、小松訳マルクス、エンゲルス『独仏年誌論集』八九ページ、および本書第一章参照。

第三にロシアのプロレタリアートがミールによって、いまだなお郷里の貧農と血縁的、地縁的にかたく結びついており、精神的にも彼らと強度の親近性を持っていたことを忘れてはならない。このことは労働者と農民との同盟を可能にした大きな要因であり、十月革命にさいし、ペトログラード駐屯部隊の去就を通じて、革命の成否を左右すべき意義を持っていた。

このようにロシアのプロレタリアートが十分に強力であるとすれば、来たるべきロシア革命の主導権は彼らが握らなければならない。問題はいかにしてプロレタリアート階級を組織し、教育して、ロシア革命の中核体へと成長さすかに存した。レーニンはロシアの資本主義化とプロレタリアートの役割とをマルクス主義から学び終わるやいなや、再びロシアの現実に注目した。ロシア革命の戦略と戦術とがマルクス主義の文献に書かれていようはずがない。ロシア革命の戦略と戦術とは、レーニンみずからが、ロシアの現実に即して編み出さなければならない。しかしレーニンが編み出したロシア革命の戦略および戦術が、ナロードニキのそれにあまりにも酷似しているのを見て驚いてはならない。なぜならば『ロシアにおける資本主義の発達』*を認識しえなかったという致命的誤謬を除いては、ナロードニキは醇乎《じゅんこ》として醇なるロシアの革命家であったからである。

＊レーニンは一八九五年—九九年の流刑中にこの題名で大著を書いて、ナロードニキの誤謬にとどめを刺した。

4 ボリシェヴィズムの形成

果然一九〇〇年にシベリアより帰還したレーニンの課題は、もはやナロードニキの批判ではなく、エコノミストの名のもとに台頭した日和見《ひよりみ》的マルクス主義者、すなわちサロン・マルクス主義者の打倒であって、イスクラは実にこの闘争の機関紙であった。一九〇二年に現われた『何をなすべきか？』の目標は本来エコノミストの攻撃であり、トレード・ユニオニズム流の労働組合主義を排撃して、プロレタリアートの前衛としての革命政党の意義を強調しようとするものであった。ところが少数精鋭の職業的革命家のみをもって非合法の突撃隊を形成しようとする組織理論は、まさにナロードニキ思想の踏襲にほかならなかった。この組織理論がやがて一九〇三年七月のロシア社会民主労働党第二回大会において、レーニン派のボリシェヴィキ（多数派）とマルトフ派のメンシェヴィキ（少数派）とへの決裂を招いたことは周知のとおりである。*

＊　レーニン全集（第四版）Ⅳ. p.345, Ⅴ. pp.432―433.

ツァーリズム・ロシアのように憲法も、議会も与えられていない専制主義国においては、レーニンの党組織論はおそらく可能な唯一の途であったろう。マルトフの提案したドイツ社会民主党流の大衆政党組織は、いたずらに大衆をツァーリズムの秘密警察の好餌《こうじ》とするだけに終わったに相違ない。しかしレーニン流の党組織は、ローザも批判しているように*幹部の独裁に堕しがちであり、権力の自壊作用によって腐敗する危険が大であるから、民主主義的な政治活動が許されない専制主義国を除いては適用すべきでない。当時のレーニン自身がこの組織論を専制主義国に限定していることは特に注目に値する。**

＊　本書二三〇ページ参照。

＊＊　レーニン全集（第四版）Ⅴ. p.433.

次にレーニンは一九〇三年の『貧農に与う』において、貧農の味方は富農ではなくてプロレタリアートであることを説き、さらに一九〇五年の『民主主義革命における社会民主主義の二つの戦術』において、プロレタリアートの同盟者は自由主義ブルジョアジーではなくて、農民であることを示した。*これはナロードニキの人民革命の思想をプロレタリアートの指導性を媒介として、具体化したものであった。ボリシェヴィキとメンシェヴィキとの組織論を除いての最も主要な相違点が、この労農同盟論であることを思えば、農民を重視するナロードニキと農民を軽視するサロン・マルクス主義者との対立が、そのままボリシェヴィキとメンシェヴィキとの対立に持ち越されていることが知られよう。まことに、この点においてもメンシェヴィキがサロン・マルクス主義者の直系であるとすれば、ボリシェヴィキは、ナロードニキの傍系であるといわなければならない。

＊ レーニン全集（第四版）IX. p.81.

レーニンはナロードニキから無神論と唯物論とを承継した。原始マルクス主義はけっして素朴唯物論ではなく、唯物論の真理と観念論の真理との弁証法的総合であることを誇示したが、＊レーニンの唯物論は「人間よりは地球のほうが先に存在し、人間は大脳で思惟する」＊＊ことを論拠とする徹底した素朴唯物論であった。特にロシア社会民主労働党内の日和見主義者たちが新カント派哲学の影響を受けるに及んで、レーニンの素朴唯物論はますます明快さを加えた。卓抜なヘーゲル学徒であった彼が、『唯物論と経験批判論』（一九〇九年）のような低調な書物を書いたのは、明らかに党略的根拠に基づいている。レーニン主義の素朴唯物論はこのようにマルクス自身の哲学とは関係がなく、もっぱらニヒリスト・ナロードニキの無神論即素朴唯物論に淵源している。＊＊＊ただエンゲルスの晩年における俗流唯物論がレーニンとマルクスとをかすかにつないでいるにすぎない。

＊ Marx: Oekonomisch-philosophische Manuskripte (G. A. I. Abt. Bd. 3. S. 160).

＊＊　レーニン全集（第四版）XIV. pp.63―81.

＊＊＊　レーニン主義のニヒリズム唯物論は共産主義者独特のアモラリズムとコンフォルミズムとを生む。彼らにとってはプロレタリアート、ソヴェト・ロシアは善であり、ブルジョアジー、西ヨーロッパ、アメリカは悪である。革命に役立つかいなか以外に善悪の基準は存しない。

レーニンの素朴唯物論の理論的価値は全く論外であり、十八世紀のフランス唯物論を二十世紀に再現したものにすぎないが、まだ啓蒙期を脱していないソヴェト連邦においては、今日なお啓蒙的な意義を持っている。哲学に関するソヴェト連邦共産党の公式の見解を表明した『全連邦共産党小史』（一九三八年）は、スターリン自身の手になるといわれる「弁証法的唯物論と史的唯物論」と題する節において、レーニンの素朴唯物論をそのまま墨守している。＊けだしロシアの理性は今なお中世的迷信と必死に格闘する段階にあって、みずからの限界を自覚するほどの成熟期には達していないのである。われわれはこの唯物論が、戦闘的無神論として正教の信仰と戦うところに本領を有することを特に強調したい。この意味で共産主義の唯物論は正教のアンチ・テーゼとして、神の対立物たる物質的生産力への狂熱的信仰なのであり、日本人の唯物思想のように神に対する無関心な態度とは本質的に異なるのである。＊＊

＊　同書 pp.99―127.

＊＊　日本人の素朴唯物論、無神論はソヴェト共産主義のように宗教的でなく、したがって戦闘的でもない。大多数の日本人は神が存在することも、また存在しないことも信ぜず、およそ神の問題に対して無

関心である。この点については News Week, June 23. 1947, p.16 所載のカーンの見解は示唆するところが多い。これに反してロシア人にとっては無神論も正教に劣らず宗教的である。『カラマーゾフの兄弟』のゾシマの項参照。

一九〇九年の『唯物論と経験批判論』をもってロシア革命の理論としてのマルクス・レーニン主義――レーニン主義の第一期――はほぼ完成した。レーニン主義、すなわちボリシェヴィズムはナロードニキから前衛党組織論、農民中心の人民革命論および素朴唯物論に基づく戦闘的無神論を承継したのに反して、マルクス主義から受容したものは、ロシア資本主義の必然性を承認して、近代的プロレタリアートにロシア革命の中核体たる課題を負わした点のみである。前衛党組織論も、農民中心の人民革命論も、はたまた素朴唯物論・戦闘的無神論もマルクス自身の革命思想とは無縁であった。ただロシアにおける資本主義の発達のみがレーニンをマルクスに結びつけ、彼をナロードニキからマルクス・レーニン主義者にしたのである。マルクスの革命思想は西ヨーロッパの民主主義思想の嫡流であり、彼自身はロシアを好まず、またロシア人を評価しなかったといわれる。*西ヨーロッパの革命的マルクス主義者の中にソヴェト共産主義を嫌悪《けんお》する人々が少なくないのも同じ理由に基づくと思う。ベルジャーエフはボリシェヴィズムのロシア的性格を強調しており、**アメリカのソヴェト研究家フレデリック・シューマンなどもレーニン主義がマルクス以上にナロードニキに負うところが多い点を指摘している。***レーニン主義がマルクスとナロードニキとのいずれにより多くを負うているか、また、ルカッチの説くようにレーニン主義がナロードニキとサロン・マルクス主義との弁証法的統一であるかどうかの問題はともかくとして、それがロシアの現実から生まれた純然たるロシア革命の理論であることだけは疑いない。****そしてこの段階のレーニン主義はロシア革命の理論以上のものではなかった。なぜならばロシア革命が世界の他の諸国の革命とどのような関連を持つかについての明確な位置づけはまだ与えられていないからである。

＊　たとえば猪木、小松訳『独仏年誌論集』七五ページ参照、マルクスはクーゲルマンへの手紙にも、ロシア人への悪感情をもらしている。

＊＊　Nicolas Berdyaev : The Origin of Russian Communism, 1937, Chap. V.

＊＊＊　Frederick Schuman : Soviet Politics, 1946, p.33.

＊＊＊＊　Georg Lukaćs : Lenin, 1924, S. 21.

四　レーニン・スターリン主義の発展――世界革命の理論

1　オルグ・スターリン

レーニン主義が生成してゆく過程において、スターリンは首尾一貫してレーニンのコースを追求していった。一八九八年彼がチフリスの鉄道従業員サークルの責任者となってから、一九一二年一月のプラハにおけるボリシェヴィキ党協議会で中央委員会国内事務局の首班に推されるまで、彼の党内における地位はしだいに向上してゆくが、彼はつねにレーニンのコースから離れず、最も忠実にレーニン主義を実践して、ついにレーニン、カーメネフ、ジノヴィエフらの元老が亡命中、国内党組織の元締めとなったのである。

　この間におけるスターリンの生活は地下運動、逮捕、流刑、脱走の繰り返しであった。彼の主要な閲歴を要約してみると、一九〇〇年のメーデーにはチフリスで五百人の労働者集会を主催し、翌一九〇一年の四月二十二日には二千人のデモを指導しており、九月にはグルジアにおける最初の社会民主労働党機関紙ブルジョラ（闘争）を発行し、十一月には同党の第一回カフカズ地方協議会に出席して委員に選出され、オルグとしてバツームに派遣されている。バツームにおける彼の活躍は目覚ましいものがあったが、* 翌一九〇二年の四月には同地で逮捕され、イルクーツク付近に流刑された。スターリンがレーニンからの手紙を得て感激したのはこの流刑中である。** 一九〇四年の一月四日にはスターリンは早くも脱走に成功し、雪のシベリアを突破し、ウラルを越え、ヴォルガを渡ってバツームに帰り、ただちに活動を再開した。彼がカフカズに向かって急いでいる間に日露戦争が勃発しており、彼の流刑中にロシア社会民主労働党は、ボリシェヴィキとメンシェヴィキとに分裂していた。彼はもちろんボリシェヴィキに属し、一九〇四年十二月に始まり、翌年いっぱい継続した第一次ロシア革命に奮闘した。彼はまだ党の中央委員ではなかったが、一九〇五年十二月にはフィンランドのタンメルフォルスで開催されたボリシェヴィキ派の全国協議会に出席している。彼は一九〇五年の革命において、ペテルブルク・ソヴェトの議長を務めたトロツキーのように派手な役割を演じなかったが、それだけにカフカズ地方党組織の強化という地味な仕事における彼の貢献は大きかった。表面の派手な役回りを避けて、裏面の目立たない、しかも最も重要な党務に没頭するという彼の性癖はそのころから十月革命まで一貫していることが知られよう。

＊バツーム警察の記録文書は、スターリンの精力的な組織活動の成果を認めている。J. T. Murphy : Stalin, 1945, p.40 参照。

＊＊反ソ的な伝記者の中には、この手紙の存在を否認している人がある。例えば Lyons : Stalin, p.50.

第一次革命の失敗後一九〇六年四月ストックホルムで開かれたボリシェヴィキ、メンシェヴィキ両派の合同協議会に出席したスターリンは、ここで後年の同志オルジョニキーゼおよびヴォロシーロフと会って、親交を固めた。この協議会から帰還してから、彼はカフカズ地方におけるロシア社会民主労働党の指導的人物として一般に認められるようになった。翌一九〇七年五月のロンドンにおける党大会にもスターリンは出席しており、ここでトロツキーに初めて会っている。当時トロツキーはボリシェヴィキとメンシェヴィキとのいずれにも属せず、両派の妥協のために無駄骨《むだ》を折っていた。しかし両派の主張には根本的に相容《い》れないものがあったので、合同は名のみであった。当時は第一次革命後の反動期であり、ストルイピンの土地改革が進行していたので、社会民主労働党は党勢頓《とみ》に振るわず、特にボリシェヴィキは極度の資金難に苦しんでいた。党の資金調達係レオニー・クラシンは窮余の一策として非常手段をとることになった。一九〇七年六月二十三日にスターリンの輩下テル・ペトロシアン、通称カモの一味がチフリス郵便局から国立銀行に向かって急ぐ馬車を急襲して、二十五万ルーブルを強奪した。＊スターリンはこの事件のために特にメンシェヴィキ方面から痛烈な批難攻撃を受けなければならなかった。スターリン自身が、この事件にどの程度の関係を有したかは、わからない。しかしボリシェヴィキにとっては、革命のコースに役立つものはすべて善であり、革命にとって妨害となるものはすべて悪であるから、この強盗殺人事件のごときももちろん善ということになろう。ボリシェヴィキは目的のためには手段を選ばない。

＊ J. T. Murphy : Stalin, 1945, p.63.
カモが強奪した金額は三十四万一千ルーブルまたは五十万ルーブルであるという説もある。

スターリンはバクーにおいて活動中、一九〇八年三月二十五日に再び逮捕され、北ロシアのヴォログダに流刑されたが、翌年六月には早くも脱走し、ペテルブルクを経てバクーに舞いもどり、執拗《しつよう》な組織活動を続けた。翌一九一〇年二月二十三日にはまた逮捕され、三度流刑に処せられたが、翌夏には三度めの脱走に成功し、ペテルブルクで活動を開始したとたんに四度逮捕されて、ヴォログダに送られた。この流刑中に一九一二年一月プラハでボリシェヴィキ派の協議会が開かれ、スターリンは不在のまま中央委員に推され、国内事務局を託された。彼がスターリンと称し始めたのはこのころからである。プラハ協議会はボリシェヴィキが最後的にメンシェヴィキと訣別《べいべつ》した点で重要な会議であった。

この年の二月にはスターリンは四度脱走してペテルブルクに急いだが、四月二十二日党機関紙プラウダの第一号が出た日に五度逮捕され、シベリアに追放された。しかし九月には早くも五度めの脱走に成功し、ペテルブルクで第四ドゥーマの選挙を指導した後、十二月にはクラカウにおもむいてレーニンに会い、二月までクラカウとヴィーンに滞在しながらレーニンの指導のもとに民族・植民地問題と取り組んだ。当時すでに三国同盟と三国協商とは一触即発の関係にあり、特にバルカン、近東その他の民族・植民地問題はようやく急を告げており、帝政ロシア内には約二百の民族が大ロシア人ツァーリズムによって抑圧されていたから、ボリシェヴィズムの立場からする民族・植民地問題の理論的究明は焦眉《しょうび》の急務であった。この重要な、そしてしかも最も困難な課題をレーニンがスターリンに課したところに、スターリンに対するレーニンのなみなみならぬ信頼が観取されよう。一九一三年二月レーニンはゴリキーにあてた手紙に、「民族問題を真剣に取り上げるべき時機だという君の見解には全く同感だ。今私のところにすばらしいグルジア人が来ていて、オーストリアその他の材料をすっかり集めてこの問題に関する大論文を執筆中だ*」と書いている。この大論文は後に『マルクス主義と民族・植民地問題』と題して出版された。その内容はレーニン主義を国際的規模に大きく発展せしめたものとして、画期的意義を持っており、今日の共産主義を理解するうえにも不可欠であるから、のちにやや詳しく検討を加えるであろう。この仕事を終わってペテルブルクに帰るやいなや、二月二十三日にまたまた捕えられてしまった。今度は党内のスパイ・マリノフスキーが警察に通謀していたので、さすがのスターリンも一九一七年の二月革命によりツァーリズムが崩壊するまで四年間シベリアを去ることができなかった。

＊ J. T. Murphy : Stalin, 1945, p.71.

このような地下運動、逮捕、流刑および脱走の連続過程において、最も注目すべきは次の三点であろう。すなわち第一には彼が一度も亡命しなかったこと、第二には彼にほとんど私生活らしいものがなかったこと、第三には何回でも脱走を許すツァーリズム警察のだらしなさである。そしてこの三点にはソヴェト共産主義を理解するうえに重要な鍵《かぎ》が秘められているように思われる。

第一にスターリンは幾度捕えられてもけっして亡命せず、脱走に成功すると一路自己の責任部署に急行して組織活動に専念した。彼がオルグとしての任地を離れたのは党務の必要上やむをえぬ場合に限られており、国外に出たのは党の大会および協議会にそれぞれ一回ずつ出席したほかは、二か月間レーニンのもとで、民族・植民地問題について執筆した時のみである。亡命することが必ずしも悪いわけではなく、現に最高指導者のレーニンは亡命に終始していたのであるが、何といっても亡命生活は地下運動生活に比べて安易であることはいなめない。亡命にももちろん苦難は伴うが、少なくともなにほどかの自由はあるし、享楽さえもありうる。しかるにスターリンはこの比較的安易な途を捨ててよりいっそう困難な途を選んだ。けだし彼がレーニンやトロツキーほど有名でなかったため、国内での活動が不可能でなかったことも亡命をしなかった一つの根拠には違いないが、最大の理由の一つはスターリンの本領が天性のオルグである点に存したからであると思う。けだし亡命しては組織活動に打ち込むことができないことはいうまでもあるまい。組織活動こそ前述のとおりボリシェヴィズムの精髄であり、スターリンがジノヴィエフ、カーメネフをさしおいてレーニンの後継者となることができたのは、彼が党内最大のオルグであったことに基づいている。おそらくオルグとしてはスターリンのほうがレーニンよりもまさっているであろう。今日の国際共産主義が組織力において無類の強みを発揮していることも当然といわなければならない。

しかし問題はこれだけで尽きない。私はスターリンが亡命を選ばなかった最も深い根拠を、スターリンの祖国ロシアに対する本能的な責任感の中に求めたいと思う。スターリンはすでに述べたとおりロシアの大地から生えた人民の一人であって、けっしてニヒリスト・インテリゲンツィアではない。したがって彼は母なる大地とその住民とに根源的、自然発生的に結びついていた。貴族や中間層出身のニヒリスト・インテリゲンツィアのように人民に対して罪の意識をいだき、人民への奉仕によって贖罪《しょくざい》すべき義務感をもいだかなかった。けだし彼は生来人民そのものであったからである。ここにスターリンの祖国ロシアに対する本能的な、したがって最も健全な責任感の根源がある。生まれながらの人民ではないニヒリスト・インテリゲンツィアはこのような国土と人民に対する健全な責任感を持たないから、したがって彼らの革命運動は生きている人民のための革命運動というよりは、人民という観念のための革命運動に堕しがちである。その結果はトロツキーの永久革命の理論のような抽象的理論のために、同胞の福祉を犠牲にすることをもいとわないこととなってしまう。これに反してスターリンは大地に根をおろした人民のみが持っている健全な本能によって、このようなニヒリズム革命論の危険からロシアの人民を救うことができたのである。後年ブレスト・リトフスクの講和にさいしても、新経済政策の採用にさいしても、ロシア国民を革命的ニヒリズムの破局から救う点でレーニンを助けたのは人民の子スターリンの健全なる良識であった。もちろんボリシェヴィキ・スターリンはボリシェヴィズムの含むニヒリズムから無縁であるわけではない。ただ重要なことは彼の健全な本能がボリシェヴィズムのニヒリズム的性格の包蔵する欠陥を是正している点である。

第二にスターリンがほとんど私生活らしいものを持たなかったことも、ソヴェト共産主義の本質に根差している。彼が一八九九年党務に専念するようになってから、母エカチェリーナは一人息子を革命運動のために完全に奪われてしまった。彼女は一九三七年にチフリスで永眠するまで孤独であった。スターリンは一九〇三年にグルジア人の同志エカチェリーナ・スヴァニーゼと結婚して長男ヤーシァを得たが、妻エカチェリーナはあわただしい地下生活ののちに肺を病んで死に、ヤーシァは十月革命まで母方の祖父母のもとで養育された。スターリンの生活は一八九九年以来半世紀間仕事に明け、仕事に暮れた。仕事の内容は十月革命によって、破壊から建設に転化するが、共産主義革命にささげられていることには変わりがない。一切の私生活を犠牲にし、享楽を断って、ただ一つの目的のためにすべてをささげるというこのボリシェヴィズムの特性は、たとえば徳田、志賀両氏の『獄中十八年』にも見いだされるように、国際共産主義に共通である。

第三にスターリンが捕えられるごとに流刑地から脱走しえたことは、彼の強靭《きょうじん》な体力と意志力とを物語るとともに、ツァーリズムの警察、行刑制度がいかにだらしないものであったかを物語っている。イギリスやアメリカのような近代国家では脱走は容易ではないし、ナチスのコンツ・ラーゲルやソヴェト連邦の刑務所から逃げ出すことはほとんど不可能であろう。スターリンのたび重なる脱走に露呈されている帝政ロシアの非近代性こそは、二月革命において組織的指導を持たない大衆の自発的暴動の前にツァーリズムがもろくも崩壊し、十月革命において必ずしも国民の大多数の支持を得ていたわけではなかったボリシェヴィキの武装蜂起《ほうき》が、大きな困難なく成功した決定的な要因の一つである。能率の高い近代的な軍隊と警察とを持った国々では大衆の暴動や蜂起は正規軍の手で容易に鎮圧されてしまうし、敗戦の場合でも正規軍が革命の陣営に寝返ることはまずない。この意味でソヴェト共産主義は近代的能率を持った軍隊と警察とを有しない後進国、植民地および半植民地においてのみ成功の機会を与えられているものといわなければならない。いなハイマンも説いているとおり、*先進の近代的強国において二十世紀初めに社会主義運動が行き詰まったのにかんがみ、非近代的な後進諸国における暴力革命によってこの隘路《あいろ》を打開しようとして生まれたものが共産主義であるとさえいえるのである。

* Eduard Heimann : Communism, Fascism or Democracy?, 1938, p.110.

2　民族理論から発展不均等性の理論へ

スターリンの民族理論はまず民族の定義から出発する。民族は種族ではなく、言語と地域と経済と文化との歴史的共同体であることを立証したのち、彼は民族間の隷属関係と各民族内における階級関係との結びつきを剔抉《てっけつ》することによって、帝国主義の段階における民族問題の核心を鋭く衝《つ》く。ツァーリズムのもとに抑圧されている隷属諸民族は、単なるバラバラの民族自決運動をもってはけっして自己を解放することを得ない。なぜならば抑圧者ツァーリズムは各民族の分離運動を各個撃破することができるからである。いなそれどころか被抑圧民族の自決運動はツァーリズム打倒の革命運動を阻害しさえする。* 第一に革命政党も、労働組合も各民族別に分離されることによって勢力は弱められるし、第二には各民族間の憎悪と反感とはストライキ破りに利用されうる。

＊　スターリン全集 II. pp.331―332.

ここにおいて被抑圧民族の解放は、ツァーリズム打倒のために正面から闘争するプロレタリアートの革命運動と結びつくことによってのみ達成されうるという重要な結論が生まれる。すなわち民族問題の解決は各民族の分離によってではなく、各民族のプロレタリアートを一個の革命政党に結集することによってのみなしとげられる。換言すればボリシェヴィズムによる各民族の結合を通じ、ツァーリズム・ロシアの諸民族は平等の立場で結びつくことによって、新たなる民族共同体を構成しうるわけである。今日のソヴェト連邦はかくして樹立されており、諸民族の紐帯はボリシェヴィズムである。すなわち帝政ロシアにおいて正教が果たしていた役割を今日では共産主義が遂行しているわけである。しかしこれは単にツァーリズム・ロシアの民族問題についてのみならず、世界的規模においても妥当する。つまり世界の被抑圧民族は、帝国主義に対するプロレタリアートの国際的解放闘争、すなわち国際共産主義運動と結びつくことによってのみ解放されうるというのがスターリンの結論である。その結果国際共産主義の重点はヨーロッパの労働運動からアジアの民族運動に移ることになる。マルクス主義はスターリンによりヨーロッパ的制約を脱し、真に世界的な人民民主革命運動へと発展した。現代における共産主義はこの意味でスターリンの民族・植民地理論に始まるということができる。『マルクス主義と民族・植民地問題』において展開されたスターリンの民族理論は、『レーニン主義の基礎』においてもそのまま踏襲されている。* ただしここではスターリンは自著には言及せず、もっぱらレーニンを引用しつつ、レーニン主義の民族理論を祖述する形をとっている。

＊　スターリン全集　VI. pp.138―149.

スターリンの民族理論はそのままレーニンによって摂取され、* レーニン主義を第一期から第二期に展開せしめる原動力となった。彼の民族理論は第一に版図内に二百の隷属民族を包蔵する帝政ロシアの革命運動にとって絶大な意義を持っていた。なぜならば人口の五〇パーセントを占める隷属諸民族が、ツァーリズムの予備軍から革命運動の予備軍に転ずるとすれば、革命の成功を決定的にするであろうからである。しかしスターリンの民族理論の意義はこれに尽きない。それは第二にアジアに眠る十億の被抑圧民族を世界革命の決戦場に動員しうることとなったのである。

＊　たとえばレーニン全集（第四版）XX. pp.3―34参照。

二十世紀の初頭においてドイツ社会民主党を中心とする第二インターナショナルは、各大会ごとに花々しい反戦決議案を可決していたが、迫り来る帝国主義戦争の危機に対して彼ら社会民主主義者たちが全く無力であったことは、一九一四年の七、八月に遺憾なく暴露された。先進諸国の社会主義運動は、早くも十九世紀末において、世論に支持された強固な国家権力を前に全く暗礁に乗り上げてしまい、残された途は革命的マルクス主義を修正して議会主義による社会改良に専念する以外にはないように見えた。この時レーニンは列強の植民地および半植民地においてひどい搾取を受けている被抑圧民族に着目し、彼らを帝国主義に対する闘争に決起せしめることによって、国際社会主義運動の行き詰まりを打開しようとした。それがためにはスターリンの民族理論を今一歩世界的規模に拡張し、発展することが必要である。こうして生まれたのがレーニンの資本主義発展不均等性の理論である。*

＊ハイマンは発展不均等性の理論こそレーニン主義の精髄であるとまで極言している。Heimann, p.108.

発展不均等性の理論は一九一七年に公にされたレーニンの帝国主義論の核心である。彼は第一次世界大戦当時の帝国主義を研究して、「資本主義諸国の経済的および政治的発展の不均等性、飛躍性という法則に到達した」*各種の企業、トラスト、産業部門および各国の発展は平衡を保ちつつ、いったんきめられた順番どおりに進むのではなく、むしろ飛躍的に進み、ある国の発展は中断されるのに反して、他の国の発展は飛躍的に前進するというふうである。この場合取り残された諸国が旧来の地歩を保持しようとする「全く正当な」動向と一躍前進した諸国が新しい地歩を占拠しようとする同様に「正当」な動向とは、その勢いのおもむくところ帝国主義諸国の武力衝突を避けがたい必然性にする。以上がスターリンによる発展不均等性の理論の要約である。

＊ スターリン全集 VI. p.369.

この発展不均等性の法則からレーニンによって帰結されたものは単に帝国主義戦争の必然性のみではなく、実に帝国主義の最脆弱点としての、ロシアにおける社会主義革命の勝利であった。すなわち彼はまず帝国主義列強の武力衝突の結果、国際帝国主義と国際共産主義との対立もまた激化し、国際帝国主義の鉄鎖はその最も弱い点において切断されると論断する。次いで彼はそれ自体半植民地であり、しかも二重の帝国主義を包蔵するツァーリズム・ロシアこそ、国際帝国主義の最脆弱《ぜいじゃく》点であるとし、ここにロシア革命を世界革命の一環として体系化することに成功した。ロシア革命はもはや単なるロシア一国の問題ではなく、世界革命の第一幕となった。こうして単なるロシア革命の理論にすぎなかった第一期レーニン主義は、発展不均等性の理論を媒介とすることにより、世界革命の理論としての第二期レーニン主義に進んだ。そしてこの場合看過してはならないことは、この世界革命がもはや抽象的な世界革命ではなく、ロシア革命を序幕とする、ロシア中心の世界革命として具体的にとらえられていることである。すなわち第二期のレーニン主義――レーニン・スターリン主義――において、プロレタリアートが人類を解放すべきであるというマルクスの使命観は、ロシアが人類を救済すべきであるというメシア意識と不可分に結合した。ここにおいて第一次世界大戦とともに崩壊した第二インターナショナルに代わって、一九一九年三月にはモスクワを第三のローマとするロシア中心の共産主義インターナショナルが結成*されなければならないことになる。

* 第三インターナショナルの結成については拙著『ドイツ共産党史』参照。

しかもロシア革命は単に世界革命の口火を切るだけではない。ロシア革命の勝利と他国における革命の成功との間には相当の時差がありうる。ここにおいてロシア一国における社会主義の建設が理論化されなければならないことになる。一九一五年八月にレーニンは説いている。*

「経済的および政治的発展の不均等性は資本主義の絶対的法則である。これから生ずる結論は、初めに数個の資本主義国において、また別々にある一国においてさえ社会主義の勝利が可能であるということである。その国の勝利を得たプロレタリアートは、資本家を収奪し、社会主義生産を自国に組織したうえで、他の諸国の被圧迫階級を味方にし、彼らの間に資本家打倒の反乱を燃え上がらせ、必要とあれば、武力をもって、搾取階級と彼らの国家に立ち向かいつつ、爾余《じょ》の資本主義世界を対手《あいて》に戦うであろう。」

* レーニン全集（第四版）XXI. p.311.

3 一国社会主義の建設――トロツキズムの克服

右のように主張した時には、レーニンもまさか、ドイツ革命が完全に失敗して、ロシア革命が文字どおり孤立するとは夢想さえしていなかったであろう。ところが、一九一九年一月から一九二三年に至る五年間におけるドイツ、ハンガリー、ポーランド、イタリア等各国共産党の惨憺《さんたん》たる敗北は、ついにソヴェト・ロシアを唯一の社会主義政権として資本主義列強の包囲下に放置することになった。そこでレーニンは一九二三年の小冊子『協同組合について』において、「一切の大生産機関を握っている国家の権力、プロレタリアートの掌中にある国家権力、このプロレタリアートと数百万の小農および零細農との同盟、このプロレタリアートの手に確保された農民に対する指導権等々――これだけあれば……完全な社会主義社会を建設するためには、これで必要なものは全部そろっているではないか？」と喝破《かっぱ》して、ロシア一国における社会主義建設の可能性を力説しなければならなかった。おそらくレーニンとしてはこれ以外に途《みち》はなかったであろう。しかし産業革命すら完了していない農業国のロシア一国において社会主義を建設するということは、マルクス、エンゲルス以来の社会主義の概念からはほとんど問題にすらなりえない珍説であった。ここに資本主義を無限に零に近づけるというチェルヌィシェフスキーの説が再生されていることを知るべきである。

＊　レーニン全集（第四版）XXXIII. p. 428.

果然敗北主義者のトロツキーは永久革命の理論をひっさげて一国社会主義に立ち向かった。スターリンでさえ一九二四年四月の『レーニン主義の基礎』（第一版）では次のようにロシア一国における社会主義建設の可能性を否認している。*

「ブルジョアジーを打倒するためには一国の努力だけで十分である――これはわれわれの革命の歴史が教えている。しかし社会主義の究極的勝利のためには、すなわち社会主義的生産を組織するためには、一国だけの、ことにロシアのような農業国の努力のみでは不十分である――そのためにはいくつかの先進諸国におけるプロレタリアートの努力が不可欠である。」

＊　スターリン全集 Ⅷ. p.61. 以下において、スターリンは右の個所を引用しながら、修正の事情を詳しく説明している。

ところが同年十二月の『十月革命とロシア共産主義者の戦術』においてスターリンは、一国社会主義の問題を国内的な面と国際的な面とに分け、資本主義の復興に対する完全な保障は資本主義に包囲された一国のみにては得られないが、しかし社会主義の国内的な建設は一国のみにおいても可能であると訂正するに至った。*

＊　スターリン全集 Ⅵ. p.374.

反スターリン的なマルクス主義者、なかんずくトロツキー主義者はスターリンの変節を批難している。しかし大国ロシアの政治家として二億の国民に責任を負うスターリンにとっては、そもそも一国において社会主義が可能なりや否やというような無責任な抽象論は初めから問題にならないのである。トロツキー派のスターリンに対する批判はこのように多くの場合扇動家の政治家に対する批判であり、ニヒリスト・インテリゲンツィアの人民指導者に対する弾劾である。

これが有名なスターリンの一国社会主義理論の骨子であるが、ここに忘れてはならないことは、一国社会主義への後退は真にやむをえずして行なわれた戦略的後退であって、けっして世界革命の理想と矛盾するものでないことである。いなソヴェト共産主義ではロシア一国における社会主義の建設は、終始一貫して来たるべき世界革命のための準備過程と考えられている。コミンテルンの解散やコミンフォルムの結成は単に表面の動きにすぎない。スターリンは一九二七年、十月革命の十周年を記念するための論文『十月革命の国際的性格』において、この点を次のようにきわめて明快に述べている。*「十月革命は帝国主義を震撼《しんかん》させるとともに、最初のプロレタリア独裁として世界革命運動の強力な公然たる基盤を創設したが、このような基盤は以前には世界革命運動に未だかつてなかったものであり、今や世界革命運動はこれを利用することができる。十月革命が創設した世界革命運動のこの強力な公然たる中心は、これまで世界革命運動には未だかつて見られなかったものであるが、今や世界革命運動はこれを中心として集結し、万国のプロレタリア及び被圧迫諸民族の帝国主義打倒のための革命的統一戦線を組織することが出来る。」

＊　スターリン全集 X. p.246.

ここからまた逆に「ソヴェト共和国と帝国主義諸国とは長期にわたって併存してゆけるとは考えられない。結局どちらが勝つかである。そうなるまでは、ソヴェト共和国とブルジョア諸国との間に幾度か恐るべき衝突が起こることは避けられない。そしてこのことはプロレタリアが支配階級として支配してゆこうとするならば、みずからの軍事組織によってこれを証明しなければならないことを意味している」*という根本認識が生まれ、ソヴェト・ロシアを中心とする世界革命軍としてのソ連軍の強化が帰結される。

＊ レーニン全集（第四版）XXIX. p.133.

スターリンの一国社会主義建設理論が現実に成功するかいなかは、農業集団化に存在していた。農業集団化は一九二八年十月一日に開始された第一次五年計画の核心であった。農業集団化政策の要諦《ようてい》は独立小農民を集団農場員に転化することによって第一に工業建設のために必要な労働力を捻出《ねんしゅつ》し、第二に工業製品に対する国内市場を創出し、第三に農民をプロレタリアへ数歩近づける点に存した。＊ このうち最初の二点は先進資本主義諸国においては資本主義が無意識のうちに産業革命として成就したところであった。しかるに後進国ロシアでは社会主義政権が国家権力を用いて計画的に産業革命を遂行しようというのである。この集団化政策は富農層の死に物狂いの抵抗にもかかわらず、一九三二年を峠として辛うじて成功することができた。ソヴェト政権は農業集団化の途上において内乱克服以来独ソ戦争に至る間における最大の危機に直面したが、スターリンの緩急よろしきを得た指導によって死中に活路を見いだすことができた。農業集団化が多大の危険と犠牲とを伴いながらもともかく成功しえたのは、ロシアの特殊性に負うところがすこぶる大きい。その広大なる国土が無限の未開発資源を蔵していたことももちろん無視しえないが、何よりも重要なことはロシアの農業生産力が元来きわめて低位にあって、農民一人が扶養すべき非農民の数が〇・二—〇・二五人であったことである。このために富農を中心とする農民の抵抗も都市の住民にとって致命的となりえなかったのである。＊＊ 農業集団化政策の成功はソヴェト・ロシアの農村から資本主義的要素を決定的に駆逐することとなり、ここにソヴェト連邦ははじめて社会主義建設への希望を持つことができることになった。スターリンは農業集団化が成功すると、ソヴェト国民に対してよりよい生活を約束し、人間の尊重を教え始めた。しかし同じ頃に血みどろの粛清が開始されたことを忘れてはなるまい。

＊　スターリンは、『ソ連における社会主義の経済的諸問題』において、現在のコルホーズをさらにソフォーズに前進さすことにより、農民とプロレタリアとの距離をさらに短縮しようとしている。ボリシェヴィク誌 XVIII. p.15.

＊＊　Eduard Heimann : Communism, Fascism or Democracy? p.119.

レーニンの死後ソヴェト・ロシアの最高指導者となってから十年を経過するころになると、スターリンの風格は頓に重厚さを加え、レーニンが遺書で批判したような「粗野」な点はしだいに消失したように見えた。スターリンは元来派手な理論家でもなければ、雄弁家でもなく、地味な実行家であったが、なによりも大きな彼の特徴は年とともに成長してゆくことであった。これは彼が大地から捥《も》ぎはなされたニヒリスト・インテリゲンツィアでなく、大地に根をおろした人民である点に基づいていると思う。彼はきわめて巧妙な手段により中央委員会の多数を味方につけ、トロツキーをはじめジノヴィエフ、カーメネフ、ブハーリン、ルイコフ等の同僚を次々に粛清し、党をスターリン化することに成功した。スターリン憲法の制定と血みどろの粛清とは、スターリンのソ連を一応完成したものといってよい。

もちろん当時のソヴェト連邦はいまだ社会主義の理想からは遠く、いわんや共産主義社会の実現ははるか将来の問題に属したが、今や洋々たる未来に向っているように見えた。しかしレーニンの不吉な予言どおり、その時すでに黒い戦争の影がソヴェト連邦を包囲し始めていた。

4　大祖国戦争——ソヴェト愛国主義

スターリンは一九一七年七月二十六日から八月三日まで開催された第六回党大会において、西ヨーロッパ先進諸国における革命なくしては、ロシアにおいて社会主義革命を遂行することができないとするプレオブラジェンスキーの主張に対して、「まさにロシアが社会主義への途を開く国たる可能性は閉ざされていない。ヨーロッパのみがわれわれに途を示すという古くさい仮説を捨てることが必要である。マルクス主義には独断的マルクス主義と独創的マルクス主義とがあって、私は後者をとる。」と喝破した。* ここにロシアのマルクス主義者にとって伝統的な西ヨーロッパ主義に対するスターリンのロシア主義が最も端的に示されている。

＊　全連邦共産党小史 p.189.

ボリシェヴィキが政権を掌握したあとにおいても、ロシア・マルクス主義者の西ヨーロッパに対する劣等感は種々の形態をとって擡頭《たいとう》した。トロツキーの執拗な永久革命論はもちろんその代表的なものであるが、ソヴェト国民の思想教育上最も重要な歴史学の分野において、これがはなはだしかった。一九三一年九月十八日、日本が公然と満州侵略を開始するや、ソヴェト連邦は直接日本帝国主義の脅威のもとに立つことになり、さらに一九三三年におけるヒットラー政権の成立によって、東西二正面戦争を強いられる危険に直面した。ここにおいて西ヨーロッパに対する劣等感の克服と、ロシアの大地とその歴史とに対する祖国愛の昂揚《こうよう》は焦眉の急務となった。

早くも一九三一年末日にスターリンは「プロレタリア革命」紙編集局にあてて『ボリシェヴィズム史の若干問題について』と題する書簡を送り、*歴史学に対するなみならぬ関心を示したが、次いで一九三四年五月十六日には共産党中央委員会と人民委員会議とは共同で「ソヴェト連邦諸学校における国史教育について」の決定を発表し、それまでソヴェト連邦の史学界を支配してきたポクロフスキー学派の抽象的図式主義を完膚なきまでに攻撃した。同年八月にはスターリン、キーロフおよびジュダノフの三人は覚書を発表してワグナ教授らの執筆した新教科書概要を批判しつつソヴェト史学の進むべき途を示唆した。この覚書の趣旨に基づいて教科書の公募が行なわれたが、われわれはこの公募論文の審査委員会が一九三七年に発表した報告によって、共産党中央委員会の史学界に対する要望がいかなるものであるかを窺知《きち》することができる。

＊　ソヴェト史学については「思想」一九四七年二月号鳥山成人氏の論文参照。

すなわち右の報告によって、ポクロフスキー学派が最も攻撃されているのは、彼らがロシア史を卑下した態度、すなわち劣等感をもって見ており、ロシア史の登場人物はすべて馬鹿か酒飲みかにされている点であることがわかる。たとえばアレクサンドル・ネフスキー、ピョートル大帝、スヴォーロフ、クツーゾフらのようなロシア史の英雄たちをポクロフスキー学派が生硬な階級史観によって全く無視するか、または戯画化してしまったことが、ロシア民族の精神的武装解除として批判されたのである。

史学界の粛清は、ソヴェト連邦における祖国愛強調の第一歩であった。軍制、教育、家庭生活その他全般にわたってソヴェト愛国主義を指導原理とする大改革が遂行された。なかんずくアレクサンドル・ネフスキー、スヴォーロフおよびクツーゾフ三将軍の名を冠する勲章が制定されたことは最も印象的な出来事である。

ソヴェト連邦は人民戦線外交によってブルジョア民主主義国との友好関係を強化して反ソ十字軍の危険を回避しつつ、祖国ロシアの再認によるソヴェト愛国主義の強調によってファシズムの進撃に備えた。今やプロレタリアートの自己解放によって人類を解放しようというプロレタリアート使命観に、モスクワを第三のローマ*とする伝統的なスラブ・ロシアのメシア意識**が結びついた。十月革命以来多年の苦い経験は、ボリシェヴィズムの指導者をして伝統的ロシア国家の国家理性（Staatsräson）に開眼せしめた。***スターリンがドイツ・ファシズムとの戦いを大祖国戦争と名づけたのはけだし当然であったといわなければならない。****

* 一四七二年モスクワ公イヴァンは、一四五三年に亡んだ東ローマ帝国の最後の皇帝パレオログスの姪をめとり、ビザンチン帝国の紋章双頭の鷲を承継して、みずからギリシア正教教会の首長となった。モ

スクワを第三のローマであるとする思想はこのころ起こった。拙著『ロシア史入門』五五―五七ページ参照。

＊＊ Necolas Berdyaev : The Origin of Russian Communism, p.126.

＊＊＊ エドガー・スノーは近著 Stalin must have Peace, 1947 でこの点を強調しており、ルイス・フィッシャーも The Great Challenge, 1946 においてこの点を指摘している。

＊＊＊＊ 一九四五年春には、「最近数年間、われわれの歴史学研究にもひどい歪曲が見られ、……強国礼賛の排外的愛国主義に傾く偏向があった」という反省が行なわれ、ソヴェト史学は左旋回を開始した。イストリーチェスキー・ジュルナールの廃刊と、これにかわるパプロスィ・イストリーの発刊とは、右の転換に即応するものである。

五　結　言

ソヴェト共産主義がレーニンによって形成され、スターリンによって発展せしめられてゆく過程を考察しながら、私は随所にこれを批判してきた。総括的批判のかわりに、ここでは重要な二、三の点を摘記するにとどめたい。

第二次大戦後ソヴェト連邦を中心に国際的組織をもって活動している共産主義は、なによりもまずロシアのものである。それは当然伝統的なロシア国家に対する革命思想として出発したが、それにもかかわらず発端からギリシア正教のアンチ・テーゼとして強烈なロシア的性格を免れなかった。ところが共産主義がロシアの支配者となると、伝統的ロシア国家の国家理性は共産主義指導者の試行錯誤的な暗中模索を通じてしだいに共産主義に浸透し、十月革命以来五十年間にソヴェト共産主義とロシアとは完全に一体化してしまった。ドイツ人マルクスの革命思想はかくしてロシアに移植され、ロシアの大地に深く根をおろしたのである。

しかし共産主義のこのロシア的性格に眩惑《げんわく》されて、その国際性を看過してはならない。いなロシアはヨーロッパとアジアにかけられた橋（Eurasia）であり、マルクス主義はロシアに根をおろすことによってはじめてその西ヨーロッパ的限界を突破して、真に世界的な革命理論になったとさえいえる。かくてブルジョアジーとプロレタリアートとの対立抗争に局限されていた古典的マルクス主義の立場から考えれば、大地主貴族に対する農奴の土地闘争や、植民地民衆の反帝国主義民族運動を基盤とする今日のソヴェト共産主義は、本来のマルクス主義とは何の関係もない怪物に見えるかもしれない。しかしそもそもマルクスの革命理論が、ドイツ絶対主義に対する人民民主革命の理論として出発したことにかんがみれば、今日のソヴェト共産主義こそ本来のマルクス主義を国際的に拡充したものであり、第二インターナショナルのマルクス主義のほうがかえってヨーロッパ的制約の中にとどまっていたものというべきである。ただ問題は国際的な反帝国主義民族解放運動を軸心とする今日の世界革命が、バルカンにおいてもアジアにおいてもソヴェト・ロシアの国家理性と不可分に結合しているところに存している。すなわち一九一九―二三年当時の世界革命運動では、中部ヨーロッパの先進諸国を舞台にしていた関係もあって、各国における国内情勢の成熟になお相当の重点が置かれていたが、東欧と極東との植民地、半植民地を中心とする米ソ冷戦の段階においては、世界革命はロシアを中心とする世界戦争として把《は》握《あく》されており、各国の国内情勢はもっぱら世界戦争におけるソヴェト連邦の戦略的態勢の見地からのみ意義を与えられている。換言すればソヴェト連邦以外の共産主義者は世界革命即世界戦争の主力軍たるべきソ連軍の第五列的任務を負わされているにすぎないのである。

この点はすこぶる重要である。ソヴェト連邦およびその勢力圏内の共産主義者は建設に、そして非ソヴェト世界の共産主義者は破壊に専心するという一種の分業状態は、ソヴェト世界の共産主義者と非ソヴェト世界の共産主義者とをいちじるしく異質的なものにした。今やソヴェト世界の共産主義者はしだいにそのニヒリスト的性格を脱皮しようとしている。けだしニヒリズムでは建設に当たりえないからである。ソヴェト連邦における累次《るいじ》の粛清工作はニヒリズムからの脱皮工作でもあったのである。ところが非ソヴェト世界における共産主義者は国際情勢の緊迫に伴ってますますニヒリスト的性格を強化して破壊に奉仕せざるをえないことになっている。しかも最も遺憾なことは、非ソヴェト世界における共産主義者のニヒリスト的性格がソヴェト連邦と他の強国との友好関係を不必要に困難ならしめていることである。他面国際関係の悪化は非ソヴェト世界の共産主義者をいちだんとヒステリックなニヒリストたらしめ、ここに不幸な悪循環が生まれた。

十月革命以来今日までソヴェト共産主義は数多くの誤謬《ごびゅう》と失敗とを重ねてきた。ドイツ、日本およびイタリアにおけるファシズムの勝利はその最たるものである。* この誤謬と失敗とは何に基づくか？　けだしロシア革命の理論として生まれ、ロシアを中心とする世界革命に奉仕するソヴェト共産主義の戦略戦術は、条件の全く異なる諸国に強制輸出された場合、大きな抵抗に遭遇《そうぐう》するのはむしろ当然であろう。ソヴェト共産主義は帝政ロシア、中国、バルカン、東南アジア等のように一握りの大地主と外国資本とが農奴と苦力との無学文盲極貧の大衆を暴圧している植民地、半植民地国において、その組織力と革命的気魄《きはく》と、そして何よりも被抑圧民族の解放運動と結びつくことによって大きな成功の公算を持つ。いなこれらの地域では共産主義の勝利以外には人民解放の機会は存しないかもしれない。また資本主義世界が民主主義的な方法で自己の矛盾を解決しえない場合には、これらの地域はさらにさらに拡大しよう。しかし地球のそれ以外の部分、特に先進国では、共産主義は各国の国家理性と衝突し、いたずらに新旧中産階級をしてファシズムに走らせる結果を招くのみであろう。共産主義は資本主義発展不均等性の理論を出発点としながら、その裏面としての共産主義の発展不均等性を強引に無視し来たったところに致命的誤謬を犯している。またバルカンや中国等においてたとえ共産主義が一応の成功を収めても、チトー事件や中ソ紛争の例が示すように、各国の国家理性と共産主義の発展不均等性とが課する試練はすこぶるきびしいのである。

＊　拙著『ロシア革命史』二七五ページ参照。私は今まで終始この点を強調して来た。ラスキー教授も Reflections on the Revolution, 1943 において同様の見解を述べ、「第三インターナショナルがなかっ

たとすれば、ムッソリーニもヒットラーも政権を獲得できなかったであろう」と断定している。同書七九一八〇ページ参照。

ソヴェト共産主義はすでに述べたように政権を奪取して以来五十年間に、スターリンやフルシチョフ等の試行錯誤を通じてしだいにそのニヒリスト的性格を払拭《ふっしょく》し来たった。ソヴェト共産主義が数多くの誤謬にもかかわらず、今日までソヴェト連邦にとって命とりにならず、かえってヒットラー・ドイツに対する劇的勝利を可能にしたのは、組織力と革命的気魄という強味に基づくことはいうまでもないが、また最高指導者スターリンの柔軟性ある判断力に負うところもすこぶる大きい。スターリンはまことに「人民の友」ではなくて、「人民の子」であり、数多くの悪徳にもかかわらず「人民の子」のみが生来与えられている本能的な健全さを備えていた。しかしソヴェト共産主義はいかなる時、いかなる場所においてもスターリンのような卓絶した指導者を持ちうるわけではけっしてない。逆説的ではあるが人民の子らが共産主義に走らざるをえないような条件――経済的困窮、政治的民主主義の欠如、文化的立ち遅れ等々――の存する国々においてのみ、共産主義はすぐれた指導者を持ちうる可能性を有している。これらの国々以外では、共産主義はますますそのニヒリスト的性格を露呈し、自称「人民の友」たちのアモラリズムとコンフォルミズムとは、およそ人格の尊厳と個性の権威とを確信する人々をいよいよ強く反撥《はんぱつ》せずには措《お》かないであろう。

しかしソヴェト共産主義の問題は、これをただ批判するだけではけっして解消しないことを忘れてはならない。ソヴェト共産主義の問題の真の核心は、実はソヴェト共産主義と死活の闘争をしている西欧民主主義・資本主義世界の中に存している。なるほどソヴェト共産主義は基本的人権を蹂躙《じゅうりん》しているであろう。しかしそれでは西欧民主主義の世界では基本的人権が真に擁護されているであろうか？　一部特権階級以外の民衆に対しては、特に植民地、半植民地民族にとっては、人権の内容は形骸《けいがい》化していないであろうか？　この意味で私は、西欧民主主義の虚偽に対する批判としてのソヴェト共産主義の意義を強調したいと思う。ソヴェト共産主義は幾多の欠陥を持っているが、西欧民主主義に対する負のエレメントとしての価値は、絶対に否定しえない。最近西欧民主主義世界、特にその中核たるキリスト教の陣営において、ソヴェト共産主義を媒介とする深刻な自己反省の気運が見られるのは、このさい最も注目すべきであろう。キリスト教と民主主義とは、自己の対立物を批判する前に、なによりもまず自己批判を遂げなければなるまい。徹底的な自己批判と完全なる脱皮の後においてはじめて、西欧民主主義はソヴェト共産主義の問題を真に解決しうるのである。

第七章　チトーとチトー主義

一　スターリン主義の崩壊とチトー

「一九四八年六月の共産党情報局会議は、チトー＝ランコヴィッチ一味の、民主主義と社会主義からブルジョア民族主義への転落を確認したが、この情報局会議から後、この一味は、さらにブルジョア帝国主義からファシズム、およびユーゴの民族的利益の直接的裏切りへと移ってしまった。……

チトー一味のファシズムへの移行、および国際帝国主義への脱落の完了を証明する反駁《はんばく》しがたい事実から出発して、共産党および労働者党の情報局は、次のことを確認する。

一　チトー、ランコヴィッチ、カルデリ、ジラス、ピヤーデ、ゴシニャック、マースラリッチ、ベーブレル、ムラゾーヴィッチ、ヴクマノヴィッチ、コーチャ・ポポーヴィッチ、キルディッチ、ネシコヴィッチ、ズラティッチ、ヴェレビート、コリシェフスキーその他のスパイ一味は、労働者階級と農民、およびユーゴ人民の敵である。
二 このスパイ一味は、ユーゴ人民の意志ではなく、国際独占資本の意志を表現しており、したがって、この一味は、国の利益を裏切り、ユーゴの政治的独立と経済的自主性を失った。
三 いわゆる〝ユーゴ共産党〟は、人民の敵＝殺人者とスパイの手に落ち、共産党を自称する権利を失い、チトー、カルデリ、ランコヴィッチ、ジラス一味のスパイ的任務を遂行する道具にしかすぎなくなっている。……」

以上は、一九四九年十一月下旬に、コミンフォルムが行なった決議「殺人者とスパイの権力下にあるユーゴスラヴィア共産党」の一部分である。*この決議から五年半後に、フルシチョフ第一書記とブルガーニン首相とは、チトー大統領を公式に訪問して、はっきりとソ連側の非を認めた。ユーゴスラヴィアが社会主義国であること、チトーのひきいるユーゴ共産党がマルクス・レーニン主義の党であることを確認することによって、フルシチョフとブルガーニンとは、チトーらの名誉を回復した。ソ連共産党は、無謬《むびゅう》であり、不可謬であるという伝説は、打破された。

＊「前衛」第四六号四四—四七ページ。

しかし、一九五五年五月には、まだごまかしが残っていた。なぜならば、さきに引用した決議とフルシチョフ、ブルガーニン両首脳のユーゴ巡礼との間に「殺人者、スパイ」として抹殺《まっさつ》されたベリヤのみが、チトー追放の責任を負うべきものとされたからである。たとえベリヤに一半の責任があったとしても、スターリン自身がチトー問題に対して無罪であるはずはない。ベリヤ一人に一切の罪をかぶせたところに、何か割り切れないものが感ぜられたのは、当然だった。

一九五六年二月十六日、ソ連共産党第二十回大会の席上で、ミコヤン第一副首相が公然とスターリンの名をあげて、スターリン理論とスターリン外交とを全面的に批判するに及んで、すべては明らかとなった。ユーゴスラヴィアに対するソ連の「過失」を論じながら、ミコヤンは、もはやベリヤの名前にふれていない。ミコヤンのスターリン批判には、スターリン個人にすべての罪を帰して、マルクス・レーニン主義のドグマを救おうとするかの傾きが見られるが、ともあれ、彼の弾劾《だんがい》によって、スターリンの偶像化、神格化は終わりをつげたのである。

一九二三年から一九五三年まで、不滅のピラミッドのように築き上げられたスターリン主義の大殿堂は、今われわれの眼前で音もなくくずれ落ちている。地球上すべての共産主義者たちのみならず、共産主義者たちの少なからぬ部分をも呪縛《じゅばく》していた魔法は解けた。スターリンは無謬でも、不可謬でもなく、多くの誤謬を犯し、かなりの人間的欠陥をも備えていたことが、ほかならぬ彼の後継者たちによって確認された。

スターリン主義は、「包囲された要塞《ようさい》」ソ連に育ったレーニン主義として、当然歴史的にも地理的にも制約を受けている。こんなわかりきったことを、当のスターリンが亡くなってから三年後までも、共産主義者たちは認めようとしなかった。スターリン主義の普遍妥当性に挑戦《ちょうせん》した共産主義者は、ほとんど例外なく粛清された。トロツキー、ジノヴィエフ、カーメネフ、ブハーリン、ルイコフ、トムスキーらレーニンの協力者たちをはじめとして、数えきれぬほどのボリシェヴィキたちが抹殺されたばかりでなく、驚くほど多数の外国共産党員たちも、血祭りにあげられた。

スターリンの権威に戦いを挑《いど》んで、しかも生き残ったのは、ほかならぬチトーただ一人であるといってよかろう。人口千七百万の小国ユーゴスラヴィアをひきいるチトーは、人口二億の大国ソ連を支配したスターリンと四つに組んで、少しも譲らず、とうとうその後継者たちに頭を下げさしたのであるから、東洋流に表現すれば、まさに「男子の本懐」というべきだ。チトーとスターリンとの闘争は、しかし単に好敵手間の勝負として興味があるばかりではない。

チトーのユーゴスラヴィアは、ソ連および全衛星国の圧迫に抗してりっぱに生き残り、スターリン主義のビザンチン式大伽藍《だいがらん》に大きな風穴を明けた。スターリン主義の大殿堂は、今くずれている最中であって、それがどんなに大きな結果を伴うかは、まだ誰にもはっきりわかっていない。スターリンが多大の犠牲を払って守り抜いた要塞ソ連は、今や中国革命と東欧の共産化とによって孤立を脱し、第五次五か年計画の成功後、その国力をますます強大化しているから、スターリン主義は亡んでも、ソ連そのものがどうとかなるということは考えられない。

しかし、スターリン主義がくずれ去れば、「注文をつけずに、ためらうことなく、無条件にソ連を守ろうとする者のみが国際主義者である。なぜならば、ソ連は世界革命運動の基礎であり、ソ連を守らずして、この革命運動を前進させ、守ることは不可能である。ソ連にそむき、これを脇《わき》において革命運動を守ろうと考えるものは、革命に反対するものであり、きまって革命の敵陣営におちこむものである」*というスターリン主義の基本命題もなりたたなくなり、ソ連と世界の革命運動との関係に大転換が生じる。

＊　スターリン著作集第十巻五一ページ。

チトーとその共産党は、「包囲された要塞」ソ連とは独立にユーゴスラヴィア革命を遂行した。一九一七年のロシア革命から、一九四九年の中華人民共和国の創設までの三十二年間に、自力で革命に成功し、その勝利を守り抜いたのは、チトーのユーゴスラヴィアだけである。チトーのユーゴは、後にのべるように、スターリンのソ連との友好関係を誠実に求めたが、しかし「無条件にソ連を守ろう」とはしなかった。それどころか、チトーは、ユーゴを衛星国視するスターリンに対して、主権の平等を主張した。そこでチトーは、「ソ連にそむき、これを脇において革命運動を守ろうと考えるものは、革命に反対するものであり、きまって革命の敵陣営におちこむものである」というスターリン主義の論理によって、「殺人者、スパイ」の烙印《らくいん》を押されたのだ。

このように考えると、スターリンのチトー追放は、単なる戦術上の過誤ではなく、スターリン主義そのものの破産を意味していることが知られよう。それも当然である。なぜならば、スターリン主義は、一九二三年におけるドイツ共産党の完敗とともに始まったいわゆる「資本主義の相対的安定期」に、孤立した要塞ソ連を守ることを至上命令として生まれたものであり、したがって、世界のどこかで革命が成功すれば、その瞬間に、時代遅れとなり、存在理由を失うべきものだからである。一九四五年にチトー政権が成立し、同時に中国革命が力強く前進を開始した時、スターリン主義は、その歴史的使命を果たしおえたのだ。

スターリン主義は、歴史的使命を完了してからもなお数年間生きながらえることにより、甚大《じんだい》な害毒を残した。チトーの追放とソ連・ユーゴスラヴィア国交の危機とは、その害毒の一つである。チトーのユーゴスラヴィアは、スターリン主義の残骸《ざんがい》を葬り、その亡霊を払った点で、歴史的な偉業を達成したものといわなければなるまい。今後、ソ連と中国、ソ連と東欧の衛星国との間の関係が変化するのみならず、ソ連とソ連圏外の共産党との関係も流動化し、さらに、社会民主主義政党と共産主義政党との関係にも、大きな転換が生じよう。スターリン主義によって過去三十余年間化石化していた社共の関係が変化すれば、世界の労働運動と社会主義運動には、新生面が開かれるかもしれない。

チトーの追放と彼の抵抗とは、このように見る時、単なる共産陣営内での異端争いでないことがわかる。チトーの一撃によって明けられた風穴からのぞけば、共産主義の全貌《ぜんぼう》のみならず、現代史の秘密までがきわめられそうである。

二　チトーの背景とおいたち（一）

一九四二年ごろ、ユーゴスラヴィアのパルチザン指導者チトーの名がにわかに有名となった時、彼のおいたちについては、ほとんど何も知られていなかった。そこでチトーとは、国際共産党テロ団（Communist International Terrorist Organization）の頭文字をとったものだという意見がまことしやかに伝えられたものである。チトーの名は、むろんTITOであって、CITOではない。TITOはしかし、彼の変名であり、本名は、ヨシプ・ブローズ（Josip Broz）という。

一九五二年にウラジミル・デディエのチトー伝『チトーは語る』（高橋正雄訳、河出書房）が公刊されるにおよんで、チトーの前半生についての正確な事実が明るみに出た。デディエは、その後ジラスとともに失脚したが、彼の著書『チトーは語る』は、今なお十分な価値を持っている。なぜなら本書は、「いろいろの談話が精密に記録されているだけでなく、事実そのものも正確に組み立てられ、記述されていることを、私は証言しなければなりません」と、チトー自身によって、裏書きされているからだ。

チトーは、クロアチアの北部、スロヴェニアとの国境（あるいは州境）に近いザゴーリエ（Zagorje）地方のクムローヴァチ（Kumrovač）村で、一八九二年五月に生まれた。父はフラーニョ・ブローズという農民であり、母はマリア（旧姓ヤヴェーシェク）というスロヴェニア人だった。チトーが、クロアチア人とスロヴェニア人との間の混血児であることは、かなり重要である。というのは、ユーゴスラヴィア連邦人民共和国を構成する六つの人民共和国（セルビア、クロアチア、スロヴェニア、ボスニア・ヘルツェゴヴィナ、マケドニア、モンテネグロ）には、セルビア人、クロアチア人およびスロヴェニア人という南スラヴの三大支族のほかに、マケドニア人、モンテネグロ人、マジャール人、アルバニア人、ルーマニア人、トルコ人、ブルガリア人、ドイツ人、イタリア人、ユダヤ人、ジプシー、所属不明の回教徒ら雑多なグループが住んでいて、一九一八年十二月に、南スラヴの統一国家が生まれてからすでに五十年以上経過した今日なお、言語、宗派、歴史、文化を異にする民族間、宗派間の対立抗争は、まだ完全には解消されていないからである。

そこでユーゴスラヴィア国民を形成している主要な民族について、その歴史のあらましを見ておくことがぜひとも必要となる。一九四八年三月十五日の人口調査によれば、ユーゴスラヴィアの民族別人口は、次のとおりである。

	千人	%
セルビア人	六、五四七	四一・五
クロアチア人	三、七八四	二四・〇
スロヴェニア人	一、四一五	九・〇
マケドニア人	八一〇	五・一

モンテネグロ人	四二六	二・七
アルバニア人	七五〇	四・八
マジャール人	四九六	三・一
回教徒	八〇九	五・一
ルーマニア人	六四	〇・四
ワラキア人	一〇三	〇・七
トルコ人	九八	〇・六
ドイツ人	五七	〇・四
イタリア人	八〇	〇・五
ブルガリア人	六一	〇・四
その他	二七一	一・七
計	一五、七七一	一〇〇・〇

右の中で、セルビア人からモンテネグロ人までが、南スラヴ民族群に属し、全人口の八二・三パーセントを占めている。回教徒として計上されている八十万人も、南スラヴと同種であるが、セルビア人のギリシア正教にも、クロアチア人のローマ旧教にも属さないので、別扱いとなっている。セルビア人、クロアチア人、マケドニア人およびモンテネグロ人は、セルボ・クロアート語を話し、もともと同一集団であったが、この中でクロアチア

人だけが、ローマ旧教徒となって、スロヴェニア人とともに、中欧ないし西欧文化圏に入り、セルビア人、マケドニア人およびモンテネグロ人は、ギリシア正教に帰依して、東欧ないしビザンチン文化圏に属することとなった。南スラヴ民族群が、ローマ旧教とギリシア正教とによって、二つの文化圏に切断されたのち、オーストリア、ハンガリー、ヴェネツィア、トルコの諸勢力が何世紀にもわたって、今日のユーゴスラヴィアの地を支配したので、事態はいちだんと複雑になった。十九世紀に南スラヴ民族が民族意識にめざめた時にも、個々の支族は、異なる環境のもとに、別々の支配者に抗して、そのナショナリズムを展開しなければならなかった。

まずセルビア人から見てゆくと、七世紀ごろセルビアにはいった彼らは、八世紀にギリシア正教を受けいれ、十一世紀には、東ローマ帝国から独立した。ステファン・ドゥーシャン王のもとに、セルビア国は強大を誇ったが、やがてトルコ人の侵略を受け、一三八九年にコソヴォ（Kosovo Polje）の決戦に敗れて、トルコの属国となった。次いで一四五九年には、モハメット二世の手で、セルビアは完全に蹂躙《じゅうりん》され、一八一五年に自治を回復するまで、三百五十余年間トルコ人の圧制に苦しめられた。

トルコの支配下にあって、セルビア人は、正教の信仰とセルビア王国時代への追慕とによって、トルコ化を免れ、民族性を保持しえた。セルビア人は、単に民族感情と民族意識とを守り抜き、育て上げたばかりではなく、一八〇五年に早くも独立運動を起こし、十年後にはオブレノヴィッチ王家のもとに自治を獲得し、一八七八年のベルリン会議で完全に独立することができた。

セルビアの農民たちが、コソヴォの戦いに関する民謡や伝承に励まされて、トルコの領主や代官の圧制に対しいかに勇敢に戦ったかは、数多くの事実が証明している。十九世紀の独立運動も、都市のブルジョアジーやインテリゲンツィアを中心とする西欧流のナショナリズム運動とは趣を異にしていた。セルビアには、当時まだ民族ブルジョアジーは成長していなかったので、独立運動の担《にな》い手は、もっぱら農民であり、農民の自衛組織であった。セルビアの農民たちが、どんなに強い民族意識を持っているか、また彼らの自衛組織から生まれたセルビア軍が、どれほど勇猛であるかは、今世紀にはいってからも、たびたび証明されている。

一九一二年秋のバルカン戦争には、セルビア軍はヴァルダール流域一帯、サンジャック・ド・ノヴィ・バザールおよびアルバニアの北部を占領し、セルビアの国威を大いにあげた。セルビア軍の勝利は、当時オーストリア・ハンガリー帝国領にはいっていた南スラヴの同族全体に多大の感動を与え、義勇兵としてセルビア軍に投ずるものも少なからず、下り坂の帝国は大セルビア主義によって解体の危機に直面した。周知のとおり、第一次世界大戦は、セルビアをこらしめることにより、何とかして生き残ろうとするオーストリア・ハンガリー帝国のあがきと、腐朽した帝国を解体することにより大セルビアの夢を実現しようとするセルビア人のあせりとが、直接の原因となって破裂した。

ボスニアの首都サラエヴォで、一九一四年六月二十八日に、オーストリア・ハンガリー帝国皇儲《こうちょ》フランツ・フェルディナント大公夫妻を暗殺した三青年プリンチプ、チャブリノヴィッチおよびグラベェッツは、いずれもボスニア生まれのセルビア人であり、ステファン・ドゥーシャンの偉業を回復することが犯行の動機であったと申し立てている。この暗殺事件からちょうど一か月後に、生意気なねずみを退治する猫《ねこ》のようなつもりで、セルビアに宣戦したオーストリア・ハンガリー帝国は、窮鼠《きゅうそ》猫をかむ勢いのセルビア軍になやまされ、八月、九月、十月と三回にわたる大攻勢は、いずれも惨憺《さんたん》たる敗北に終わってしまった。セルビアを攻撃した五十万のオーストリア・ハンガリー軍が半数以上（二七三、八〇四人）の大損害を受けたのを見ても、セルビア軍がいかに勇猛であったかがわかる。

ドイツ軍の精鋭が来援し、ブルガリアが参戦するに及んで、セルビアは一九一五年十二月ついにその全土を占領された。しかしセルビア軍の主力はサロニキ戦線で善戦をつづけ、一九一六年十一月には、国土の一部を解放することに成功し、南スラヴの解放と統一のために万丈の気炎をはいている。

このようなセルビア軍の実績を背景にして、一九一七年七月二十日のコルフ宣言は、セルビアとオーストリア・ハンガリー帝国内の南スラヴ民族とを打って一丸とする南スラヴ王国をば、カラジョルジェヴィッチ王家のもとに創設することを明らかにした。一九一八年十二月一日に生まれたユーゴスラヴィアは、セルビア人が南スラヴ民族解放に対して払った甚大な犠牲の成果であって、実質的には、大セルビアにほかならなかった。一九一八年の建国から一九四一年の亡国まで、ユーゴスラヴィア王国が、大セルビア主義の重圧になやまされ、慢性的な政治危機をかもし出していたのは、一つにはこのためだった。

セルビア人の民族性を語るにさいして、忘れてはならないことは、ロシア人に対する彼らの伝統的親近感と汎《はん》スラヴ主義への共鳴であろう。フランツ・フェルディナントを暗殺したセルビア人の三青年の背後には、有名な黒手組があり、その黒手組のパトロンが帝政ロシアの参謀本部であったことは、よく知られている。元来セルビア人はトルコの支配に抗して民族意識を育てたのであるが、オーストリア・ハンガリー帝国の支配下にある同族を解放しようとするに及んで、汎ゲルマン主義と正面から対立するようになり、物理的な力で、スラヴの総本山であるロシア帝国に引かれるにいたった。それにセルビア人とロシア人とは、ギリシア正教を共通にしている。同じスラヴ族の中でも、ビザンチン文化圏に属するのは、この両民族のほかには、ブルガリア人しかない。チトーの追放にさいして、ユーゴスラヴィアとブルガリアとの連合問題が一因をなしていたことも、この点と無縁ではなかろう。

セルビア人のロシア人に対する親近感は、後にのべるように、一九四一年三月二十七日にドゥーシャン・シモヴィッチ将軍を中心として決行されたクーデタによっても実証された。チトーのユーゴスラヴィアは、大セルビア主義の国ではないが、ユーゴとソヴェト・ロシアとの確執には、長年にわたる両国民の友好感情が背景にあったことを注意しておかなければなるまい。親近であればあるほど、失望も大きく、憎悪もはげしいからだ。

以上セルビア人の祖国愛と勇猛とについて、若干の事実を述べたが、彼らの美徳も、むろん暗い面を免れていない。異教徒による長年の弾圧と搾取とは、セルビア人の愛国心をばいささか度はずれなものとした。デヴィス・カップの庭球戦がベオグラードで戦われる時、対手国のティームはしばしばセルビア人のものすごい悪罵《あくば》に閉口しなければならなかった。悪罵くらいはまだよいが、セルビアの政治史は、上からのクーデタと下からの暗殺の歴史であるといわれるほど、セルビア人とテロとの関係は深い。しかも、クーデタも暗殺も、セルビアの軍部によって遂行される場合が多かった。トルコ人の支配に対する農民のパルチザン闘争から成長したセルビアの軍部は、よい意味でも、悪い意味でも、セルビア民族の象徴的存在だといってよい。

ユーゴスラヴィア第二の民族クロアチア人は、セルビア人と同文同種である。クロアチア人は、フランク帝国に編入され、ローマ旧教を受け入れたので、セルビア人と運命を分かつことになった。クロアチア人も、セルビア人と同じく一時独立していたが、一一〇二年にはハンガリーと連合し、それから第一次世界大戦まで長くハンガリーの支配下にはいった。一四六三年にボスニアがトルコ人に占領されてから一六九九年にいたる間、クロアチア人は、たえずトルコ人の侵略と戦わなければならなかったが、彼らを搾取した圧制者は、ハンガリーであった。国土の収入の五五パーセントはブダペストへ持ってゆかれるというひどい状態のもとで、クロアチア人は、しだいに民族意識にめざめた。この場合注目すべきは、クロアチアのナショナリズムの担い手は、農民ではなく、オーストリアの大学で教育されたインテリゲンツィアであったことである。

クロアチアの民族運動は、最初、東方キリスト教文化圏に属し、かつ民度も低いセルビアとの合同という方向をとらずに、オーストリア・ハンガリー帝国内における完全な平等と自治との獲得を目ざした。二十世紀にはいって、ゲルマンとマジャールとスラヴとの三民族の連合体とオーストリア・ハンガリー帝国を改編する運動が行きづまった時、クロアチア人の眼はようやく、南スラヴの同族に向けられた。

セルビアの果敢な闘争は、こうしたクロアチア人の気持ちをとらえて、第一次世界大戦後、ユーゴスラヴィアの建国となったのであるが、ベオグラード政府、特に一九二九年にはじまったアレクサンドル王の大セルビア主義政策は、セルビア人に対するクロアチア人の対抗意識を強め、分離主義的な傾向を生んだ。一九四一年四月、ユーゴスラヴィアがヒットラー・ドイツ軍によって蹂躙されるやいなや、早くも同月十日にはクロアチアの「独立」が宣言され、パヴェリッチ博士の政府とウスターシャ（Ustaša）と称する武装団体とが、ナチス・ドイツのバルカン政策のために奉仕することになったのは、このためだった。

ユーゴスラヴィアの第三番めの民族は、スロヴェニア人（スローヴェン人）である。スロヴェニア人も、南スラヴの一支族であるが、長くオーストリア帝国の一部を構成してきたので、クロアチア人よりも、いっそうはっきりと中欧に属している。地理的にオーストリアのケルンテン、シュタイエルマルクと接し、トルコ人に対する防衛についても、ドイツ人とスロヴェニア人とが緊密であって、この間に、相互の浸透と同化もかなり行なわれた。その結果、スロヴェニア人は、南スラヴの同族中で最も開化した、最も民度の高い支族となった。

十九世紀にはいると、スロヴェニア人も、ドイツのロマン派から影響されて、民族意識にめざめ、ドイツ系の地主に対する農民の抵抗もしだいにはげしくなった。ウィーンやグラーツの大学で教育を受けたスロヴェニアのインテリゲンツィアは、スロヴェニア・ナショナリズム運動の推進力となり、ユーゴスラヴィア建国後は、同国共産党に数多くの闘士を送りこむこととなった。現在でも、ユーゴ共産党の幹部、連邦政府の要人、社会主義企業の管理者の中には、人口割合とバランスがとれないほどスロヴェニア人が多い。

セルビア人、クロアチア人およびスロヴェニア人について、今までのべたところは、チトーとチトーイズムの歴史的背景を素描したものだ。もしチトーがセルビア人であったならば、彼のモスクワに対する抵抗は、違った意味を持ったかもしれないし、クロアチア人やスロヴェニア人を現在ほどしっかりとつかみえたかどうかも疑問である。またもしチトーが純粋のクロアチア人ならば、ただでさえ親露的・親ソ的傾向の強いセルビア人を、あすこまで引っぱって行けたかどうか疑わしい。現在でさえ、コミンフォルムのチトー追放を支持した彼の反対派には、セルビア人が多いのである。

このように考えてくると、チトーがクロアチア人とスロヴェニア人との間に生まれたという事実は、なかなか重大であることがわかる。クロアチアとスロヴェニアとの混血は彼を南スラヴの歴史に由来する狭隘《きょうあい》な分離主義と地方割拠主義とから救い、ユーゴスラヴィア連邦にとって、まさにうってつけの指導者にしたのである。

しかもチトーのユーゴスラヴィアにおいて、人口の四二パーセントを占め（モンテネグロ人、マケドニア人として別扱いになっている同族を加えると五〇パーセント）、歴史的にもユーゴスラヴィア国家の大黒柱であるセルビア人は、トルコ、オーストリア・ハンガリー、ドイツの三大帝国に抵抗し、生き残り、勝ち抜いたという光栄ある不屈の伝統を担っている。この意味で、スターリンのソ連に対するチトーのユーゴスラヴィアの抵抗と勝利とは、天の時、地の利および人の和という三条件に恵まれていたものといわなければなるまい。

三　チトーの背景とおいたち（一）

チトーのおいたちにもどろう。彼は、『チトーは語る』の第一章を「少年時代はつらかった」と副題している。彼の先祖は代々ハンガリーの貴族エルドーディ家の農奴であったが、一八四八年の革命によって解放された。上からの解放がいつもそうであるように、解放された農奴は、利子奴隷となって、保有地からも「解放」されることになる。チトーの父フラーニョも利子の支払いに追われているうちに、十五エーカーの土地を少しずつ切り売りしなければならなくなり、やけを起こし、酒に身を持ちくずしてしまった。そこで、十五人の子供たち——チトーは第七番め——を食べさせ、着せることは、「働きもので、自尊心の強い、信心のあつい」母の双肩にかかることになった。これでは、チトーの少年時代がつらかったのも無理はない。

父が飲んだくれで、母がその勤労によって子供を育てる貧しい家庭といえば、私はスターリンの幼年時代を想起せざるをえない。ヒットラーの家庭もこれに近かった。およそ立志伝が、ほとんどすべてこうした家庭からはじまるのは、いったいなぜだろうか？　独裁政治家の心理は、きっと幼年期の人格形成と無縁ではなかろう。攻撃的、支配的な権威主義的性格が、円満な家庭よりは、恵まれない家庭において形づくられやすいことも疑いない。しかしこの点にあまり重きを置き過ぎることも、問題だ。

それよりも、チトーが十五人兄弟の第七番めに生まれて、十五歳以上まで生き残ったのは、チトーを含んでわずか七人だという点のほうがいっそう重要かもしれない。ユーゴスラヴィアは、今なおヨーロッパにおいて出生率が最も大きく、死亡率もいちばん高い国の一つである。もっとも、このことは、民族的（あるいは人種的）特徴というよりは、むろん歴史的条件に負うている。西ヨーロッパ諸国においても、昔は多子家庭が多く、乳幼児死亡率も高かった。ユーゴスラヴィアの現状は、その後進性を示すものだ。それにしても、これだけの子供たちを育てることは、両親にとってのみならず、当の子供たち自身にとっても重い負担であったことだろう。チトーは次のように語っている。

「私の少年時代はつらかった。子供は多かったし、そのめんどうを見るのがなみたいていではなかった。パンが十分にないこともあった。母は、食料品室に鍵をかけておかねばならず、私達子供らは、食えるだけもらうというのではなくて、母が私達にくれてさしつかえないと思うものをもらえるだけだった。一月には、小麦が買えないので、父はトウモロコシのパンを買わねばならない有様であった。私達子供らは、時々親せきが訪ねて来ると、それをいいことにして、割り当てを食べてしまった上にもう一切れパンを欲しいと言ったりした。人前をはばかるたちの人だったので、母は親せきの人々の前では私達にくれないとはいわなかったが、客が帰ったあとで、さんざん叱《しか》られ、時にはむちで打たれることもあった」*

＊『チトーは語る』邦訳一三ページ。

チトーはつづいて、両親の留守中に、新年用の燻製《くんせい》の豚を子供たちで平らげてしまった話をしている。「この時は、母もかわいそうに思ったと見え、私達は逃げもかくれもせずにすんだ」という言葉には、まことに実感がこもっている。余裕のある家庭での、子供たちのいたずらとは違って、食べることという人間生活の最低限の要求が満たされない状態のもとでは、子供も「無邪気」などとはいっていられない。人生は、こういう子供たちにとっては、出発点から真剣なのである。

寺男を連れた托鉢僧《たくはつそう》にトウモロコシ粉を施すのを見て、腹をへらした子供たちが何ともいえない気持ちになる話、ハンガリーの兵隊が四人も、まる一か月間チトーの家にとまりこみ、なけなしの食料ストックをごっそり食いへらした話など、チトーの想い出は、食の問題から離れない。

しかしチトーの幼年期にも、いくらかの息抜きはあった。それはスロヴェニアにあった母方の祖父のもとで暮らした月日である。母の実家は生活水準も相当高かったらしく、—

―祖父は六十五エーカーの畑と山林を持っていた――チトーはここで、頓智《とんち》のある、慈愛ぶかい祖父の養育を受けた。あまり居心地がよいので、チトーはここに長く滞在し、クロアチア語よりはスロヴェニア語のほうがうまくなった。これを見ても、いかにチトーがクロアチアとスロヴェニアに両属しており、本来のユーゴ(南)スラヴ人であるかを知ることができる。

当時のクロアチアでは、住民の六〇パーセントが文盲であり、学校はいくらもなかった。しかしチトーが七歳の時、運よくクムローヴァチ村にも小学校が設けられ、彼は理解ある両親のおかげで、貧乏に苦しめられながらも、学校に通うことができた。四年生の時には、チトーは「行儀が優の上、教理問答が優、クロアチア語が良、算術が可、唱歌が良、体操が優、農芸が優」*というかなりよい成績をえている。

＊『チトーは語る』邦訳一六ページ。

チトーは十二歳から、伯父の家で家畜番をして、家庭の生計を助けた。「食べるために」アメリカへ移民することも考えたが、旅費の工面がつかず沙汰《さた》やみとなった。十五歳の時、「つらい仕事などしないで、たっぷり食べていられるから」というので、近くのシサクという町で、レストランの給仕人に住みこんだ。しかし給仕人の仕事は、チトーの性に合わず、やがて彼はカラスという錠前屋の工場で徒弟に採用された。チトーの先祖に鍛《か》冶屋《じや》がいたこともあって、彼は機械工の仕事にあこがれをいだいたのである。

この徒弟時代に、チトーはずいぶんよく勉強することができた。週に二回夜学に通って、彼は地理、歴史、外国語等を学んだ。読書欲も猛然と起こり、歴史、小説、旅行記、冒険談を手当たりしだいに読んだ。シャーロック・ホームズには熱中し過ぎて、仕事の時間にまで読みふけり、親方のカラスに打たれて、逃亡し、憲兵にとらえられるという事件もあった。チトーは子供の時から、負けずぎらいだったらしい。小学生時代に聖ルカ教会の侍者として、司祭の祭服を脱がせているさい、うまくゆかないのに腹を立てた司祭になぐられてから、彼は二度と教会に行かなくなった。親方から打たれた時も、彼は三年の徒弟期間の最後の月だったのに断固飛び出している。こんなところにも、チトーのはげしい性格がうかがえると思う。

徒弟時代の末期に、チトーは、ガスパリチという渡り職人から社会主義思想のイロハを教えこまれた。クロアチアでは、すでに一八九四年に社会民主党が組織されており、社会主義新聞も出ていた。しかし弾圧もはげしく、新聞は発禁また発禁をくらっており、シサクの町では労働組合もまだ結成されていなかった。こんな状況のもとで、チトーはガスパリチに指導されて、社会主義新聞のために資金カンパをやったり、労働者マッチを売ったりした。また外国の労働運動や革命運動をも、チトーは新聞を通じて学んだ。一九一一年に幸徳秋水以下十二名が大逆罪のかどで処刑されたことも、チトーは当時新聞で知り、三十一年後にこのことをデディエに語っている。

カラス親方の好意で、ともかくも一人前の職人になることができたチトーは、クロアチアの首都ザグレブに出て、機械工としての遍歴時代にはいった。彼の遍歴時代は、一九一〇年十月から一九一三年に入隊するまで続く。つまり十八歳から二十一歳まで、チトーは機械工の職人としてクロアチア、スロヴェニア、ボヘミアなどオーストリア・ハンガリー帝国内の工場のほか、ルール地方や南ドイツなどの工場もへめぐった。機械工として経験を積んだほか、チトーは、ドイツ語も、チェコ語もできるようになり、見聞もふえた。

しかしチトーの遍歴時代について忘れられてはならないのは、彼がザグレブの工場に就職するやいなや、ただちに金属工組合に加入し、かつ社会民主党員になったことである。彼はメーデーに参加したり、ストライキをやったり、かなり積極的に活動したようだ。彼の遍歴時代は、社会主義の徒弟時代であったといえる。

チトーの遍歴時代――社会主義者としては徒弟時代――は、一九一三年に彼がオーストリア・ハンガリー帝国の現役兵として入営するとともに終わり、今度は、彼の社会主義者としての遍歴時代がはじまる。そしてこの第二の遍歴時代は、一九二〇年九月、ソヴェト・ロシアから帰郷するまでつづくのである。

チトーが新兵生活について語っているところは、旧日本軍隊のそれとあまりにもよく似ている。

「社会主義者さん！　こちらへいらっしゃい。僕が上手に刈ってあげます」と伍長にバリカンで自慢の頭髪をすっかり刈りとられてから、「いやなことがつぎつぎに出た。私達は、皇族の名前を全部暗記しなければならなかった。伍長は専制君主だった。私たち三十人の兵と同じ部屋にねるのであるが、煙草に火をつけたくなると、『プスプスプス』という音をたてる。私たち三十人全部がベッドからいきなり飛び出して、マッチをもって伍長のところへ駆けつけるのである。もしおそい人があると罰を食う。たとえばその兵士は外へ出ていって、蛙《かえる》を見つけて来なければいけない。そうすると、伍長はチョークで床に丸を書く。蛙をその中に入れ、その兵は、蛙が丸から跳《と》び出さないように監視しなければならないのである」*

＊『チトーは語る』邦訳三〇ページ。

何と旧日本陸軍の内務班に似ていることか？ 軍国主義が日本の専売特許品でないように、軍隊生活の愚劣さも普遍的現象である。チトーが語っているもう一つの例もおもしろい。

「やはり、私の友人で、おなじ村の人だが、私が町へ出てからもクムローヴァチにいた人のことをおぼえている。単純な農家の青年だったので、皇族の長い名前を早くおぼえることができなかった。――それだけで、罰を食う十分な理由となる。伍長は、部屋のすみの、タイルでできた火のはいっていないストーヴにその人をのぼらせた。その人はそこへ腰かけて、指で額をたたきながら、『私は馬鹿です。私は馬鹿です』と繰り返しいっていなければならなかった。このかわいそうな田舎者《いなか》は、こうして一時間以上もせめさいなまれたのであるが、下りて来て、私と二人で庭のズッとすみのほうに行き、そこでこの男はさめざめと泣いていた」*

＊『チトーは語る』邦訳三〇ページ。

真空地帯にあっても、チトーは勉強をやめなかった。彼はこの機会を軍事学――というと少し大げさだが軍事知識——の研究に利用した。下士官学校をおえて、チトーは連隊で最年少の軍曹になり、剣術も、スキーもうまくなった。彼の軍隊生活が、一九四一年からのパルチザン闘争に役立ったことは、疑いない。

第一次世界大戦は、多民族国家であるオーストリア・ハンガリー帝国の軍隊をめちゃくちゃにしてしまった。解放を求めるスラヴ系民族出身の兵隊たちには、はじめから戦意がなかった。チトーは、反戦運動の容疑で投獄されたのち、カルパト戦線に送られ、ロシア軍と戦ったが、一九一五年夏、重傷を負ったまま捕虜になった。

捕虜として鉄道の作業に従事しているうちに、ロシアの二月革命が起こり、チトーはペトログラードで七月デモに参加した。十月革命後、彼は赤衛軍に参加し、オムスクでコルチャク提督の白衛軍と戦っている。ペラギア・ベルスノヴァというロシア婦人と結婚したチトーは、一九二〇年九月、六年ぶりで帰国した。時に彼は、二十八歳であり、一人前の職人としてザグレブに出てからちょうど十年めであった。

四　ユーゴ共産党の再建

一九二〇年九月、チトーはザグレブのフィリプ・バウムの機械工場に就職し、ユーゴスラヴィア共産党に入党した。十四年後に、コミンテルンのバルカン事務局書記としてモスクワで働くことになるまで、チトーは、ユーゴスラヴィア国内にあって、地味なオルグ活動をつづけた。この間に彼は一九二八年二月には、ザグレブの地方委員会の書記長に選ばれ、一九三四年十二月の全ユーゴスラヴィア第四回大会では、中央委員に選出され、政治局員となっている。

チトーがいきなり共産党に入党したのは、ソヴェト・ロシアに滞在中、赤衛軍に参加し、共産主義者になっていたからであった。フランツ・ボルケナウは、チトーの共産主義への回心をば、もっぱら赤衛軍における将校への昇進のせいにしている。オーストリア・ハンガリー帝国の軍隊では全く考えられない夢を実現してくれたソヴェト・ロシアに、生来野心的なチトーは、すっかり傾倒したというのである。しかしこの解釈は、あまりにも転向者特有の毒意に満ちているようだ。

ここで想起されなければならないことは、一九一七年―二〇年のソヴェト・ロシアは向ソ一辺倒のスターリン主義者だけの独占物ではなく、全世界の社会主義者たち――少なくともその左派全部――の共有財産であったという点である。ソヴェト・ロシア自体が当時はレーニンのダイナミックな指導のもとでみずみずしい革命精神をまだ失っていなかったし、世界各国の共産党も、なお十分自主性を持ち、社共の関係もかなり流動的であった。このような情勢のもとで、十八歳のころから労働運動にめざめた急進的なクロアチア・スロヴェニア人が、反革命軍と戦いつつ、ボリシェヴィキ化したとしても、少しも不思議ではない。

さらに考えなければならない点は、チトーの祖国ユーゴスラヴィアでは、国民としての同質性も、社会的均質性も存していず、したがって、議会政治を通じて社会主義を実現するという社会民主主義の途《みち》は、ほとんど問題にならなかったことである。チトーがザグレブで共産主義者として活動を開始してから間もなく、一九二〇年十一月二十八日には、ユーゴスラヴィア王国における最初にして最後の、自由な選挙が行なわれたが、その結果は次のようであった。*

党名	議席
民主党（中央集権主義、全土にまたがるが、セルビア中心）	九四
急進人民党（セルビア中心の中央集権主義的保守政党）	九三
共産党	五八
クロアチア農民党（地方分権主義）	五〇
セルビア農民党	三九
ボスニア回教党	二四
スロヴェニア人民党	二三
社会民主党	一〇
その他	二六

* Osteuropa-Handbuch : Jugoslawien, S. 73.

右の表を一目見ただけで、ユーゴスラヴィア王国においては、議会制民主政治が円滑に運営されえないこと、したがって、また社会民主党は、共産党に太刀打ちできないことがはっきりする。この意味で、チトーが共産党を選んだことは、心理的にも、政治的にも、必然的であったといわなければなるまい。

一躍第三党にのし上がったユーゴ共産党は、アレクサンドルの政府にとっては、目の上のこぶであった。一九二一年七月二十七日、共産党は追放され、同年八月三日の国家保安法によって、共産党員は、仮借なく弾圧されることになった。ユーゴスラヴィアは、その後一九二八年まで、議会政治の形骸《けいがい》を保ったが、一九二九年の一月早々、国会を解散して、国王独裁のバルカン型ファシズムに移行した。政党は解散を命ぜられ、労働組合も禁止され、言論、集会および結社の自由は、ユーゴスラヴィアから完全に姿を消してしまった。民族と民族との、階級と階級との、宗教と宗教との、地方と地方との対立抗争が激化して、見せかけだけの民主政治もやってゆけなくなり、反動的テロリズムによってのみ、辛うじて国家の統一性を保持しえたわけだ。

ユーゴスラヴィアの政治的危機は、そのままユーゴ共産党に反映した。というよりは、むしろ、ユーゴスラヴィアの議会政治を破産せしめた歴史的条件と社会的要因とが、そのままユーゴ共産党にも作用したというほうが正確であろう。非合法化されたあとのユーゴ共産党は、党内のセクト主義と派閥闘争とに苦しめられた。チトーは一九二八年当時におけるユーゴ共産党の欠陥について、次のようにのべている。

「当時共産党の指導部は、労働者農民のヨリよい生活のための闘争に全力を集中しないで、右派と左派との抗争に没頭していた。それは主義主張の抗争ではなくて、党内の地位をねらう出世第一主義者の抗争に過ぎなかった。ザグレブの多くの労働者は、党内の分派争いが、単に共産党に対してだけでなく、ユーゴの全労働者階級に対して損害を与えているので、深く心を痛めていた。ヨリよい生活と労働条件を闘いとることを直接の目的として労働者階級が行なう闘争の一環としての労働組合運動は、この党内抗争のために阻害されていた。*」

＊『チトーは語る』邦訳六〇ページ。

チトーはユーゴ共産党のこの疫病を直すために、徹夜の議論をつづけた結果、「組織を健全なものにする治癒《ちゆ》は、下からだけ、党員大衆自身からだけ生まれてくることができるのだという結論に達した」という。ここに、官僚主義に対するチトーの闘争の少なくとも出発点があるように思われる。チトーが、ザグレブ地方委員会の書記長に選ばれたのは、こうした活動の結果であった。

間もなく彼は捕えられ、一九三四年まで獄中にいたが、出獄してみると、ユーゴ共産党の新しい欠陥に気づいた。それは、彼の不在中に党の最高指導部がウィーンに亡命していて、母国の人民たちから完全に浮いていたことだ。アレクサンドル王の上からのファシズムによって、ユーゴ共産党は寸断されてしまい、国外の中央委員会と国内の組織との間の連絡もとだえがちであった。チトーは、ユーゴ共産党の動脈硬化ぶりについて次のように語っている。

「党員達は、自分で考える代わりに、外国からの指令を待つように強制されるだけだった。直接に闘争に参加している本国の人々は、中央委員が承認しない政治行動をとることは許されなかった。ところがその中央委員会はウィーンにあった。他方中央委員会自身も何ら行動の自由を持っていなかった。行動しうる前に、一々決定をモスクワのコミンテルンに送らねばならなかった。モスクワではその決定は、まず下級の係りの人々に届けられ、それからだんだん上級機関にゆく。最後に、決定する権限のある機関にかけられ、はじめて分析され、適当な決定が与えられる。こうして長いことかかったあとで、指令はウィーンの中央委員会に送られ、そこからユーゴの党組織にリレーされる。これは長い道程であるばかりでなく、決定がやっとついた時分には、不適当なものになっているか、時間おくれになっている。それらは、本国と直接の闘争とから遠く離れている人々によって、またしばしば本国の事情に対する洞察《どうさつ》を全く持っていない人々によってなされるのである。そういうことから生ずる結果の一つは、指導者の不断の入れ替えということである。行動が適切でないことがあると、そのたびごとに、コミンテルンはモスクワに住んでいる人々、そしてその機関の一部をなす人々のうちから新しい指導者を選ぶ。コミンテルンは、本国で闘争によって鉄火の試煉を受けている同志を信頼するということは全然なかった。こういう事情では、ユーゴの党活動から目ざましい成果があがるのを期待することができないのは、明らかなことだった」*

* 『チトーは語る』邦訳八三ページ。

一九三四年にチトーがここまで、はっきりとコミンテルンの官僚主義を批判していたかどうかには、問題があろう。チトーが右に引用した部分をデディエに語ったのは、十年後であり、それが発表されたのは、スターリンとの決裂後だ。人間は自分の行動をあとから合理化し、正当化することにはすこぶる長じている。それにしても、チトーが一九三四年ごろのコミンテルンに、内心強い不満を抱いていたことは、間違いなかろう。周知のように、コミンテルンは、一九二八年の第六回大会後、ソヴェト官僚制の一部局に転落しており、スターリンのソ連中心主義は、各国共産党のイニシャティヴを極度に押えつけていた。前年にヒットラーがヨーロッパ最強のドイツ共産党を粉砕して以来、コミンテルンの意気はとみに上がらず、翌年の第七回大会で人民戦線政策を打ち出すまで、コミンテルンは最悪の月日を送っていたのである。

亡命幹部に抗して、人民とともに国内で苦楽をともにするというのが、スターリン主義の出発点だった。しかし今や権力を握ったスターリン主義は、外国共産党の地下組織に自主性を認めず、これをソ連防衛の第五列として、意のままに動かそうとしている。チトーは、革命前のスターリンと同じ出発点から、革命後のスターリンに反撥《はんぱつ》しはじめた。この意味で、チトーのコミンテルン批判は、チトーイズムの最初の芽生《めば》えだということができよう。

チトーのコミンテルン批判は、当然党の財政問題にまで及ばざるをえない。なぜならば弾圧によって国内組織を破壊され、財政的に行きづまった各国共産党に対し、財政的援助という好餌《こうじ》を用いて、これをスターリン化し、第五列化することは、マヌイルスキー、ピヤトニツキーの段階におけるコミンテルンの得意の巻だったからである。一九三六年にチトーがコミンテルンによってユーゴ共産党の組織部長に任命された時、彼は党財政を自立させる方針にきりかえた。彼の意見によれば、コミンテルンの補助金は、党活動を妨害し、これを堕落させる傾向を持っていたからだ。チトー自身に語らせよう。

「私はコミンテルンからの補助金について一つの原則を立てようとした。この補助金は、私の考えでは、党の活動の大きな邪魔になっていた。中央委員会の委員達は、外国に住んでいるので、比較的いい手当をもらっていた。たとえば、中央委員会がフランスに移った時、委員の俸給は二千フランだった。当時としてはかなりの金額である。予算が作られるごとに、毎年コミンテルンからの補助金について議論が戦わされた。しかしながら、もし党が本国で、労働者から直接に集められた党自身の金でその経費をまかなうことになれば、一ディナール一ディナールが今よりももっとまじめに考えられるようになるであろう。外部から金をもらうことほど運動をだらくさせることが出来るものはない。運動の強さと、その財政的な力とは、人民の間にその運動が持っている支持次第である。人民から受ける援助次第である。[*]」

*『チトーは語る』邦訳一〇〇ページ。

党財政のモスクワ依存を批判し、その自立を主張するにおよんで、チトー主義の芽生えは、いちだんと明確化した。このチトーが、一九三四年に十四年ぶりでソ連へはいった時、ソ連社会をどのように観察したかが、次の問題となる。チトーは、一九三五年前後のソ連について感じた幻滅を次のように表現している。

「私がソ連で働いていた時、多くのことが正しくいっていないことを知った。出世主義と人を押しのけてえらくなろうというのをいやというほど見た。コルホーズの人々とも話したが、彼らが何かをいおうとする時、お互いにそっと肱《ひじ》をつきあって用心しているのに気づいた。モスクワの人々は、ともかくお互いに相手を避け、口をきくのを控えるようにしていた。大粛清があった時は、モスクワにいなかった。しかし、一九三五年にさえ逮捕はあとからあとからとつづいた。そして、今日他人を逮捕した人々は、やがて逮捕されるという有様だった。人々は一夜のうちにいなくなってしまう。しかも誰一人、どこにつれて行かれたかを聞くことさえもしないのである。実に多くの不正が行なわれているのを私はこの目で見た。*」

＊『チトーは語る』邦訳九七ページ。

チトーがまじめな、ひたむきな共産主義者であっただけに、ソ連の現実に対する失望は大きかったのだ。共産主義者は一切の害悪を資本主義のせいにし、プロレタリア革命にすべてをかけるので、革命後も残存するばかりか、場合によっては拡大再生産される人間悪には、ひどい幻滅を感じやすい。この幻滅とそこから来る絶望とを克服する方法としては、資本主義の包囲に罪をきせるか、外国と通謀するスパイないし挑発者を捜し出すかするよりほかはない。一九三五年のソ連は、ヒットラー・ドイツと軍国日本の侵略を恐れる十分な根拠を持っており、この意味で粛清もある程度は不可避であったにちがいない。しかしゲー・ペー・ウーの長官エジョフが行なった狂気じみた粛清は、明らかに行き過ぎていた。罪もない労働者の夫妻が、身のまわり品を持って行くことも許されず、ろくに裁判を受けずに流刑されるという不正を見て、チトーは、じっとがまんした。

「当時は、この国を批判しないこと、そしてこの国に反対する外国の宣伝の手伝いをしないことが、私の革命的義務だった。なぜなら、当時は、ソ連は革命が行なわれた唯一の国、社会主義が建設されつつあった唯一の国だったからである。私は、宣伝はソ連に反対するようなものとしてなされるべきではなく、わがユーゴで社会主義のためになる宣伝をするのが私の義務だと思っていた。私に勇気がなかったのだという非難があるかもしれない。それは違う。誰も、私たちに勇気がなかったということはできない。私たちの多くのものは、当時はただ一つの考えしか持っていなかった。それは、国際社会主義運動の発展をさまたげるようなことは何もしない、という考えである。私は、ほかの人々と同じように、これは一時の、ロシア国内だけのことで、やがてはうまくいくようになるだろう、と考えた。それから、私は帝政時代のロシアにもいたことがあり、その当時の事情がどんなに恐ろしいものすごいものであったかも見て知っていた。私がモスクワで見たことは、私を身も心もゾッとさせたことは確かである。しかし私は私自身に言って聞かせていた、既に十八年以上という長い年月がたってはいるけれども、ロシアの同志たちだって何もかもうまくやるということはできなかったのだと……」*

*『チトーは語る』邦訳九七—九八ページ。

たしかに当時は、「ソ連は革命が行なわれた唯一の国、社会主義が建設されつつあった唯一の国だった。」このような条件のもとでは、一〇〇パーセントの共産主義者にとって、「注文をつけずに、ためらうことなく、無条件にソ連を守ろうとする」ことが至上命令だったとしても不思議ではなかろう。チトーは、ほぼ同じころソ連を訪れた文豪ジードのようにソ連の暗黒面にあいそをつかすことなく、共産主義者としての規律に服したのである。彼を他のスターリン主義者から区別したのは、彼が自国の革命をあくまで第一義的に考えたという点だけだ。このことはしかしまだ表面に出なかった。

チトーが公然とスターリンのソ連を批判するようになるのは、ソ連の要求がユーゴの共産主義者としての彼の立場と根本的に矛盾するにいたってからである。スターリンのソ連から挑発されるまで、チトーは無責任な批判をしなかった。なぜなら、チトーはジードのような批評家ではなく、政治家だったからだ。一九三五年には、チトーイズムはまだ萌芽《ほうが》の域を脱していない。

一九三七年夏、ユーゴスラヴィア共産党の最高指導者ミラン・ゴルキチ（Milan Gorkić）がモスクワで逮捕され、射殺された結果、チトーはただ一人残存した政治局員として、コミンテルンの命令によりユーゴ共産党の再建に当たることとなった。スペインの内乱にユーゴスラヴィアの義勇兵を送りこむ仕事で彼に協力した数多くの有能な少壮党員たちを中心に、彼は新しい中央委員会をきずきあげた。アレクサンドル・ランコヴィッチ（Alexandr Ranković）、エドワルド・カルデリ（Edvard Kardelj）、ミロヴァン・ジラス（Milovan Djilas）らの新政治局員はいずれも、当時まだ二十代の青年であった。

書記長となったチトーは、これらの若い同志たちの協力をえて、セクト主義にわずらわされず、官僚主義に毒されない清新な党を再建していった。ザグレブとベオグラードを中心に労働者階級の間へと、チトーの党はしだいに浸透してゆき、大学生、インテリおよび農民層へも影響力を増した。一九四一年八月にチトーは、ユーゴスラヴィア共産党の党員数が、彼の指導下に五千人から一万二千人へと増加したことを誇っている。* これに、ほぼ同数の青年共産同盟員の数を加えると、人口千五百万のユーゴスラヴィアの非合法党としては、相当の勢力だといわなければなるまい。党の中央委員会をユーゴの国内において、大衆と苦楽をともにすること、モスクワからの資金援助を受けず、党財政を自立さすことというチトーのかねがねからの主張は、厳格に実行された。

＊　S. Clissold : Whirlwind, p.34.

こうして、ユーゴスラヴィアの革命を目的とした自主的な共産党が生まれた。一九四一年四月六日に、ヒットラーのドイツ軍がユーゴスラヴィア国境を越えた時、ユーゴの地下に待機していた共産党は、モスクワの顔色ばかりをうかがっている卑屈な第五列ではなかったのである。

五　共産主義の発展不均等

一九四一年三月二十七日のクーデタにより、ヒットラー・ドイツに対する抵抗を試みたユーゴスラヴィア軍部も、四月六日からはじまったドイツ軍の猛攻撃の前にはもろくも総くずれとなり、十四日には降伏を決意しなければならなかった。シモヴィッチ将軍の政府はイギリスの飛行機でアテネにのがれ、イェルサレムを経て、ロンドンに亡命した。ヒットラーとムッソリーニとの外相たちは、四月二十日からウィーンでユーゴスラヴィアの分割について相談した。ドイツは北スロヴェニアを、ハンガリーはムール地方と西ヴォイヴォディナをとり、クロアチア、モンテネグロおよび大アルバニアの三かいらい国家がでっちあげられ、セルビアは第一次世界大戦前の小セルビアに還元された。ユーゴスラヴィア王国の二十二年間に統合されえなかった遠心分離的な要素が、ベオグラード政府の壊滅と同時にいっせいに頭をもたげて、占領軍と協力した。こうして、「ユーゴスラヴィアを軍事的にも、また国家としても粉砕する」というヒットラー総統の決意は、一応実現された。

旧ユーゴスラヴィア王国の中核であったセルビアでは、ドイツ軍の占領下に民政を担当するため、ディミトリエ・リョーティッチ（Dimitrje Ljotić）、ミラン・アチモヴィッチ

(Milan Aćimović)、イェレミヤ・プロティッチ (Jeremija Protić) らの保守系政治家が会談した結果、四月三十日に十人の委員からなる行政委員会が成立し、八月二十九日にはミラン・ネディッチ (Milan Nedić) 将軍を主班とする政府がこれに代わった。臨時政府は、クロアチアその他から引き上げてきた難民の救済に追われていた。

これとは別個に、占領軍に対する二つの抵抗運動が開始されたことは、よりいっそう注目されなければならない。一つはドラジャ・ミハイロヴィッチ (Draža Mihailović) 大佐を中心とするチェトニキ (Četnici) の抵抗運動であり、今一つは、チトーを指導者とするユーゴ共産党のパルチザン運動である。この二つの抵抗運動は、ドイツ占領軍に抗戦するという一点を除いては、全然性格を異にしていた。チェトニキは、王党であり、反共であって、ドイツ軍と戦うことよりは、パルチザンをやっつけることのほうにいっそう熱心だったし、パルチザンは純然たる共産主義運動で、ドイツ軍と同時にチェトニキを打倒して、ユーゴスラヴィア革命を遂行することが主眼であった。

つまり、ミハイロヴィッチのチェトニキも、チトーのパルチザンも、形式は抵抗運動だったが、内容は階級闘争であり、内戦であったのだ。ここに、ユーゴスラヴィアの抵抗運動が含むいろいろな謎《なぞ》を解明する鍵がある。第二次世界大戦後におけるユーゴスラヴィアの運動を決した要因も、実にこの点に存したのであり、チトーとスターリンとの確執も、ここにいちばん深い根拠を持っていたのである。

まずチェトニキのほうから見て行くと、ミハイロヴィッチ大佐は、ユーゴスラヴィア軍の降伏を承認せず、西セルビアのラーヴナ・ゴーラで、敗残軍を中心にチェトニキを編成して、早くも五月十日には、ドイツ軍に対する蜂起《ほうき》を開始した。つまりミハイロヴィッチは三月二十七日事件の精神を継承したわけである。チェトニキは、トルコに対する抵抗時代からの伝統を持つ農民の自衛組織であり、セルビアの陸軍は元来これから発達したものであったから、敗残兵がチェトニキに先祖返りすることも、きわめて自然であった。

ミハイロヴィッチらの戦争目的は、戦後ユーゴスラヴィアにもとどおりの君主制を復活することであった。したがってチェトニキにとっては、ドイツ軍を撃退するだけでは何にもならないのであって、チトーの共産主義運動を打倒することのほうが、実はより肝心だった。そこで、反共という一点において、ネディッチの臨時政府はもとより、ドイツ占領軍も、ミハイロヴィッチの「抵抗運動」と利害を共通にしていたわけで、すでに一九四一年中から、チェトニキは、ネディッチ政府から財政的援助を受け、食糧、衣料、兵器弾薬まで与えられていた。チトーのパルチザンがドイツ軍に対して果敢に戦えば戦うほど、ドイツ軍とチェトニキとの間の距離も縮まり、やがて反チトーの同盟軍として協力することにさえなってきた。

チャーチル首相は、ミハイロヴィッチがドイツ軍と協力していることを確認し、一九四三年十二月には、ミハイロヴィッチのもとへ派遣していたイギリスの軍事使節団をよびかえし、チェトニキと手を切った。チャーチルを動かしたのは、同月六日付の次のような情報であった。

「陸軍省の得た情報から、チェトニキがヘルツェゴヴィナおよびモンテネグロにおいて、枢軸軍との関係に関して望みなき妥協をはかっていることは明らかである。後者の地域における最近の戦闘にあたって、枢軸軍を抑えてきたのはチェトニキよりも、むしろ組織のよいパルチザンであった」*

＊『回顧録』邦訳第十九巻二三二ページ。

こうしてミハイロヴィッチは、一九四二年一月から占めていた亡命政府陸相の地位を失い、一九四六年三月には、ボスニアの山中で捕えられ、七月十七日に「枢軸軍との協力者」として処刑された。

次にチトーのパルチザンの運動のほうに移ろう。ユーゴスラヴィア共産党中央委員会は、一九四一年七月四日、ドイツ軍に対する武装抵抗を決議し、ジラスとモーシャ・ピヤーデ(Moša Pijade)はモンテネグロへ、ヴクマノヴィッチ＝テンポ(Vukmanović Tempo)はボスニアへ、ポポヴィッチ(Popović)はクロアチアへ、オレシュコヴィッチ(Orešković)はリーカへ、パウル・パープ(Paul Pap)はダルマチアへ、カルデリはスロヴェニアへ、それぞれ派遣され、パルチザン運動の組織に当たった。チトーは、ランコヴィッチ、イヴォ・リバール(Ivo Ribar)、イヴァン・ミルティノヴィッチ(Ivan Milutinović)らの同志とともに、しばらくベオグラードに残ったが、九月はじめ解放地区にはいった。パルチザンの指揮者には、スペイン内乱の経験者が多く、機動性に富むゲリラ部隊がユーゴスラヴィアの各地に組織され、ドイツ軍を悩ますことになった。一九四一年九月十六日には、ドイツ軍総司令部は、ドイツ兵一人の損害について、五〇—一〇〇人のセルビア人を射殺するという報復措置を公布したが、勇猛なセルビアのパルチザンに対しては、かえって逆効果を生むのみであった。

チトーに対して好意を持たない観察者は、彼の抵抗がヒットラーのソ連侵略まで開始されなかったことを問題にしている。たしかにチトーは、共産主義者として、一九三九年八月二十三日の独ソ不可侵協定をも、ヒマシ油を与えられた子供のようにしぶしぶ飲みこんでいたから、独ソ開戦後モロトフ外相が世界各国の共産党にソ連防衛の義務履行を求めるまで、武装蜂起を開始しなかった。ミハイロヴィッチ大佐に抵抗の先鞭《せんべん》をつけられたことは、チトーのようなダイナミックな闘士にとって、真にたえがたかったに相違ない。

しかし、四月から六月まで、チトーが抵抗運動に決起しなかったということは、当時まだ彼がスターリン主義の規律に服していたことを意味するだけで、あまり大きな問題ではない。それよりも、はるかに重要なのは、チトーの抵抗運動の性質である。彼の戦争目的が問題なのだ。チトーはむろんミハイロヴィッチのように、ユーゴスラヴィア王国の復活を目的として戦ったのではなかった。また単に共産主義者の祖国ソ連を防衛するために、反独パルチザン闘争を開始したのでもなかった。チトーの戦争目的は、実にはっきりしていた。ユーゴスラヴィアの革命がすなわちそれである。

チトーのパルチザン運動が、ユーゴスラヴィアの革命を目的としていたという点は、まことに重要である。共産主義者が自国の革命を目ざして闘争することは、しごく当たり前のことに見えるかもしれないが、この「しごく当たり前のこと」が、スターリン主義のもとでは、第二義的に扱われ、ともすれば忘れられがちだった。というのは、「注文をつけず、ためらうことなく、無条件にソ連を守る」というソ連防衛第一主義のドグマのもとでは、自国の革命運動がこの第一目標と矛盾する場合、革命運動のほうを停止しなければならないからである。「ソ連を守らずして、この革命運動を前進させ、守ることは不可能である。ソ連にそむき、これを脇において革命運動を守ろうと考えるものは、革命に反対するものであり、きまって革命の敵陣営に落ちこむ」とスターリンは断定しているではないか？

ユーゴスラヴィアの革命とソ連の防衛とは必ずしも両立しない。窮極においては、両者は一致するだろうが、時間の要素を加味すると、この二つの目的は、しっくり合致せぬ場合もあり、矛盾することさえありうる。一九四一、二年に、ソ連がドイツ軍の強襲を受けて累卵の危機に瀕《ひん》していた時、スターリンにとって何よりも大切であったのは、米英両国との戦争協力を確保することだった。チトーのパルチザン運動は、厖大《ぼうだい》なドイツ軍をユーゴスラヴィア戦線に釘《くぎ》づけにすることによって――チャーチルは約三十三個師団と評価している*――赤軍の負担を少なからず軽くしていたけれども、チトーの革命運動は、米英の対ソ恐怖感をあおり、大同盟を麻痺《まひ》させるおそれがあった。スターリンは、ソ連防衛第一主義というスターリン主義の習性から、前者の要因よりも、後者の要因を重く見た。紙一重の差で征服される危険に臨んでいるソ連の最高指導者としては、まことに無理もない情勢判断である。

しかしこういう情勢判断にもとづいて、スターリンがチトーのパルチザン運動の成果を軽視したり、無視したりしたことは、チトーにとっては真にたえがたい屈辱であった。いなそればかりではなく、スターリンは、チトーにミハイロヴィッチとの協力を命じ、革命的な戦争目的をひっこめるように諭《さと》したのであるから、チトーがふんがいしたのも、無理はない。「スターリンは、疑いもなく、ユーゴの戦闘が発展するのを希望はしていたが、それは、ドイツ軍の行動をヨリ困難にするためだけのことであった。スターリンは、自分自身の勢力だけをたよりとし、赤軍による解放を待たないような、自分自身の根を持った新しい進歩的政府ができることは絶対に希望しなかった*」という考察は、チトーのふんがいから出てくるきわめて自然な結論だ。

＊『回顧録』第十八巻二三二ページ。

＊『チトーは語る』邦訳一五五ページ。

チトーのパルチザン運動が単なる抵抗運動ではなく、革命運動そのものであったことは、一九四一年十月二十一日付のミハイロヴィッチあて書簡に、はっきりと示されている。そこでチトーは、パルチザンとチェトニキとの共同闘争の条件として、まず第一に、旧王政の統治機構を全部撤廃し、人民評議会（Vječa）をもってこれに代えること、第二に「第五列」と仮借なく闘い、これを抹殺《まっさつ》してしまうことの二点をあげている。この二条件を徹底的に実現してゆけば、共産党が指導する革命が遂行されることになるというので、ミハイロヴィッチはこれを拒絶した。そして早くも十一月二日には、イバール渓谷でパルチザンとチェトニキとの内戦が開始され、やがてこれは全国的規模のものとなっていった。

腹背に敵を迎えたパルチザン部隊は、非常な苦戦を続けなければならなかった。チェトニキのほうは、連合軍やベルグラード政府から、時にはドイツ軍からさえ兵器弾薬を与えられたが、パルチザンは、チトーのたびかさなる懇請にもかかわらず、モスクワからなんらの物質的援助をも受けることができず、精神的支援さえ十分には与えられなかった。スターリンは、英米に対する気がねから、ミハイロヴィッチの裏切りを弾劾しないばかりか、パルチザンのチェトニキ攻撃をたしなめた。パルチザンがウジーチェやモンテネグロ付近に樹立した解放区政府は、崩壊し、一九四二年の春にチトーは、地形的にゲリラ戦向きの北西ボスニアへ退避しなければならなかった。

しかし同年秋には、ボスニアの都市ビハチが解放され、パルチザン部隊は、相当量の武器をえて正規軍に近い姿にまで成長した。そこでチトーは、国民解放評議会を召集して、臨時政府の選出に進もうと企てた。ところが、モスクワは、国民解放評議会が臨時政府を結成したり、あるいはこの評議会自身が臨時政府の性格を持ったりすることに対して、次のように断固反対した。

「ユーゴスラヴィア解放の国民評議会を作ることはきわめて必要であり、かつ重要である。しかしこの評議会には、あらゆる民族に代表者を割り当てることによって、真に国民的な性格を与え、すべての党派とその綱領とを含ましめることによって、反ファシズム的な性格を与えることを怠ってはならない。またこの評議会を政府として取り扱わず、国民的解放闘争の政治機関とせよ！　この評議会をロンドンのユーゴスラヴィア政府に対立させるな！　しばらく君主制廃止の問題を出すな！　共和国のスローガンを打ち出すな！　ユーゴスラヴィアの内政の問題は、独伊同盟を打倒して国土を解放した後に解決されるだろう。*」

＊ Moša Pijade : La fable de l'aide soviétique á l'insurréction nationale yougoslave, p.35.

ここにユーゴスラヴィア革命よりも、米英との大同盟のほうを重視するスターリンの政策が明確に示されている。チトーは、まだこの段階ではしぶしぶスターリンの忠告に従い、評議会の名称もユーゴスラヴィア国民解放反ファシズム評議会（Antifašisticko vijeće narodnog oslobodjenja Jugoslovij AVNOJ）と改めた。しかし彼は、「当地の住民はロンドンの亡命政府に裏切者の烙印を押していることをお伝えします。……われわれは新執行委員会を政府とは見なしませんが、それにもかかわらず国家の生活と前線の要求および国内いたるところに結成されている国民解放評議会に関するすべての問題に介入しなければなりますまい。*」

＊ 前掲 p.59.

すべてはチトーのいうとおり進行した。この国民解放評議会を中心にして、やがてチトーは、ユーゴスラヴィア全土を支配することになった。ユーゴスラヴィアは、パルチザン運動を通じて、革命を完遂したのである。ロシアの十月革命が、敗戦革命であったのとは反対に、ユーゴの革命は勝利革命だった。ユーゴ国民は人口の一割という驚くべき犠牲を払うことによって、勝利と革命をかちえた。しかもこの勝利革命の進行途上において、チトーはことごとにスターリンのソ連中心主義と衝突しなければならなかった。

チトーの革命が進行すればするほど、スターリンとチトーの確執は深刻化していった。これはしかし少しも不思議ではない。なぜならば、ソ連一国のみが共産主義国であったかぎり、スターリン主義は歴史的に正当化されえたが、ソ連以外にも、共産主義国が生成したとたんに、時代遅れとならなければならなかったからだ。こうして、ユーゴの革命が勝利すればするほど、スターリンのソ連は相対的に反動化し、にっちもさっちも行かぬ袋小路へと追いこまれたのである。

チトーのユーゴスラヴィア革命が成功したとたんに、スターリンがソ連中心のスターリン主義を清算して、新情勢に適応したとすれば、チトーイズムの異端問題は起こらなかったであろう。むろん一九二四年からかたつむりのように要塞《ようさい》の中へ閉じこもってきたスターリン自身に、これを求めることは、無理難題というべきだろう。しかしソ連共産党は、スターリンが亡くなるやいなや、模索的ではあったが、チトーのユーゴスラヴィアに和解の手を差しのべ、一九五五年の五月には、公式にその非を謝したのである。

チトーとスターリンとが、したがってユーゴスラヴィア共産党とソ連共産党とが、正面衝突するにいたったのは、一九四八年にはいってからであり、その直接の原因としては、バルカン連邦の問題や、ソ連によるユーゴスラヴィアの政治的隷属化および経済的搾取の問題があった。しかしそれに立ち入ることは、国際政治史の領域に属するであろう。スターリン主義の崩壊過程という角度から見たチトーの主義の考察は、スターリンのソ連中心主義とチトーのユーゴ革命との根本的な矛盾を明らかにしたところで終わる。

チトーイズムの歴史的意義は、共産主義の発展不均等を確認したところに求められる。スターリン主義そのものも実は、共産主義の発展不均等（一国社会主義！）が生んだものだったが、世界各国の共産党に対して、無条件の向ソ一辺倒を命ずることにより、スターリンは共産主義の発展不均等を無視し、蹂躙した。スターリンのソ連に対するチトーの抵抗は、このスターリン主義の誤謬を暴露し、叱正《しっせい》した。

今やソ連共産党自身が、第二十回大会において、スターリン主義を批判するにいたったことは、チトーの歴史的功績を承認したものといえる。ソ連共産党のスターリン批判は、まだ共産主義ドグマの枠内で行なわれているが、スターリンの偶像化を排撃すれば、マルクスやレーニンの神格化まで否定しなければならぬそうである。カウツキーやシュテルンベルクのように、ソ連国家の反動性を一方的に強調することは問題だが、ソ連に遠慮することなく、自由に、しかしまじめに社会主義や共産主義の問題を再検討することはこのさいぜひとも必要だ。なぜなら、二十世紀は、共産主義の発展不均等の世紀であり、どの国民も、また誰でも、この問題について自主的に決断する権利と義務とがあるからだ。チトーは、われわれにその模範を示しているではないか？

第八章　フルシチョフとスターリン

一　まえがき

一九五八年三月二十七日のソ連最高会議で、フルシチョフ第一書記が首相に選出されて以来、フルシチョフは第二のスターリンになるか？　フルシチョフとスターリンとはどこが違うか？　という問題が論議のまとになっている。独ソ戦争勃発《ぼっぱつ》の五十日前に、モロトフをしりぞけて首相を兼任したスターリンと、米ソの冷戦が熱戦化の危険を濃くしている段階でブルガーニンに代わって首相のポストまで手にいれたフルシチョフとが比較されるのは、当然であろう。

フルシチョフがスターリンに似ているのは、書記長ないし第一書記の首相兼任という点ばかりではない。フルシチョフ第一書記が中央委員会幹部会（政治局）内の政敵を次々に打倒し、追放していった手口は、スターリンが三十年前に用いたやりかたとそっくりだった。そこで、フルシチョフは第二のスターリンとなって、ワンマン的な暴政を再現するのではなかろうか？　という疑問が起こるのは、当然といってよい。

しかしフルシチョフとスターリンとでは、パーソナリティーがまるで違っていることもたしかである。陽気なウクライナ人と陰気なグルジア人とでは、月とすっぽんほどの相違がある。一方は強い酒をあびるほど飲んで、とめどもなくしゃべりつづけるのに反して、他方はうすきみが悪いほど陰性だ。何百万という農民を流刑にしたり、何万人、何十万人という党員を闇《やみ》から闇へ葬ったりすることは、フルシチョフのような陽性な男にはできそうもない。それに彼はスターリンの暴君ぶりをたった二年前の第二十回党大会で、暴露したばかりではないか？

このように考えてくると、フルシチョフとスターリンとが、どんな点で似ており、どのような点で違っているかを調べてみる必要を感ずる。結論はあとでつけることにして、私の考えでは、フルシチョフ第一書記の権力とスターリン書記長の権力とは、ことソ連の政治面に関するかぎり、実によく似た性質を持っている。この点を、まず第一に考察しよう。

次にこの二人の政治権力が立っている社会的・経済的基盤に関していえば、一九二〇年代からフルシチョフ時代にいたる三、四十年間に、ソ連はたいへんな変化をとげている。ソ連は文盲だらけの後進農業国から、科学技術においては米国をも驚かすほどの先進重工業国へと、脱皮成長した。この社会的・経済的基盤の変化は、フルシチョフ政権とスターリン政権とを異質的なものにしているはずだ。この点を第二番めに考察しよう。

これら二つの点を考察すれば、フルシチョフとスターリンとがどこで違うのか、という問題に対する正しい解答がえられるはずである。

二　似ている点――独裁の政治過程

フルシチョフ第一書記がスターリンの死後、中央委員会幹部会内の反対派を次々に追い出して、ソ連共産党の――したがってソ連の――最高指導者にのしあがった過程は、スターリン書記長がレーニンの死後、政治局内の反対派を打倒した方法とよく似ている。いや、よく似ているどころではない、そっくり同じだといってもよいほどだ。

スターリンがレーニンの後継争いに勝ち残った経過を知らない人々の中には、スターリンは中央委員会を無視して独裁したのに反し、フルシチョフは中央委員会中心に、若い世代に支援されて民主的に党を指導していると説くものがある。これは歴史を勉強しない怠《なま》けもののいうことである。スターリンが中央委員会を軽視ないし無視するようになったのは、党内における彼の地位が完全なワン・マンになってからだ。ワン・マンになるまでは、言葉をかえていえば、一九二二年十二月にレーニンが第二回めの卒中のため事実上引退してから、一九二九年十一月ブハーリンが、翌年十二月ルイコフが、それぞれ政治局から追われるまでの約八年間、スターリンは中央委員会をきわめて重視し、中央委員会の圧倒的多数を制することによって、トロツキー、ジノヴィエフ、カーメネフ、ブハーリン、ルイコフ、トムスキーら、レーニンの弟子たちを追放したのである。

いま一つ注目すべき点は、スターリンが中央委員会の圧倒的多数を制するために用いた方法だ。スターリンは書記長の職権を極度に活用して、共産党の地方組織の書記を全部自派で固めることに成功し、これら書記たちの力で、党大会に出席する代議員たちをスターリン派一色に塗りつぶした。ここまでくればしめたものである。中央委員会は党大会で選出されるから、スターリン派一色の党大会は、必ずスターリン派一色の中央委員会を生み出す。スターリン権力の秘密は実にここにあった。しかもスターリンにとって幸いなことには、一九二一年三月の第十回大会において、レーニンは、「党の統一」に関する決議を通した。この決議によって、中央委員会の多数派は、党大会にかけることなしに、反対派を党から除名することができた。スターリンはこの規定をフルに利用したのである。

フルシチョフ第一書記が中央委員会幹部会内のめだたない地位から、党の第一人者にまでのしあがった経過は、スターリンのそれと瓜《うり》二つといってよいほど似ている。一九二二年当時、ボリシェヴィキ党内におけるスターリンの地位は、一九五三年三月当時のフルシチョフのそれに当たっていた。レーニンにつぐ大物は「十月革命の英雄」トロツキーであり、ジノヴィエフとカーメネフとがこれにつづき、ブハーリンが若い世代のホープとされていた。スターリンはジノヴィエフとブハーリンとの中間あたりに位置していたといってよい。彼が一九二二年春、書記長に推されたのは、彼が政治局内のめだたない存在であったからだと考えられる。

書記局は一九一九年三月の第八回党大会に設けられた中央委員会の執行部で、初代の書記はクレスチンスキー、プレオブラジェンスキー、セレブリャコフの三人、一九二一年の第十回大会でこの三人に代わったのは、モロトフ、ヤロスラウスキー、ミハイロフの三人である。彼等がいずれも当時二流、三流の中央委員であったことを忘れてはならない。政治局員スターリンが、一九二二年に書記長という新しいポストについたことは、明らかに書記局の強化を意味した。しかし当時の書記局は、レーニンを中心とする政治局の意志決定を忠実に執行する事務機関にすぎなかった。書記局が政治局にかわって事実上の政策決定機関となり、書記長スターリンのワン・マン独裁が実現したのは、レーニンが倒れて以来、政治局が割れ、政策決定機関としての機能を停止したためだった。

ワン・マン書記長のスターリンが、一九五三年三月五日に死んだと発表されてから五年間に、右と全く同じことが起こったのである。この間の事情を説明するためには、スターリンの死から少しさかのぼって、一九五二年の第十九回大会から考察しなければならない。この党大会で、スターリンは政治局を廃し、正員二十五名の幹部会をもってこれに代えた。正員十名内外の政治局を一挙に十五名も増員したことは、新人の登用を意味した。新人の登用を裏返せば、旧人の排撃である。フルシチョフが第二十回大会で暴露したように、当時のスターリンは、モロトフ、ヴォロシーロフ、カガノヴィチ、ミコヤンら、かつてジノヴィエフ、カーメネフ、ブハーリンらを追放するにさいしてスターリンを助けた最高幹部たちを圧迫していた。医師陰謀団事件という奇怪な事件は、大粛清の再来を思わせ、スターリンの弟子たちは身ぶるいをした。このような重苦しい情況の中でスターリンが他界したので、大幹部たちはホッと一息ついで、スターリン書記長のようなワン・マンが再現することを防止しようと申し合わせたわけだ。ソ連の新聞が集団指導を説き、個人跪拝《きはい》を排撃しはじめたのは、このためである。

そこで、一九五三年三月六日に発表されたソ連共産党の新陣容は、次のようになっていた。すなわち幹部会は正員十名、候補四名に縮小された。正員十名は、マレンコフ、ベリヤ、モロトフ、ヴォロシーロフ、フルシチョフ、ブルガーニン、カガノヴィチ、ミコヤン、サブーロフ、ペルヴーヒンの序列となっており、書記局は、第五位のフルシチョフにゆだねられた。つまりスターリン独裁が書記局独裁であったのにかんがみ、書記局の地位は、一九二二年以前の本来あるべき執行部としての地位に下げられた。そして政策の決定は、幹部会員の集団指導によることとされた。マレンコフ新首相から第一書記のポストを奪ったのは、マレンコフが第二のスターリンになることを防ぐためだった。

もし幹部会の正員十名が仲よく集団指導をつづけることができたとすれば、たしかに書記局独裁の再来は防止しえたであろう。ところが、一九二三年にレーニンなき政治局がトロツキー対ジノヴィエフ、カーメネフ、スターリンの二派に分裂して、その機能を停止したように、一九五三年のスターリンなき幹部会は、ベリヤ対九人に割れて、機能を失った。こうして書記局は自動的に幹部会にとってかわることとなり、ただ一人の長老書記局員フルシチョフの地位はおのずから上昇した。一九五三年九月の中央委員会総会で、今や第一書記となったフルシチョフが、自信まんまんとスターリンの農業・畜産政策を弾劾し、未開墾地の開発を中心とする彼の新政策を打ち出したのは、書記局が幹部会を押えた証明だった。レーニンの死後スターリンが「レーニンの忠実な弟子」としてその後継者におさまったのに反して、フルシチョフが暴君スターリンの批判者としてそのあとがまにすわった点が違っているだけである。

スターリン書記長が書記長の職権を極度に利用して、党内における自分の権力を強化していったように、フルシチョフ第一書記も同じことをした。一九五五年一月の中央委員会でマレンコフ首相が事実上の不信任決議をうけるにいたったのは、書記局を握ったものが党を制するというスターリン時代以来の鉄則の再確認だった。マレンコフを首相のポストから追い、盟友ブルガーニンをそのあとがまに据《す》えると、フルシチョフ第一書記は、ただちに第二十回大会の準備にとりかかった。大会の準備とは、地方組織の書記をいれかえて、「信頼できる同志」で固めることだ。モスクワのフールツェヴァ女史、レニングラードのコズロフ、およびウクライナの第一書記キリチェンコは、フルシチョフ第一書記の三支柱であった。このうちキリチェンコは、一九五五年七月スースロフ書記とともに幹部会の正員に列せられている。つまり一九五三年三月には、幹部会正員十名中、フルシチョフただ一人だけが書記長を代表しているのに、二年四か月後には、幹部会正員十一名中三名までが書記局を代表していた。書記局の地位は、十分の一から十一分の三へと上昇したのだ。

第二十回大会では、幹部会の正員十一名には変化がなかったけれども、候補は四人の書記局員を含む六名に増員され、中央委員会は八十パーセントまでフルシチョフ派で固められた。一九五七年六月中旬に、フルシチョフとブルガーニンとがフィンランドを訪問している留守に、幹部会内の反フルシチョフ派マレンコフ、モロトフ、カガノヴィチは、かつてフルシチョフの寵児《ちょうじ》だったシェピーロフと組んで、最後のいわば絶望的な抵抗を試みた。しかしフルシチョフ第一書記は、緊急中央委員会を招集し、その圧倒的多数の支持をえて、四巨頭をば反党陰謀のかどで、幹部会および中央委員会から追放することに成功した。最後の決議が、「同志モロトフの欠席による棄権を除く満場一致」となったのは、あくまで抵抗するものには生命の保障がないという全体主義独裁の論理にもとづいている。

ベリアの粛清がトロツキーの失脚に相当するものとするならば、四巨頭の追放は、ジノヴィエフ、カーメネフら、いわゆる左翼反対派とブハーリン、ルイコフ、トムスキーら、いわゆる右翼反対派が同時に打倒されたものと考えてもよかろう。さて四巨頭の除名後、新たに構成された幹部会の構成を見るとおもしろい。正員は十五名に増員され、ロシア語のABC順で、アリストフ、ベリヤーエフ、ブレジネフ、ブルガーニン、フールツェヴァ、イグナトフ、キリチェンコ、フルシチョフ、コズロフ、クーシネン、ミコヤン、シュヴェルニク、スースロフ、ヴォロシーロフおよびジューコフとなっている。このうち、アリストフ、ベリヤーエフ、ブレジネフ、フールツェヴァ、キリチェンコ、フルシチョフ、コズロフおよびスースロフの八名は書記局員である。つまり幹部会における書記局の重みは、一九五五年七月の十一分の三から、わずか二年間で十五分の八へと強化されたのだ。十月末ジューコフが失脚したので、この傾向はさらにいちだんと強まった。今や幹部会は書記局の出店になってしまった。書記局員でない幹部会員といえば、ヴォロシーロフ、クーシネン、シュヴェルニク、ブルガーニンら、すべて骨とう品的存在にすぎない。

こうしてフルシチョフ第一書記は、スターリンとは全く異なるパーソナリティーの持主であるにもかかわらず、またソ連の歴史的条件は、一九二〇年代と一九五〇年代とではすっかり違っているにもかかわらず、スターリン書記長と瓜二つの手口で、中央委員会の圧倒的多数に支持されつつ、書記局独裁を再現したのである。全体主義独裁の論理はまことにきびしいものだ。誰がやっても同じようなことになる。政治局＝幹部会内の平和共存は、米ソ平和共存以上にむずかしい。そして政治局＝幹部会の機能が麻痺《まひ》するに伴って、書記局が、いいかえれば書記局の官僚制（アパラーチキ）が支配することになるのだ。

三　違っている点——社会的・経済的基盤の相違

政治過程に関するかぎり、フルシチョフ第一書記の地位とスターリン書記長の地位とが、瓜二つといってよいほど似ていることは、明らかになった。しかしこの反面、ソ連の置かれている歴史的条件、すなわち、ソヴェト権力の社会的・経済的基盤に眼を転じると、事情は全く違ってくる。一九二三—二八年のソ連はまだ後進農業国だったが、一九五八年のソ連は、高度重工業国である。ソ連政府発表の統計によれば、ソ連の人口は次のように変化している。（単位百万人）

	都市人口（％）	農村人口（％）	総人口
一九二六年	二六・三	一二〇・七	一四七・〇
一九五六年	八七・〇	一一三・二	二〇〇・二

わずか三十年間に、都市人口が三倍以上になるというような驚くべき変化は、いうまでもなくスターリン書記長が強行した極端な重工業化政策の結果である。スターリンは資本主義列強に包囲された要塞のようなソ連で、あらゆる悪条件のもとに、一党独裁権力により、上からの産業革命をやりとげた。何十万という農民の流刑も、何千、何万という党員の大粛清も、無慈悲きわまる社会主義的本源的蓄積のために払われた血みどろの犠牲であった。スターリン個人の悪徳とされているさまざまな行き過ぎや残虐行為の中には、ほんとうにスターリンの精神病的な素質にもとづくものもあろうが、その大部分は、「追いつき、追いこす」ための必要悪であり、歴史悪であった。

今日のソ連はもはや資本の本源的蓄積の段階を完了しているから、スターリンが犯したような血みどろの粛清をやらないでもすますことができる。スターリンの死後、非スターリン化が要望され、農業・畜産の振興、消費財の増産、社会主義的適法性の尊重、最低賃銀の引き上げ、年金の引き上げといった形で、それが徐々に実行されていることは、よく知られているとおりである。強権的・中央集権的計画経済の矛盾——ひたむきの重工業化という目標が達成されると、この矛盾はかえって一度に露呈される——になやむソ連は、一九五七年には国民経済の地方分権化を実施し、さらにはMTSを廃止して、コルホーズの「解放」にまで進んだ。

このように見てくると、社会的・経済的基盤の非スターリン化を背景とするフルシチョフ第一書記の権力は、スターリン書記長の権力とは性質を大いに異にしているはずである。たしかにフルシチョフ権力とスターリン権力との相違は、一見しただけでも明らかだ。スターリンの死後、「外国の手先」として、「国家顚覆《てんぷく》の反革命陰謀」のかどで処刑された幹部会員は、ベリアただ一人だ。マレンコフはウスチ・カーメノゴルスクの発電所にとばされただけだし、モロトフもカガノヴィチも殺されていない。もっとも、スターリンがジノヴィエフ、カーメネフ、ブハーリンらを処刑したのは、彼らの失脚後十年近くたってからであるから、まだ安心するのには早すぎるかもしれないが、少なくとも血みどろの大粛清のようなことは、二度と起こるまい。

四　むすび

政治面ではスターリンと同じ、社会・経済面まで掘り下げれば大いに違うということになると、フルシチョフの将来はいったいどうなるだろうか？　楽観的な見方をする人は、ソ連社会の下部構造がここまで工業化され、都市化され、近代化されたからには、上部構造もしだいに自由化され、民主化されざるをえないだろうという。この見方には少なくとも部分的な真理が含まれている。高度の教育を受けたソ連国民が、自由を求めていることは疑いない。ドゥディンツェフの作品などは、その一例証であろう。強権的計画経済の行きづまりに最も敏感に反応している経営者層（エコノミスト）は、自由を求めるソ連国民の最も強力な代弁者である。学生や文化人の中に、党の独占的官僚的文化政策に反対する声があることもたしかだ。

しかし右のような傾向がそのまま実現してゆくものと考えれば、判断を誤ることになる。非スターリン化自体がほかならぬ党書記局独裁の復活という形で、上から実現されていることを忘れてはならない。党の書記局に巣くうアパラーチキは、彼らの独占的・排他的な権力をけっして手放そうとはしていないのである。一九五七年に行なわれた経済の地方分権化は、一見エコノミストに対する譲歩のように見えるかもしれないが、実はエコノミストの大物たちを地方へ飛ばし、地方党組織の監督下に置くという一石二鳥の効果をもねらっていたのだ。またマレンコフとシェピーロフとに対して、彼らの文化政策が一部文化人の無政府主義的な傾向に迎合し、党の指導を弱めたという非難が加えられたことも注目に値する。要するにソ連共産党の中核であり、精髄である書記局の官僚たちは、彼らの独占的な権力にしがみついて放そうとしないのであって、フルシチョフ第一書記は、彼らのいわば象徴的な存在なのだ。ちょうど、スターリン書記長がそうであったように。

共産党書記局の官僚たちは、自己の権力を守るためには、ソ連国民に対して経済面では大いに譲歩をするだろう。また経済面の譲歩を可能にするために、国際政治面では米国との話し合いに熱意を示すだろう。しかしこと政治に関するかぎり、彼らはいかなる意味でも、自由化の要望には耳を傾けないだろう。このことは、一九五七年十一月発表の第二共産党宣言が、教条主義と修正主義との弊害を批判しつつ、修正主義のほうをいちだんときびしくたたいていることでも知られる。ではいったい、共産党書記局に巣くう党官僚たちが、自己の独占的権力を手放そうとしないのはなぜだろうか？　すべての権力は腐敗するという権力の法則も無視できないが、その主たる原因はマルクス・レーニン主義の教条にあると私は考えている。彼らがマルクス・レーニン主義の教条を捨てないかぎり、ソ連の自由化にはきわめて狭い限界がある。この限界を突破するためには、おそらく下からの、人民の側からする努力が必要であろう。フルシチョフ第一書記を中心とするアパラーチキの上からの革命だけでは、この限界はつきやぶれない。

第九章　マルクスの革命理論とアジアの社会主義思想

一　マルクス主義の二要因

マルクスの革命理論と、アジアにおけるマルクス社会主義思想との関係を明らかにするためには、一八四〇年代に形成された本来のマルクス主義が、二つの要因からなっていたことに注意を払う必要がある。

第一の要因は、マルクスがフォイエルバッハ（Ludwig Feuerbach）などによる宗教の批判を政治・経済の批判にまで推し進め、人間の自己疎外（Selbstentfremdung des Menschen）の根因を資本主義に求め、生産手段の私有を揚棄することにより、人間の完全な解放＝共産主義を実現しようとしたところにある。マルクスの著作では、一八四三年の『ユダヤ人問題』からはじまり、ほぼ同時期に書かれたエンゲルスの『国民経済学批判要綱』に刺激されて、一八四四年の『経済学哲学草稿』へと深められ、一八四五―四六年の『ドイツ・イデオロギー』において一応完成された。この第一要因をかりに、人間疎外および共産主義革命の理論と呼んでおこう。第一要因はマルクスの主著『資本論』まで一貫して貫かれている。

マルクス主義のいま一つの要因は一八四〇年代のマルクスが当面の実践的課題としたドイツ革命の理論である。マルクスは一八四三年末から翌年のはじめにかけて執筆した『ヘーゲル法哲学批判』において、当時ヨーロッパの先進国であったイギリスおよびフランスと、後進国であったドイツとを対比して、後進国ドイツではブルジョワジーが早熟的に反動化しているので、イギリス、フランス流のブルジョワ民主主義革命が不可能であることを指摘した。そして後進国ドイツの革命はプロレタリアートという人間の自己疎外を体現した新興階級を主体とする共産主義革命としてのみ実現性があるとマルクスは説いた。『共産党宣言』（一八四七年執筆、翌年公刊）の末尾でマルクスとエンゲルスとが、共産主義者は主たる注意をドイツに向けていると説き、ドイツのブルジョワ革命はただちにプロレタリア革命に転化するという見通しを示したこと、一八四八年の革命にさいして、しばしば永久革命について語ったことは第二要因の系列である。*

＊　拙稿『マルクス政治理論の形成と発展』（一）法学論叢第七五巻第二号参照。

人間疎外および共産主義革命の理論とドイツ革命の理論とは、もちろん不可分に結びついている。前者はプロレタリアートによる共産主義革命の一般革命であり、後者は同じくプロレタリアートによるドイツの共産主義革命の特殊理論である。しかし共産主義革命の一般理論と特殊理論とを区別することには充分意味がある。なぜならば、一般理論の場合には、資本主義のもとにおいて、人間の自己疎外がいかにして深められるかを明らかにし、共産主義革命の客観的諸条件を分析することに重点が置かれるのに反して、後者の特殊理論では、ブルジョワ革命が至難あるいは不可能であるという事情から、プロレタリア革命以外に途《みち》はないという革命の主体面が強調力説されるからである。

一八四〇年代にヨーロッパの後進国であったドイツは、今日では世界の最先進国の一つとなっている。ところが、マルクスが『ヘーゲル法哲学批判』でプロレタリア革命が切迫しているものと考えたドイツでは、たしかにフランスの鶏鳴（二月革命）につづいて三月革命が勃発したが、挫折《ざせつ》ないし流産革命に終わった。その後百二十年余近くをへた現在、ドイツの大部分は共産化するどころか、〝社会的市場経済〟（〝Die soziale Marktwirtschaft〟）という名の資本主義のもとに長期の繁栄を楽しんでいる。西ドイツ人によってソ連占領地帯——Die zone——と呼ばれ、共産圏においてドイツ民主共和国——D.D.R.——と呼ばれている部分のドイツはたしかに共産主義者の支配化にあるが、東ベルリンの政府は下からの共産主義革命によって成立したものでなく、ソ連軍の占領下に上から押しつけられたものだ。

したがってドイツに関するかぎり、一八四三—四四年および一八四八年（『共産党宣言』の末尾）におけるマルクスの予言はいずれも当たらなかった。そのかわり、マルクスが夢想もしなかったような形で、二十世紀には東ヨーロッパ、アジアおよびラテン・アメリカの後進地帯において、共産主義革命が勝利した。ブルジョワ革命は不可能であって、プロレタリア革命だけが実現性があるという一八四〇年代のマルクスのドイツ革命の理論は、ドイツにおいて実現されなかったかわりに、ロシア、中国、ユーゴスラヴィア、北ヴェトナム、キューバ等において実現した。

そこで、アジアのマルクス社会主義思想をマルクスの革命理論との関係において位置づけるためには、マルクス主義の二要因がアジアにはいってくるまでに、どのような展開をとげたかを考察しなければならない。

1　人間疎外および共産主義革命の理論

『ユダヤ人問題』にはじまり、『ドイツ・イデオロギー』で一応の完成を見た人間疎外・共産主義革命の理論は、『共産党宣言』に簡潔な形で要約され、『資本論』第一巻で詳しく論証された。『ユダヤ人問題』では、市民社会の経済生活こそ、人間疎外の最高形態であることが指摘され、資本論では、資本主義社会において、人間疎外がどのように深められるかがイギリス資本主義発達史の数々の実例によって示された。そして人間の自己疎外を体現したプロレタリアートという階級が資本主義社会の墓掘人として登場し、階級意識にめざめ、階級闘争にたちあがることが『資本論』の結論になっている。

したがって、人間疎外および共産主義革命の理論では、資本主義が成熟し、高度化すればするほど、共産主義革命の客観的条件はととのうわけであって、先進資本主義国ほど、プロレタリア革命が切迫しているということになる。『ヘーゲル法哲学批判』で力説された後進国ドイツの革命という考え方は、さきにもふれたように『共産党宣言』の末尾に姿を出し、二月・三月革命直後の短い著作にふれられている以外に、その後は特に問題にされていない。そのかわりに、一八五九年の『経済学批判、序説』で定式化された史的唯物論の考え方が、マルクス主義の中心となった。すなわち「ある社会形態は、その中におさまれるだけの生産諸力が全部展開しつくすまではけっして没落しない」のであり、「新しいいっそう高度の生産関係は、そのための物質的生存条件が旧社会の胎内で成熟し終わるまでは、けっしてとってかわらない」*のである。つまり、人間疎外および共産主義革命の理論では、プロレタリア革命の客観的諸条件のほうに重点が置かれ、革命の主体的側面はどちらかというと後回《あと》しにされているといえよう。

十九世紀の第四四半期に、ドイツ社会民主党に影響を及ぼしたマルクス主義は、マルクス主義のこの側面であった。マルクスもエンゲルスも、『ドイツ・イデオロギー』を書いて、ドイツ哲学を清算した後、しだいに人間疎外について語ることが少なくなった。『資本論』ではまた商品の物神性―― Fetischismus der Ware ――という表現**が用いられているが、エンゲルスの晩年の著作では、人間疎外にふれたところはほとんどない。したがって、ドイツ社会民主党がカール・カウツキー（Karl Kautsky）という理論的指導者のもとで身につけたマルクス主義は、『資本論』第一巻を俗流化した資本主義発展の理論であり、決定論的・宿命論的な色彩のきわめて濃厚なものであった。

もちろん、一八九一年のエルフルト綱領は革命についてふれているが、資本主義の発展に伴い、プロレタリア革命の客観的諸条件が成熟するというところに重点があり、革命を組織し、準備するという主体的な面はなおざりにされていた。

＊ Karl Marx : Zur Kritik der politischen Ökonomie, 11. Auflage S. LVI.
＊＊ Karl Marx : Das Kapital, (Moskau, 1932) IBd. S.78ff, 88f, 99.

社会主義者例外法時代のドイツ社会民主党が革命的に見えたのは、プロイセンの軍国主義と対決するという必要からであった。この点も、一八九〇年に例外法が撤廃され、ドイツ資本主義の成熟にともない、労働者階級も繁栄の余沢に均霑《きんてん》することになって、事情が変わった。カウツキーは革命的な言辞（Phrase）を使うことをやめなかったが、ドイツ社会民主党の実践は改良主義的なものに変化した。この改良主義的実践という現実を直視して、これを理論化することにより、ドイツ社会民主党の理論と実践とを一致させようとしたのがベルンシュタイン（Eduard Bernstein）の修正主義であった。

ベルンシュタインの修正主義は党大会で否決されたが、ドイツ社会民主党はじめ第二インターナショナル諸党のマルクス主義は今や共産主義革命の理論であることをやめて、社会主義的改良主義の理論に転化した。死の直前のエンゲルスが、普通選挙権により、議会を通じての平和革命が可能となったと強調したことは、マルクス主義の二人の創始者のうち一八九〇年代まで生き残った一人までが、実践的には修正主義者となっていたことを証明している。

2 後進国ドイツ革命の理論

マルクスが後進国ドイツにおいては、プロレタリア革命が夢なのではなくて、ブルジョワ革命のほうが夢なのだと説いた『ヘーゲル法哲学批判』では、マルクスはこの結論に到達するために、ヘーゲル法哲学を媒介としている。すなわちマルクスは、ドイツの現状(当時の)そのものから話を進めようとすれば、たとえそれを否定してみても、結果は必ず時代錯誤になると指摘する。なぜならば一八四三年のドイツの現状を否認してみても、フランスの年代でゆけば一七八九年に位置することさえできないからである。

そこで時代錯誤にならないようにドイツを問題にしようとすれば、マルクスによると、ヘーゲルを中心とするドイツの古典哲学から出発するほかはない。カントからヘーゲルにいたるドイツの理想主義哲学は、フランス革命のドイツ版であるというヘーゲル自身の考え方をマルクスは継承したわけだ。*

* 拙訳『独仏年誌論集』一九四八年七五—七六ページ。

こうしてマルクスはヘーゲルの法哲学を採り上げ、ヘーゲルの国家論が抽象的であるのは、フランス大革命によって生まれた近代国家が保障する人権自体が抽象的であることの反映にほかならないと説く。つまりイギリスやフランスの政治的解放すなわちブルジョワ革命が不徹底なものであり、偽瞞《ぎまん》的なものであることをマルクスはヘーゲル哲学の批判を通じて明らかにしたわけである。

それではドイツ革命はどのようなものでなければならないか? マルクスによると、ドイツをイギリス、フランスの水準にまでひきあげる政治的解放、すなわちブルジョワ革命では足りないのであって、その次の段階としての人間的解放こそドイツ革命の課題だということになる。マルクスはさらにドイツのブルジョワジーがフランス革命の教訓から学んで、早熟的に反動化していることを指摘し、後進国ドイツでは政治的革命は実現不可能であり、普遍的・人間的解放のほうがかえって有望であるという結論に到達した。

そしてこの普遍的・人間的解放を担当すべき主体として、マルクスは「市民社会のいかなる階級でもない市民社会の一階級、一切の階級の解消であるような一階級……一言でつくせば人間の完全な喪失であり、それゆえ人間の完全な回復によってのみ、自己を回復できるような一階級」として、「社会の解消を特殊な一階級として体現した」プロレタリアートをあげている。*

＊　同右八九ページ。

このように、マルクスは当時のドイツに現われはじめていた近代的労働者階級を解放するためにドイツ革命を説いたのではなく、普遍的・人間的解放としてのドイツ革命の担《にな》い手を捜し求めて、プロレタリア階級を発見した。「哲学がプロレタリアートにおいて物質的武器を見いだすように、プロレタリアートは哲学においてその精神的武器を見いだす」*というマルクスの言葉が示しているように、一八四三―四四年のマルクスにとってプロレタリアートという概念は経験概念ではなくて、哲学的範疇《はんちゅう》であった。

＊　同右九〇ページ。

このような後進国革命の理論は、すでにふれたように、二―三月革命後姿を消した。しかし、二十世紀にはいって、ロシアという東ヨーロッパの後進国において、後進国革命の理論としてのマルクス主義は、レーニンの手で復活された。レーニンの「労働者と農民との革命的民主主義的独裁」という考え方は、発展不均等性の理論に媒介されて、後進国ロシアが帝国主義の鎖のもっとも弱い環として、まっさきにプロレタリア革命へと突入するかもしれないという考え方に進んだ。*

* 拙著『独裁の政治思想』一一四―一二五ページ参照。

このように、二十世紀のはじめにレーニンのロシア革命の理論は、一八四〇年のマルクスのドイツ革命の理論を復活し、発展させたものであった。ただレーニンの場合には、プロレタリアートは哲学的範疇ではなくて、ロシア社会の現実に存した生きた労働者階級であり、人口の六分の五を占める農民と密接に結びついていた。そしてロシアのプロレタリアートは工業化の初期の労働者階級が一般に共有している破壊主義的（たとえば Luddites を見よ）、急進主義的な革命的エネルギーを備え、* 農民の土地革命のエネルギーと呼応することができた。

* Adam Ulam : The unfinished Revolution, 1962, pp.58―90.

マルクスからレーニンにいたる後進国革命の理論は、社会主義のための客観的条件（生産力）がととのっていない後進国において、ブルジョワジーにかわり、プロレタリアートが民主主義革命を遂行し、その民主主義革命が社会主義革命に移行・転化するというのである。すなわち共産主義革命という革命の内容ではなくて、プロレタリア革命という革命の担い手のほうに重点がある。

二　日本のマルクス主義的社会主義

今日の日本には日本共産党と日本社会党という二つのマルクス主義的社会主義の政党がある。前者は長年にわたってソ連共産党と中国共産党との衛星党であったが、一九六六年以来〝自主独立〟を打ち出した。後者は社会主義インターナショナルに加盟しながら、北京とモスクワとの二つの共産党から強い影響を受けている。国会内の勢力は前者が衆議院で一四議席であるのに対して、後者は九〇議席である（一九六八年十二月選挙）が、党員数では前者は約三十万といわれ、後者のほぼ六倍に相当する。一九六八年の参議院通常選挙や、一九六九年七月の東京都議会選挙を見ても、共産党が社会党に迫っていることは誰の眼にも明らかであろう。

この二つの政党の社会主義思想を考察する前に、マルクス主義的社会主義が日本に受容された歴史を簡単に、スケッチしておくことが必要であろう。十九世紀の第四四半期に、明治の新政府に挑戦した社会主義運動は、ルソーやスペンサーの思想に影響され、同じころロシアのツァーリズム政権の弾圧に英雄的に抵抗したナロードニキ（Narodniki）思想からも刺激を受けていたが、やがて、社会改革に関心をいだくプロテスタントによって指導されるようになった。一九〇一年五月三〇日に創設された社会民主党の最高指導者六人のうち、幸徳伝次郎を除く五人までがキリスト者であったことは注目に値する。

ところが、社会民主党が結党と同時に警察により解散を命ぜられたことでもわかるように、当時の日本では、国会を通じ立憲的、漸進的に社会改革を行なう見込みは、きわめてとぼしかったので、社会運動の指導権は、しだいにおんけんなキリスト者から、急進的な唯物論者に移っていった。そして、一九〇六年に結成された日本社会党が翌年禁止されたころから、議会主義よりも直接行動を採る無政府主義のほうが強くなった。一九一〇年に天皇の暗殺を企てたという名目で、二十四名が死刑の判決を受け、十二名が執行された。

第一次世界大戦後、ウィルソンのデモクラシーとロシア革命との衝撃を受けて、労働運動が高揚したが、官憲の弾圧がきびしく、普通選挙制が採用される見込みがうすかったので、大杉栄を中心とするアナルコ・サンディカリズムとソヴェト・ロシアから輸入されたばかりのボリシェヴィズムとが社会運動の指導権を争った。最初は難解なマルクス主義理論よりも、ロマン的なアナルコ・サンディカリズムのほうが優勢であったが、しだいにソヴェト・ロシアを背景とするボリシェヴィズムがヘゲモニーを奪った。こうして、山川均、荒畑寒村、野坂鉄、近藤栄蔵、高津正道らが続々としてボリシェヴィズムに回心し、もとからのマルクス主義である堺利彦とともに一九二二年七月には日本共産党を創設し、同年十一月コミンテルン第四回大会で国際共産党日本支部として承認された。

非合法政党として存続した共産党のほかに、一九二六年には合法左派の労働農民党（大山郁夫）、民主的社会主義の社会民衆党（安部磯雄）および中間派の日本労農党（麻生久、三輪寿壮）という三つの無産政党が生まれた。これら三党のうちキリスト者の社会改良主義者に指導された右派の社会民衆党を除く左派および中間派の二党は、いずれもマルクス主義によって強く影響されていた。今日の日本社会党は労農党および日本労農党の流れをくんでおり、民主社会党は、社会民衆党と結びついている。

1　共産党のマルクス主義思想

日本共産党のマルクス主義を特徴づけたのは次の三条件であった。

まず第一には、官憲による弾圧のはげしさである。一九二二年の結党から第二次世界大戦の直前に壊滅的打撃を受けるまで、日本共産党はつねに非合法政党として猛烈な弾圧を受けた。このため日本の共産主義者は西欧の共産主義者のように、一九三五年の第七回コミンテルン大会で決定された人民戦線政策により、公然とはば広く国民に働きかける機会を持たなかった。したがって日本共産党は、合法面における活動をほとんど断念し、暴力革命の実現のために絶望的な努力をすることになった。

日本の社会を社会科学により分析して、暴力革命が不可避であるという結論に到達したのではなく、日本共産党はまず暴力革命の必要性から出発して、日本社会を〝分析〟した。したがって暴力革命の可能性は、問題にされず、当然の前提とされた。

一九四五年八月に日本が降服してから一九五〇年六月はじめにマッカーサー元帥が中央

委員を追放するまで、五年足らずの間、日本共産党は、比較的自由に活動することができた。また一九五二年に日本が独立を回復した後、共産党は合法政党として存続しているが、日米安全保障条約で結ばれている米国を正面の敵と考えている日本共産党は、つねに官憲の弾圧に備えなければならない立場にあった。また日本共産党の幹部の中には戦前に転向し、戦後再転向したものが多いことも重要である。再転向派の存在は、日本の共産主義運動に独特のはげしい性格を与えているからである。

第二の条件は、日本共産党が第二次大戦後の一時期を除いては、大衆的基盤をかき、大衆なき前衛党として、セクト主義的性格を持ち、党内に家父長主義的な親分・子分関係が根強かった点である。主要な労働組合のうち共産党が支配するものはほとんどなく、共産党は国民大衆の中に広く深く根を張っているとはいえないため、日本の共産主義はセクト的エリート意識が強く、経験主義的というよりは演繹《えんえき》的な考え方に傾きやすい体質を持っていた。しかし一九五八年の第七回党大会のころから、日本共産党はわが国の高度経済成長に伴う欲求不満の動員に成功し、特に一九六五年に米国が北爆を開始した後は、反米的気運に乗って党勢をいちじるしく強化した結果、思想の面でもセクト主義的性格から脱皮しはじめている。

第三の条件は、日本共産党が結党以来コミンテルンを通してソ連共産党に隷属し、一九六三年の部分的核実験停止協定成立後は、はっきりと中国共産党の系列にはいり、ようやく一九六六年五月から〝自主独立〟路線を打ち出したという事情である。このように、日本共産党が長年の間外国の巨大な共産党から決定的な影響を受けていたことは、大衆的基盤を欠いたことと裏腹となって、日本共産党の革命理論をいちじるしく外国依存的なものにした。まずソ連共産党と対立し、ついで中国共産党と抗争することによって、日本共産党はようやく思想の面でも自主独立性を打ち出そうとしているが、それがどのような形で具体化されるかはまだ今後の問題である。*

＊一九六七年十月十日の『赤旗』論文『今日の毛沢東路線と国際共産主義運動』は、日共の中共に対する独立宣言であるばかりでなく、毛沢東思想に対する批判として国際共産主義運動の中で重要な意味を持っている。

右の三つの条件に制約されながら、日本共産党のマルクス主義は、一九二六年の福本イズムをへて、一九三二年テーゼとこれを基礎づけた「講座派」理論において基本的には完成された。一九六一年七月日本共産党は新綱領を採択したが、この綱領の考え方は本質的には講座派マルクス主義の延長であるといってよい。

福本イズムは山川イズムの批判として登場した。日本共産党の結成直後に発表された論文『無産階級の方向転換』において、山川均は、前衛が大衆から離れて孤立する危険を指摘し、大衆の中へと方向転換すべきことを説いた。* 第一次世界大戦をへて、資本主義が急速に発達し、ようやく大衆的な労働組合運動が全国的に形成されはじめた日本では、第一次世界大戦前のドイツ社会民主党のような形で、マルクス社会主義が労働者大衆の中にはいってゆく条件はようやく成熟していたからである。

＊『山川均自伝』（岩波書店一九六一年）四一〇―四一七ページ参照。

しかし労働運動に対する大日本帝国の弾圧は、ドイツ帝国のそれよりもはるかにはげしく、加うるにロシア革命の勝利後、ヨーロッパの労働運動はとみに急進化していたので、山川イズムは日本共産党の指導理論であることはできなかった。一九二二年から二四年までドイツに学んだ福本和夫はルカッチの（Georg Lukacs）の『歴史と階級意識』に深く影響され、レーニンの前衛党理論をきわめて独断的に日本に適用しようとした。すなわち福本はプロレタリア運動は、結合前にきれいに分離しなければならないと説き、共産党のセクト化を促進し、理論闘争こそ労働運動と共産党の発展にとって主要条件であると唱えて、日本の共産主義者に特徴的な〝理論信仰〟を生み出した。

福本イズムが日本共産党のマルクス主義のいわば骨格を形成したのに対して、コミンテルンの西欧ビューローが作った一九三二年テーゼ＊とこれを基礎づけた『日本資本主義発達史講座』のいわゆる講座派マルクス主義は、日本共産党のマルクス主義に肉づけを与えたものといえよう。

＊『現代史資料』社会主義運動（一）（みすず書房一九六四年）六一三―六三〇ページ、特に三二年テーゼの二段階革命論は六一九ページに簡潔に要約されている。

講座派マルクス主義の特徴は、二段階革命論にあり、日本資本主義の半封建的性格を強調し、当面の革命の目標を〝天皇制絶対主義〟を打倒するブルジョワ民主主義革命におき、資本主義を打倒する社会主義革命は、将来の問題とした。つまりマルクスの後進国革命の理論をロシア経由で輸入したわけであって、民主主義革命という当面の目標に全力をあげるため、日本が高度の資本主義国であるという現実は極力回避されたわけである。この場合、天皇制がツァーリズムと等置され、日本の寄生地主制がロシアの地主貴族制と等置された。

第二次大戦後、アメリカの占領下に農地改革が断行された後も、日本共産党は講座派マルクス主義の二段階革命論を捨てず、一九六一年の現行綱領は「現在、日本を基本的に支配しているのは、アメリカ帝国主義とそれに従属的に同盟している日本独占資本である。わが国は高度に発達した資本主義国でありながら、アメリカ帝国主義になかば占領された事実上の従属国となっている」と規定し、やはり民族解放・民主革命を当面の目標とし、反米闘争に全力をあげてきた。これはアメリカ合衆国と対決している中国共産党の衛星党としての立場にも合致していたわけである。

講座派マルクス主義は、一九三二年テーゼから三八年たった今日、先進資本主義としての日本社会の現実からははなはだしく遊離しているが、反米闘争の理論として、新しい役割をになったことになる。日本共産党のマルクス主義を要約すれば、高度に発達した資本主義国日本に、後進国革命の理論としてのマルクス主義の一側面を強引に適用しようとしたものだといえよう。〝自主独立〟路線を明確に打ち出して、中国共産党と絶縁した後、日本共産党はわが国の革命理論を模索しているように見える。

2　社会党のマルクス主義思想

日本社会党のマルクス主義は、これに反して、先進資本主義国における社会主義革命の理論としてのマルクス主義の側面を代表している。日本社会党は連合戦線党で非共産主義の左派マルクス主義から修正主義までを含んでいるが、最近の党内で優勢なのは、労農派マルクス主義と構造改革論との二つの流れである。前者は共産党から離れた山川均を中心に戦前・戦後を通じて強い団結を示し、一九六〇年の三池争議まで、日本の左翼社会民主主義の代表的理論であった。その特徴は、講座派マルクス主義に反対して、日本の革命は独占資本主義を打倒する社会主義革命でなければならないとするところにあり、*ヨーロッパのマルクス主義の中ではオットー・バウアー（Otto Bauer）らの左派オーストリア・マルクス主義にきわめてよく似ている。

＊『山川均自伝』四二八―四三五ページ参照。

労農派マルクス主義がオットー・バウアーらのオーストリア・マルクス主義と違うところは、資本主義崩壊の必然性を強調するだけで、後者がリンツ綱領で展開したような、資本主義から社会主義への移行過程への理論を欠いているところにある。この意味では労農派マルクス主義は、エルフルト綱領のカウツキー主義に近いともいえよう。

政治的には江田三郎によって代表され、理論的には、佐藤昇、長洲一二らによって推進されている構造改革理論は、いうまでもなくイタリア共産党から輸入されたものである。資本主義が高度化し、政治的民主主義が相当程度根をおろしたイタリアや日本では、武装蜂起《ほうき》型や内乱型の革命が至難であることは明らかである。そこでそれぞれの国で第二党の立場にあるイタリア共産党と日本社会党とは、構造改革の積み重ねによって、社会主義革命を実現しようと考えたわけである。

日本共産党のマルクス主義がマルクス主義の後進国革命の理論としての側面をうけついでいるものとすれば、日本社会党のマルクス主義はカウツキー主義、オットー・バウアーの理論および構造改革論と結びついている。双方に共通していることは、人間疎外の理論がほとんど全く欠如していることである。一九二〇、三〇年代に、ヘーゲルはかなり深く研究され、ルカッチ、コルシュ（Karl Korsch）、マルクーゼ（Herbert Marcuse）らの初期マルクスに関する研究は細々ながら紹介されていたが、マルクスの人間疎外論に対する関心は驚くほどうすかった。日本のマルクス主義が、レーニンの『唯物論と経験批判論』やスターリンの『弁証法的唯物論と史的唯物論』のように水準の低い〝哲学〟で満足していたのは、日本が西洋哲学とその源流としてのキリスト教神学の伝統を持たなかったからであろう。一神教国でない日本では、戦闘的無神論も、唯物論も、せいぜい科学的方法という以上の意味を持たず、マルクスの教条を跪拝《きはい》する理論信仰を生んだにとどまった。

それにもかかわらずマルクス主義が、日本のインテリゲンツィアに対して、一九二〇年代以来最近まで、大きな影響力を持ちつづけてきたことは興味深い。明治維新まで社会科学の伝統を持たなかった日本では、マルクス主義がすべての社会科学に代替するという役割を果したともいえる。また徳川時代に国定イデオロギーとされていた宋代の朱子学がその演繹《えんえき》的な思考方法により日本の知識人をきたえあげていたため、ヘーゲル・マルクス流の演繹論的哲学と一元論的な歴史観・世界観は日本の知識人にとって特に魅力あるものとなったのであろう。

三　中国のマルクス主義的社会主義——毛沢東思想

日本では、マルクス主義の二つの要因を代表する共産党と社会党とがともに大きな成果をあげていないのに対して、中国では後進国革命の理論としてのマルクス主義が、毛沢東思想として大成功をおさめ、国際共産主義運動の指導権をソヴェト・マルクス主義と争っている。これに反して人間疎外および共産主義革命の理論としてのマルクス主義は、中国ではほとんど、発展できなかった。これは欧米および日本の帝国主義によって中国は半植民地化され、中国自身の資本主義は高度の発達をとげることができなかったからであろう。

中国のマルクス主義は、第一次大戦中に日本から二十一か条の要求をつきつけられて、中国の知識人たちが中国の独立を守るために、国内改革の必要を痛感したことと、第二に一九一七年十一月のロシア革命の勝利に大きな希望を見いだしたこととの二つの条件によって、まず主として知識人の間に根をおろした。すなわち一九一八年春、北京大学文科学長陳独秀の指導のもとに、同大学教授兼図書館主任李大釗を中心とするマルクス主義研究会が結成され、翌一九一九年の五・四運動の指導勢力となった。他方一九二〇年四月にはボリシェヴィキ党の三人の党員ヴォイティンスキー、楊明斎、およびママエフがコミンテルン代表として中国に派遣され、北京で李大釗と、上海で陳独秀と会い、翌一九二一年六月陳独秀を最高指導者とする中国共産党が創設され、翌年コミンテルンに加盟した。

　中国共産党の誕生から、一九二七年に第一次国共合作の決裂までの中国共産主義は、ほとんど完全にコミンテルンの指導下にあり、なんら中国独自の特徴を持っていなかった。中国の共産主義が、中国独自のマルクス主義として毛沢東により形成されたのは、一九二八年のいわゆる井崗山時代においてであった。毛沢東は一九三五年に瑞金から陝西省への大長征の途上で中国共産党の指導権を完全に握るまで、中国の実情を知らないコミンテルンとその影響下にある中国共産党の幹部たちと戦わなければならなかった。一九三五年から今日まで、中国共産党における毛沢東の指導権は、対日戦争についてのきわめて正確な見通し、*蒋介石の国民政府との内戦における輝かしい勝利、朝鮮戦争の指導および一九五八年までの経済建設の成功等によりカリスマにまで高められた。一九五九―六一年の農業危機や同じころから激化しはじめたソ連との対立あるいは最近あいついで起こった外交政策の挫《ざ》折《せつ》も、毛沢東の権威をゆるがすにいたっていない。

＊　毛沢東は日本の人民闘争を過大評価した点においてだけ誤っていた。たとえば毛沢東選集（三一書房一九五二年）第三巻三二五ページ、二三二ページ参照。

　毛沢東思想はレーニン・スターリン主義から多くのものを学んでいる。すなわち（一）レーニンの労働者と農民との革命的民主主義独裁と毛沢東の人民民主主義独裁とはよく似ており、(二) 前衛党による指導という点と、(三) いわゆる社会主義的原始蓄積という点で毛沢東思想はレーニン主義と完全に一致している。この意味で毛沢東思想は、後進国革命理論としてのマルクス主義をレーニン・スターリン主義という形でソヴェト・ロシアから輸入したものであるといってよい。この点は、毛沢東が一九三九年に書いた『中国革命と中国共産党』という論文で、中国革命を新民主主義革命と特徴づけたところにもっともよく現われている。*

＊ 毛沢東選集第四巻一九七ページ。

しかし毛沢東にはレーニン・スターリン主義には存しなかった四つの特徴が存している。

1　農民運動の重視

まず第一には毛沢東が農民運動を中国革命の主要な推進力と考えたことである。レーニンも労働者と農民との同盟を説き、農民運動を重視したが、けっしてこれをロシア革命の主要な推進力であるとは考えなかった。毛沢東は一九二七年三月に発表された『湖南農民運動の視察報告』において、「きわめて短い期間のあいだに、何億という農民が、中国の中部、南部および北部の各省から立ちあがった。その勢いはあらしのように、猛烈であって、どんな大きな勢力でも、それをおさえつけることはできないであろう。かれらは、かれらをしばっていたすべての綱をつき破り、解放の道に向かって、まっしぐらにばく進するであろう。すべての帝国主義、軍閥、腐敗官吏、土豪劣紳どもは、農民によって、みな墓場にほうむり去られるであろう」と説いている。*

＊同右　第一巻二六―二七ページ。

2　人民戦争理論

毛沢東思想の第二の特徴は、いうまでもなく〝人民戦争〟理論である。毛沢東は農民を武装し、土地革命運動の先頭に立って戦ったが、反革命勢力が中国全土に優勢となってきたので、一九二七年十一月に井崗山にたてこもり、将来の再起を準備した。そして一九二八年十月五日付の論文『中国の赤色政権はどうして存在することができるか』において、毛沢東は、「一国の中で、一つの小さな、あるいはいくつかの小さな赤色政権の区域がその周囲を白色政権によりとりかこまれながら長期間にわたって存在していることは、世界のどんな国にも、いままでになかったことである」*と指摘した後、「このような不思議なことが発生している」原因を五つあげている。この五つのうちで、もっとも重要なのは、次のとおりである。

「第一に、こうしたことの発生は、どんな帝国主義国家にもありえないし、またどんな帝国主義の直接支配している植民地にもありうるものではないが、帝国主義の間接に支配している、経済的に立ちおくれた半植民地中国においては必然なのである。なぜならば、こうした不思議な現象は、必ずもう一つの不思議な現象をともなう。それは白色政権のあいだの戦争である。帝国主義と国内の買弁豪紳階級の支持している新旧軍閥の各派は、民国初年以来たえまなく戦争をつづけている。これは、半植民地中国の特徴の一つである。全世界の帝国主義国家には、一国として、このような現象の発生している国はない。それればかりか、帝国主義の直接に支配している植民地においてさえ、一つとして、このような現象の発生しているところはない。ただ帝国主義の間接に支配している中国にだけ、このような現象が生まれているのである。このような現象の発生の原因としては二つある。すなわち、地方的な農業経済（統一した資本主義経済ではない）と、勢力範囲を分割している帝国主義の分裂、搾取の政策である。白色政権の間の長い期間にわたる分裂と戦争は、共産党の指導している一つの小さな、あるいは幾つかの小さな赤色区域がその周囲を白色政権にかこまれながら、そのなかで発生し、維持してゆける一つの条件を与えている」**

* 同右 第一巻八五ページ。

** 同右 第一巻八五―八六ページ。

一九三六年十二月に書かれた『中国革命戦争の戦略問題』において、毛沢東は、(一)「中国が政治的、経済的に発展の不均等な半植民地の大国であり、また一九二四年から一九二七年の革命を経ていること」、(二)「敵が強大であるということ」、(三)「赤軍がまだ弱小であるということ」、および(四)「共産党の指導と土地革命」という中国革命戦争の四つの特徴をあげた後、*一九二八年の五月までに、「敵が攻撃してくれば退却し、敵が駐《ちゅう》屯《とん》すれば、攪乱《かくらん》し、敵が疲れれば攻撃をかけ、敵が退けば追撃する」という遊撃戦争の有名な四原則が展開していたとのべている。**

＊　同右　第二巻七五―七八ページ。

＊＊　同右　第二巻一〇一ページ。

同じ論文で毛沢東が、戦略的退却から攻撃に移るためには、「(一)　赤軍を積極的に援助する人民があること、(二)　作戦に有利な陣地があること、(三)　赤軍の主力が全部集中していること、(四)　敵の脆弱《ぜいじゃく》な部分を発見すること、(五)　敵を疲労させ、士気を沮《そ》喪《そう》させること、(六)　敵に間違いをしでかさせること」という六条件のうちで、少なくとも二つ以上の条件が獲得されなければならないと説いている点も注目に値する。*

＊　同右　第二巻一〇四―一〇五ページ。

さらに毛沢東が井崗山時代に、「(一)　命令に服従せよ。(二)　農民から、たとえ針一本、糸一すじといえどもとってはならない。(三)　没収したものはすべて提出せよ」という三規律を共産軍に決議させ、また「(一)　世話になった家を出るときには、寝台がわりに使った戸はすべて元通りにし、しいて寝たむしろもみな返しておけ。(二)　人民に対しては、ていねいにものをいい、できるときは必ず手助けせよ。(三)　借りたものは、すべて返せ。(四)　こわしたものは、すべて弁償せよ。(五)　商取引に正直にせよ。(六)　衛生を重んぜよ！　便所を掘る時、人家の迷惑にならぬだけの距離を離して作り、出発する前には、土をかぶせて埋めておけ。(七)　決して婦人にたわむれてはならない。(八)　捕虜を虐待してはならない」*という八つの規則をきめたことは、彼がゲリラという魚にとって水に相当する人民の支持を確保するのに、どれほど熱心であったかを示している。

* Mao Tse-tung : Selected Works, Vol. IV. Peking, 1961, pp.155—156.

3 思想改造

毛沢東思想の第三の特徴は、レーニン主義の戦闘的無神論のかわりに、中国の思想伝統から学んで、修養および思想改造を強調するところに存している。一九三九年八月七日に劉少奇が延安のマルクス・レーニン学院で、孔子や孟子を引用しながら、『共産党員の修養について』論じていることは、毛沢東思想と中国の儒教思想との深いつながりを示している。*

* 劉少奇主要著作集（三一書房一九五九年）第一巻一六—一七ページ。

毛沢東が一九五七年二月二十七日の有名な講演『人民内部の矛盾の正しい処理の問題について』の中で、思想改造の必要を次のように説いていることは、毛沢東思想の特徴をさらによく現わしている。

『社会主義建設の過程で、人々は改造されなければならないし、勤労者も改造されなければならない。労働者階級は改造されなくてよいなどと誰もいいはしない。だがもちろん、搾取者の改造と勤労者の改造とは、性質を異にした二つの改造であり、いっしょに論ずることはできない。労働者階級は階級闘争の中で、社会全体を改造するとともに、自分をも改造しなければならない。労働者階級は仕事の中でたえず学習し、永久に停止することなく、一歩一歩、自分の欠点を克服してゆかねばならない。われわれの階級のこれらの人々についていえば、そのうちきわめて多数のものが年々進歩している。つまり年々改造されつつある。わたくし個人は、以前はいろいろな非マルクス主義的な思想を持っていたし、マルクス主義はあとから身につけたものである。わたくしは書物の上で少々マルクス主義を学び、一応自分の思想を改造したが、主として、やはり長期にわたる階級闘争を通じて改造したものである。そのうえ今後もひきつづき学習しなければならず、そうしてみても、多少の進歩があるだけである。しかしそうしなければ落伍《らくご》してしまう」＊

＊　毛沢東戦後著作集（三一書房一五五九年）一八五―一八七ページ。

キリスト教では、救済は超越神からの恩寵として上から与えられるものであって、儒教における修養に相当するような考え方は存しない。また無神論は人間の本性を善と考え、あらゆる害悪は生産手段の私有とか、国家とかの外部的要因にもとづくものと考えられる。レーニン・スターリン主義では、前衛党による上からの、あるいは外からの人間改造――自己批判――の必要はみとめたが、毛沢東思想では、党の最高指導者である毛沢東自身が率先してたえず自己改造し、修養しなければならないのである。

思想改造は洗脳と呼ばれ、集団の圧力による強制的説得という面を持っていることはたしかである。この点で自己改造は自己批判に近い。しかし、毛沢東思想の自己改造ないし思想改造とレーニン・スターリン主義の自己批判とは本質的に異なる要因を持っていることも疑いない。そしてこの要因は明らかに中国の思想的伝統、特に儒教に由来していると考えられる。この意味で毛沢東が、一九三八年十月の中央委員会で行なった報告の中で、「われわれの民族は数千年の歴史を持ち、その特徴を持ち、そのいくたの貴重品を持っている」と語った後、「孔子から孫中山にいたるまでのものにしめくくりを与え、この貴重な遺産を継承すべきである」*と説いていることは、特に注目される。

＊ 毛沢東選集第四巻三一ページ。

4 人民内部の矛盾論

まだ充分に展開されたとはいえないが、さきに引用した一九五七年二月の講演において、毛沢東が人民内部の矛盾に注意を喚起したことは、レーニン主義には存在しなかった毛沢東思想の特徴の一つである。毛沢東はこの講演で、「わが国の現在の条件のもとでは、いわゆる人民内部の矛盾には、労働者階級の内部の矛盾、農民階級の内部の矛盾、知識人の内部の矛盾、労農両階級の間の矛盾、労働者・農民と知識人との間の矛盾、労働者階級および他の勤労人民と民族ブルジョワジーとの間の矛盾、民族ブルジョワジー内部の矛盾などが含まれる」と指摘し、さらに進んで、「わが人民政府は、人民の利益を真に代表する政府であり、人民のために奉仕する政府である。しかし、この政府と人民大衆との間にもある矛盾がある。この矛盾には、国家の利益、集団の利益と個人の利益との間の矛盾、民主主義と集中制との間の矛盾、指導するものと指導されるものとの間の矛盾、国家機関の一部の工作員の官僚主義的なやり方と大衆との間の矛盾が含まれる」*と説いている。

＊　毛沢東戦後著作集一六五ページ。

毛沢東が〝人民の利益を代表する〟政府と人民大衆との間、また指導者と被指導者との間に矛盾が生じうると認めていることは、反対派をスターリンのように物理的に粛清するかわりに、辛抱強く、説得し、洗脳することが必要でもあり、また可能でもあることを意味している。すなわち、毛沢東が人民内部の矛盾を認めたことと、自己改造ないし修養の必要を強調したこととの間には、不可分の関係が存しているのである。

5　マルクス主義と毛沢東思想との関係

以上にのべた毛沢東思想の四つの特徴は、毛沢東が中国革命の特異な経験からプラグマティックに学んで、中国独自のマルクス主義的革命理論を創造したことを示している。毛沢東思想の本質はマルクス主義を中国に適用したというよりは、後進国革命の理論としてのマルクス主義から学びながら中国独自の革命理論を創造したところに存するというべきであろう。

しかももっとも注目されることは、毛沢東がほとんどマルクス、エンゲルスの原典を読まず、レーニンの著作さえ、一部分しか読まないで、主としてスターリンの著作および一九三一年にソ連コム・アカデミー・レーニングラード支部哲学研究所のメンバーが執筆した『弁証法的唯物論教程』からマルクス主義を学んだと推測される点である。*この点はレーニンがマルクスの主要な著作を読破したばかりか、ヘーゲルまで熱心に研究したのとはいちじるしく対照的である。

* 中島嶺雄『現代中国論』（青木書店一九六四年）五二―五三ページおよび五九ページ参照。中島氏はこの教程と毛沢東の『実践論』および『矛盾論』とを詳細に比較研究して、毛沢東がこの教程から強い影響を受けたことをはっきりと論証している。また中島氏によれば、毛沢東著作集に現われてくるマルクス、エンゲルス、レーニンおよびスターリンからの引用数は、レーニン三七回、スターリン二五回、マルクス六回、エンゲルス二回、マルクス・エンゲルス二回となっている。このうちレーニンは『哲学ノート』からの引用が大部分である。マルクスとエンゲルスからは、誰でも知っているようなきまり文句が引用されているので、それらを差し引くと、スターリンからの引用が圧倒的となる。

毛沢東思想は、中国文明の伝統が根強い朝鮮、ヴェトナムおよび日本に大きな影響力を持っている。儒教と大乗仏教とを中国から受けいれたこれらの国々では、思想改造ないし修養に関する毛沢東思想は根をおろしやすい。しかし農村を根拠地とする人民戦争理論が実行されているのは、ヴェトナムだけである。ホー・チ・ミンの著作集を読んで、私は当然のことながら植民主義の非人間性がくりかえし、くりかえし論ぜられているのに深い印象を受けた。ホー・チ・ミンがもともとフランス共産党に属したことを考えると、ヴェトナムの共産主義に対する西欧ヒューマニズムの影響が強いのは当然である。西欧ヒューマニズムの論理で、西欧植民主義の残虐性を弾劾し、人種的偏見を攻撃しているところに、ホー・チ・ミンにおけるマルクス主義思想の大きな特徴が存しているといってよかろう。*

* たとえば Ho Chi Minh : Selected Works, Hanoi, 1962, Vol. 1. pp.11―24 参照。

四　中ソ対立と毛沢東思想

中ソ両国共産党の激突は、ロシア革命以来、半世紀をこえる国際共産主義運動の歴史において、もっとも劇的な事件といわなければなるまい。中ソ対立は、一九五六年の第二十回ソ連共産党大会をきっかけとして表面化し、一九六〇年の春まで非公然の間接的な論争の形をとった。そして一九六〇年夏から一九六二年夏まで、中ソ対立は直接の紛争へと発展し、さらにその後は、公然の対決にまで格上げされた。一九六九年三月のダマンスキー島（珍宝島）事件後、両国の国境は緊張をはらみ、戦争の可能性さえ指摘されている。

中ソ対立の歴史をさかのぼれば、一九二八年から武装農民をひきいて井崗山にたてこもり、人民解放戦争を開始した毛沢東とモスクワのコミンテルンとの関係にまで到達する。半植民地化された後進農業国の中国で、独自の人民解放戦争をたたかいぬいた毛沢東の中国共産党が、帝政ロシアの首都におけるプロレタリアの武装蜂起《ほうき》により政権を奪取し、数次の五か年計画を通じて工業化に成功したソ連共産党と、思想の面に関しても真正面から衝突することになったのは、当然の結果ともいえよう。

よく知られているように、ロシアにはモスクワこそ第三のローマだという長年の伝統があり、十月革命後ソ連は、世界最初の共産党独裁国家として、国際共産主義運動を指導すべき責任を担《にな》っているという自尊心も強烈である。他方中国人の中華思想は、ロシア人のモスクワ中心主義よりも、はるかに根が深いばかりでなく、十九世紀の中葉から中国がヨーロッパ列強および日本の手で半植民地化されるにともなって、中国の民族主義は歴史を形成する巨大なエネルギーとなった。

日本が一九四五年八月に降伏するまで、中国の民族主義は主として抗日運動の形をとり、中華人民共和国の成立後はもっぱら〝アメリカ帝国主義〟打倒という線を打ち出した。しかし中国人が中国領であると考えている地域を、過去一世紀間にもっとも大量に奪取したのは、帝政ロシアである。ソ連は帝政ロシアがかすめとった領土をそっくりうけついだばかりでなく、モンゴルを衛星国化してしまった。したがって、一九五〇年二月に締結された中ソ友好同盟相互援助条約にもかかわらず、中ソ両国の間には領土問題をめぐる深刻な国益の対立が厳存しているわけだ。

一九五〇—五三年の朝鮮戦争で、中国が軍事的にソ連の援助に依存していた間、毛沢東は〝向ソ一辺倒〟を強調しなければならなかった。しかしスターリンの死後三年たった一九五六年二月の第二十回党大会で、ソ連共産党が非スターリン化にふみきったのをきっかけとして、中国共産党はしだいに独自の立場を表明するにいたった。同じ年の四月五日の人民日報に、『プロレタリア独裁の歴史経験について』を発表し、スターリンの個人崇拝を批判すると同時に、彼の功績を評価したのは、その現われである。

一九五六年十月にポーランドとハンガリーに脱衛星国化の動きが噴出した時、中国共産党はポーランド共産党（統一労働者党）のゴムルカを支持して、ソ連の内政介入に反対するとともに、ハンガリーの内戦については、ソ連の軍事介入を強力に支持した。そして十二月二十九日の人民日報に『ふたたびプロレタリア独裁の歴史的経験について』を発表し、中国共産党はスターリンの全面的否定を修正主義として批判すると同時に、すべての共産党間、共産圏国家間の関係は独立かつ平等でなければならないと説き、国際共産主義運動の指導権をモスクワから北京へ移す用意があることを示した。

しかし一九五七年十一月の世界共産党代表者会議では、毛沢東は共産陣営の団結強化のため、ソ連共産党の指導権を認めるべきであると強調した。もっとも毛沢東のいうソ連の指導権とは、米国との平和共存を否定し、米国と対決するために必要なリーダーシップを意味している。毛沢東がこのモスクワ会議で、「東風は西風を圧す」とのべたのは、十月に打ち上げられたスプートニク第一号を念頭に置いていたからだった。ところが、フルシチョフのほうは、ロケットの優位を背景に米国と対決することを考えていたわけではなく、かえって米国との共存を模索していた。ここに毛沢東とフルシチョフとの、対米政策に関するもっとも決定的な対立点が見られる。

翌一九五八年五月の中国共産党大会で〝大躍進〟政策が決定され、八月の政治局会議において人民公社の設立に関する決議が行なわれ、中国共産党が人民公社を通じて、ソ連に追いつき、追い越すかのような態度を示したことは、ソ連共産党との関係を悪化させた。同じ八月に中国が金門島を砲撃して、台湾海峡の緊張を激化させたさい、ソ連は米国との対決に追い込まれることを極度に警戒した。そして翌一九五九年にフルシチョフ首相とアイゼンハウアー大統領との頂上会談を通じて、米国との共存路線をいちだんと明確に打ち出したばかりでなく、同じ年の六月、ソ連は二年前に中国と結んだ〝国防新技術に関する協定〟(核兵器開発援助協定)を破棄してしまった。

このころになると、中ソ両国共産党の対立は、ほとんどもとへもどれない程度にまで悪化していたといってよい。フルシチョフが一九六〇年六月二十一日、ルーマニア共産党(労働者党)大会で、「今日では狂人だけが新しい世界戦争を要求する」と、きわめて露骨に毛沢東を攻撃したのは、その証拠である。しかし一九六〇年十一月にモスクワで開かれた八十一か国共産党代表者会議では、三週間にわたる討議をへた後、十二月一日、平和共存と反帝国主義とを確認し、教条主義と修正主義との双方を批難するモスクワ声明を発表するのに成功した。平和共存と反教条主義を主張するソ連共産党と、反帝国主義と反修正主義とに力点を置く中国共産党とが、ともかくも妥協できたのは、ほとんど奇跡といってよい。

しかし中ソ両国共産党の立場は、あまりにもかけ離れていたので、モスクワ声明の妥協は一時の気休めにとどまった。その後北京とモスクワとは、それぞれモスクワ声明をたてにとって相手方を攻撃するのに忙しく、特に一九六三年七月両党の会談が決裂して以来、悪罵《あくば》の応酬がつづいた。一九六六年に毛沢東が〝プロレタリア文化革命〟の名のもとに、劉少奇、鄧小平らのいわゆる実権派を打倒することに成功して以来、中国共産党は、ソ連〝修正主義〟のほうを、アメリカ〝帝国主義〟よりもいっそう敵視しているほどである。

では、中ソ両国の共産党を〝兄弟党〟からたがいに〝公敵〟ナンバー・ワンの間柄にまで敵対化させた要因は、いったいなんであろうか？　まず第一に重要な争点は、現代を、マルクス・レーニン主義の立場からどのように規定するかという問題である。ソ連共産党は、ソ連を中心とした世界社会主義体制の実力こそ現代の特徴であると考えるのに対して、中国共産党のほうは、社会主義対帝国主義という基本的対立は、今もなお継続していると説く。ソ連共産党の考え方には、スターリン以来のソ連中心主義が見られるほか、ソ連の工業力と軍事力および核兵器とロケットに代表される科学技術力への自信が含まれている。

この第一の争点から、第二の争点が出てくる。ソ連共産党は世界社会主義体制の実力により、戦争は抑止できるし、熱核兵器の発達は戦争の阻止を至上命令としていると説くのに反して、中国の党は人民解放戦争に重点を置き、アメリカとの対決を避けてはならないと反論する。中国共産党の考え方には、人民解放戦争に勝ち抜いた体験にもとづく自信があふれている。

第三番めの争点は、ソ連の国家および社会の性格に関している。ソ連共産党が一九六一年十月の新綱領で、ソ連ではプロレタリア独裁の任務は終了し、今や〝全人民の国家〟が出現したと規定したのに対して、中国共産党はソ連には資本主義復活の危険性が大きいと痛撃したばかりでなく、一九六七年の紅旗第十一号社説では、「最初の社会主義国家はブルジョワジー独裁の国家に変わった」とまで極論した。したがって共産党独裁国家においても、〝人民革命〟が必要だということになるから、中国の〝文化大革命〟が正当化される一方で、ソ連などに対しては、現存共産党政権の打倒・転覆を扇動する結果を招く。中ソ両国共産党の対立は、この第三の争点をめぐって、たがいに和解できない敵対関係へと硬直化してしまった。

以上三つのもっとも重要な争点に比べると、先進諸国において、社会主義への平和的移行が可能であるかいなかなどの問題点は、副次的なものといえよう。ところで、毛沢東思想の観点から、中ソ対立の発展をふりかえると、さきに毛沢東思想の特徴としてあげた四点が、中ソ対立の三大争点と不可分に結びついていることを確認できる。武装農民による人民解放戦争の万能化は、中国の歴史的経験を一般化しようとしたものである。この点とならんで注目されるのは、思想改造と人民内部の矛盾に関する毛沢東の考え方から、共産党独裁国家においても、たえず〝人民革命〟を行なって、〝修正主義〟の実権派を打倒しなければならないという一種の永久革命論が帰結される点である。

一九六五年十一月、呉晗の『海瑞罷官』を痛烈に批判する姚文元の論文が発表されてから、一九六九年四月の第九回党大会まで、三年半にわたり、中国共産党を根底からゆさぶったいわゆる文化大革命は、右の永久革命論にもとづいている。毛沢東らは、文化大革命を「史上前例のない革命」とか、「前人未踏の壮挙」などと自画自賛しているけれども、ソ連共産党ばかりでなく、〝自主独立〟路線を打ち出した日本共産党までが、「文化大革命の主要な内容は毛沢東一派の専制支配の確立にある」と批判していることは注目に値する。*

＊　一九六七年十月十日の赤旗論文『今日の毛沢東路線と国際共産主義運動』は、(一) 中国共産党の「反

米反ソ統一戦線論」は、世界人民の反帝闘争の利益にそむく、(二)「人民戦争万能論」は極左冒険主義をけしかける、(三)「人民革命論」は、社会主義諸国の転覆を説く、(四)「再編分化論」は分裂主義である、(五)毛沢東路線は国際的な専制支配をめざす大国的排外主義である、という五つの論点にもとづき、毛沢東の中国共産党を国際共産主義運動の悪質な攪乱者であると弾劾している。

第十章　非毛沢東化と非スターリン化

一　非毛沢東化は近い

中国の〝プロレタリア文化大革命〟が、これまでどういう経過をたどったか、また今後どんな様相を呈するか、などの問題については、ここでは論じない。これらの諸点を解明する適任者は、たくさんいるはずだ。私が関心を持っているのは、もっと先の問題、すなわち、非毛沢東化と名づけるのにふさわしいような事態が中国に起こるだろうか、もし起こるとすれば、それは、どのような形ではじまるか、という長期的展望である。

非毛沢東化は、存外早く、かならず起こると私は考えている。一九五六年のソ連で、非スターリン化がはじまったから、中国でも、近いうちに似たような現象が起こるというのではない。今日の中国を、工業化、都市化といった面で、一九五六年のソ連と比較してみると、問題にならないほど中国のほうが立ち遅れている。したがって、下部構造の側から、非スターリン化を不可避にしたような条件は、中国ではまだまだ成熟しないだろう。では、非毛沢東化が切迫しているというのは、どのような根拠にもとづくか？二つの根拠を、私はあげたいと思う。第一は、独裁権力の政治過程そのものから来る論理的帰結だ。一九六六年七月ごろから、中国の文化大革命は、毛沢東の個人跪拝《きはい》を、極限にまで押し進めている。一党独裁のもとでは、重大な政策決定をめぐる分派の結成は、不可避といってよい。そして激烈な権力闘争を解決する途《みち》は、ただ一人の勝ち残った独裁者によるワン・マン支配以外に存しない。つまり一党独裁は、かならずカリスマ的支配に帰着するのだ。スターリンの個人跪拝も、毛沢東の個人跪拝も、この意味では、一党独裁の論理が生み出した必要悪である。むろん、スターリンや毛沢東の個性も、ある種の役割を演じているだろうが、個人跪拝を生み出す根因は、独裁の論理に求められなければならない。

ところで、ワン・マン支配が成功し、個人跪拝がとことんまで進められると、独裁者はかならず暴君化する。神格化されたワン・マンは、おびただしい量の情報・通信に圧倒されて、一握りの側近に依存せざるをえなくなる。その結果、独裁者は現実からしだいに解放されて、彼と側近だけのユートピアの中に逃避してしまうことになりやすい。スターリンやヒットラーの末期は、独裁者がどのようなユートピアに住んでいたかを物語っている。毛沢東が江青夫人と元秘書の陳伯達とにとりまかれて、信じられないほどの個人跪拝にふけっているありさまは、独裁の論理が終着駅に到達したことを示している。個人跪拝がきわまれば、政治も、経済も、文化も硬直してしまい、にっちもさっちもゆかなくなる。

この窮地から脱する途は、非ワン・マン化以外に存しない。そういう意味で、中国の非毛沢東化は、かならず起こるであろう。

スターリンの個人跪拝が一九三〇年代から二十年間も続き、ヒットラーのそれがフリッチ危機の一九三八年以後七年間行なわれたことを考えると、毛沢東の個人跪拝が間もなく終わるという保障はどこにもないように見えるかもしれない。しかし毛沢東の文化大革命が進むにつれて、中国経済の運営に当たっていた実権派が、次々に追放されているありさまを見れば、非毛沢東化への転換点が迫っていることは、明らかである。毛沢東のワン・マン支配によっては、中国の経済は、破綻《はたん》する。毛沢東思想によって、人民解放戦争に勝つことはできようが、工業化に成功するわけにはゆかない。

私は〝毛沢東語録〟を読んでみて、経済に関する部分があまりにも少ないというよりは、事実上皆無といってよいのに一驚した。〝語録〟は、人民戦争の指針であり、経済はせいぜい〝勤倹建国〟という角度からとりあげられているだけだ。これでは、中国経済を近代化することなど、とてもできたものではない。この意味で非毛沢東化は、中国を工業化するための前提条件である。私が非毛沢東化の時期は意外に早く来ると予想する第二の根拠は、ここに存している。遅くとも両三年のうちには、中国は非毛沢東化に踏み切らざるをえないと思われる。

二　非スターリン化との違い

さきにもふれたように、独裁の論理という点では、非毛沢東化は非スターリン化に似ているが、社会的・経済的基盤に関するかぎり、違う点のほうが目につく。一九五五年に、ソ連は四千五百万トンを越える粗鉄鋼を生産していたのに対して、中国の粗鋼生産は、現在はほぼ三分の一程度と推定される。中国の人口が、一九五五年におけるソ連人口の三倍半を越えていることを思えば、今日の中国における人口一人当たりの粗鋼生産額は、一九五五年のソ連の十分の一にしか当たらないわけだ。下部構造の面から、非スターリン化を不可避にしたような条件は今日の中国には存在しない。

それどころか、近い将来に非毛沢東化が開始された場合、非毛沢東化過程の経済政策は、フルシチョフやブレジネフの限定的自由化政策ではなくて、むしろ、一九二八年から一九五三年にいたるスターリンの強権的・中央集権的計画経済にきわめてよく似たものとなろう。一九二八年、すなわちソ連が第一次五か年計画に突入した年の粗鋼生産は、四百三十万トンであった。当時のソ連人口が、今日の中国人口のほぼ四・五分の一であったことを考えると、中国の工業化水準は、だいたいそのころのソ連に近いか、またはそれ以下であるといってよかろう。中国が、これから必要とする経済政策は、この点から見ても、スターリンのいわゆる〝社会主義的原始蓄積〟政策であることは、はっきりするはずだ。

今日の中国が必要としているのは、まさにこういうスターリン式の工業化政策にほかならない。したがって、経済政策に関するかぎり、非毛沢東化は、けっして非スターリン化を意味せず、まさにスターリン化でなければならないわけだ。

ところでスターリンの経済政策を謙虚に学んで、中国が本格的な工業化に乗り出した場合、中国は何年後に非スターリン化できるようになるだろうか？　かりに一九五五年のソ連を基準にとると、中国の人口一人当たり工業生産がこの水準に達するのは、どんなに早く見ても、一九八〇年代の後半ということになろう。つまり、中国が一九七〇年頃に非毛沢東化へ踏み切ることによって、スターリン式の工業化政策を本格的に採用した後、二十年近く経過しないと、非スターリン化は、具体的な問題になることができない。

三　史的唯物論と文化大革命

文化大革命に対する私の考え方は、人間革命、精神革命というもっとも大切な面を見落としているという非難が生ずるかもしれない。中国が実権派の手によって、フルシチョフのソ連のように修正主義化し、堕落することを未然に防止するために、毛沢東は文化大革命をやっているのだと説く意見があることを、私も知っている。しかし私は、そういう見解に賛成できない。

ソ連の〝修正主義〟を批判したりすることは自由だけれども、今日の中国に、フルシチョフの〝修正主義〟を生み出した物質的諸条件が、まったく欠けていることを忘れてはならない。フルシチョフのソ連と今日の中国とでは、工業化、都市化の水準が違い、下部構造に大きな相違が存している。

ここで私は、マルクスが一八五九年一月に定式化した史的唯物論の定式を思い出したいと思う。マルクスは、「物質的生活の生産様式が、社会的、政治的および精神的生活過程一般を制約する。人間の意識が彼らの存在を規定するのではなく、彼らの社会的存在が彼らの意識を規定するのである」と説き、さらに、「ある個人がなんであるかを、その個人が自分自身をなんと考えているかによって判断しないのと同様に、このような変革の時期をその時期の意識から判断することはできないのであって、むしろこの意識を物質的生活の諸矛盾から、社会的生産諸力と生産諸関係との間に現存する衝突から説明しなければならない」と説いている。

史的唯物論の古典的な定式を、今日の中国社会に対して適用すれば、いったいどんなことになるか？〝文化大革命〟について、毛沢東、林彪、陳伯達などがなんと考え、またどう語っているかよりも、中国の社会的生産諸力と生産関係とのあいだに現存する諸矛盾のほうに、もっとも注意を払わなければなるまい。中国の社会的生産諸力の低い水準にかんがみても、社会主義とか共産主義について論ずることが、どれほど的はずれであるかは、あまりにも明らかであろう。

中国の〝文化大革命〟を考察する場合に、中国がすでに社会主義社会であることを前提として、社会主義から共産主義への移行といったような視角に立つことは、厳重にいましめなければなるまい。こういう混乱が発生したのは、もちろん、中国革命の結果ではない。いまから五十余年前に、後進農業国のロシアで十月革命が勝利した時、混乱の第一歩は開始された。当時、ロシアのマルクス主義者たちは、ボリシェヴィキも、メンシェヴィキも、マルクスの史的唯物論をまだ忘れていなかった。したがって、「一つの社会形態は、その中におさまれるだけの生産諸力が全部展開しつくすまでは決して没落しないし、新しい一層高度の生産関係は、そのための物質的存在条件が旧社会の胎内に成熟し終るまでは、決してとってかわらない。」というマルクスの定式を尊重して、ボリシェヴィキたちは、ロシア一国における社会主義の可能性を問題にしなかった。

ところが、一九二三年秋に、ドイツ共産党が惨敗して、ソヴェト・ロシアの孤立が長期にわたって続く形勢となった時、スターリンは、強引にも〝一国社会主義論〟を創造したわけだ。資本主義列強に包囲されたソ連としては、なんとか生き残らなければならなかったから、政治家として、ロシア一国における社会主義建設の可能性を宣伝し、ロシア国民に夢を食わせようとしたのも無理はない。

しかしこのために、史的唯物論の定式に含まれていた真理は、むざんにもふみにじられてしまった。低開発国で、共産党の一党独裁政権が、生産手段を国有化して、上から強引に工業化を推進する異常な状態は、社会主義という美名をもって呼ばれることになったからだ。社会主義とは何の関係もない新型の社会、初期資本主義に似た猛烈な搾取が、私的資本によってではなしに、国家権力を通じて強行される社会をば、社会主義社会であると称した結果、いろいろな無理が発生し、信じられないような混乱が起こった。

いつまでも〝社会主義〟の段階にとどまっていられないというわけで、スターリン時代の末期に、〝社会主義社会から共産主義社会への移行〟について大まじめで論じはじめたこと、一九六一年のソ連共産党綱領が、共産主義社会への移行を正面からとりあげたこと、などはそうした混乱の例である。たしかに今日のソ連は、かなり高度の社会的生産諸力を発展させているけれども、人間が自然を征服しきる意味での共産主義について語るのは、まだまだ先の問題であろう。それよりも、スターリンが無理に社会主義であるといってのけたことを訂正して、ソ連社会が資本主義でも、社会主義でもない特異な社会体制であることを率直に認めるべきだ。

中国に関しても、同じことがあてはまる。毛沢東はスターリンから多くを学んで、中国の工業化を推進しようとした。ところが、一九五八年に、彼は突如〝人民公社〟方式を打ち出し、〝大躍進〟を強行した。つまり、ソ連に追いつき、追い越そうと試みたわけだ。一九五八年における中国の社会的生産諸力が、一九二八年におけるソ連のそれとだいたい同水準であったことを思えば、毛沢東が大躍進によって共産主義社会への途を短縮できると夢想したのは、大きな誤りであった。はたして、この大躍進は、失敗に終わり、実権派の手になる〝調整〟と称する部分的非毛沢東化によって、中国経済はやっと立ち直ることができた。毛沢東は、この失敗にこりないで、文化大革命という名のもとに、実権派を追放しようとしている。このように考えてくると、文化大革命が、マルクスの史的唯物論とはまったくあいいれないことは明らかであろう。

私はマルクスの学説に誤りが多いことを知っている。したがって毛沢東がマルクスの理論に反したから間違っていると、私は主張するわけではない。私が強調したいのは、マルクスの学説の中で、比較的真理に近い部分を、スターリンも、毛沢東も無視している点だ。マルクス主義者をもって自認するスターリンや毛沢東が、マルクスの理論中もっとも学問的価値のある部分をふみにじった結果は、どんなことになるか？　いうまでもなく、非スターリン化、非毛沢東化の必然性である。この意味で、文化大革命は、マルクスに対する毛沢東の挑戦であるといえよう。そして非毛沢東化は、毛沢東がマルクスに敗れる過程なのである。

第十一章　現代の共産主義

一　十五年間の変化

一九六九年八月末に発行された『共産主義の系譜』増訂版へのまえがきの中で、私は現代共産主義の問題点を四つ挙げた。その第一は共産党政権の腐敗であり、第二は共産党政権が経済の分野で大きな成果を収めることができなかったことであり、第三は共産党の独裁が文化の領域でいちじるしく不毛な点であり、そして第四番目に共産党の独裁国家間では、従来の意味の国際紛争は消滅するという神話の破産であった。

右の四つの指摘は、その後の十五年間において、その正しさをますますはっきりと証明した。また私は一九六九年版の第十章「非毛沢東化と非スターリン化」において、いわゆる文化大革命が必ず行きづまり、非毛沢東化の時代を迎えるに違いないと予想した。この私の予想は、一九七六年九月に毛沢東が死去するやいなや適中することになった。早くも翌月には江青未亡人等の〝四人組〟が捕えられ、鄧小平の指導下に非毛沢東化が推進されはじめた。非毛沢東化なしには、中国の近代化はありえないという私の見透しどおりに、非毛沢東化の中国は、目下〝四つの近代化〟と真正面から取り組んでいる。

過去十五年間に、共産主義が示したもろもろの注目に値する現象のなかで、もっとも顕著なものを二つだけ採り上げることにしたい。一つは〝新しい階級〟あるいは〝ノメンクラトゥーラ〟の形成に伴ういくつかの諸問題であり、いま一つはユーロ(西欧)共産主義の問題だ。このほかにもカンボディアのポル・ポト政権が行なった数百万の大量虐殺という蛮行も、共産主義の暗黒面をさらけ出したものとして軽視できない。犠牲者の数が人口に対して占める割合の高さから見れば、スターリンの恐怖政治さえ、ポル・ポトのテロには遠く及ばない。しかし充分な資料が入手できない今日、この共産主義の犯罪について思想史の観点から語ることは難しい。ここではただ、ポル・ポト政権の大量虐殺は、〝文化大革命〟のもっとも残酷なカンボディア版であったことを指摘するにとどめたい。

二　新しい階級――ノメンクラトゥーラ

共産党の独裁政権の下で、新しい階級が形成されるという問題は、決して最近十五年間に発生したわけではない。すでに一九〇三年七月にブラッセルとロンドンで開かれたロシア社会民主労働党第二回大会で、レーニンが職業的革命家による前衛党の組織を主張して、党がボリシェヴィキ派とメンシェヴィキ派とに分裂した際、トロツキーとローザ・ルクセンブルクとがレーニンの前衛党組織論を鋭く批判したことは、第五章「トロツキーとトロツキズム」で指摘したとおりである。

すなわちトロツキーは一九〇四年に書いた『われわれの政治的課題』のなかで、「レーニンの方式では、党が労働者階級のかわりになってしまう。党の機関が党にかわってしまう。中央委員会が党機関にかわってしまう。そしてしまいには、独裁者が中央委員会にとってかわってしまう」と説いている。このトロツキーのレーニン批判は、スターリン暴政を予言したものであると同時に、新しい階級の形成を示唆したものであった。なぜならば、どれほど有能な独裁者でも、かなりの数の装置を自由に動かすのでなければ、到底一国を統治することができないからである。

同じ年にローザ・ルクセンブルクも、『ロシア社会民主党の組織問題』という重要な論文を発表し、「レーニン流の党組織によると、一握りの強力な中央委員が末端組織の生殺与奪権を握ることになり、その結果は大衆の自発性を圧殺し、党を大衆から遊離して、必然的に党の官僚化をもたらす」（本書二三〇ページ）とレーニンの前衛党組織論を痛烈に非難・弾劾している。官僚化した党は新しい階級の中核にほかならないから、彼女のレーニン批判も新しい階級の発生を予言したといっても過言ではあるまい。

トロツキーやローザ・ルクセンブルクよりもはるか前に、バクーニンはマルクスのプロレタリア革命理論をきびしく批判して、プロレタリアート独裁の下では、現在の権力者から権力を奪取したプロレタリア出身者が間違いなく自分たちの出身階級を裏切って、新しい特権階級になるだろうと予言した。ポーランドの無政府主義者ミハイスキ（Waclaw Michajski）はバクーニンの考え方をさらに発展させて、マルクスの革命理論が特権的地位を獲得しようとする知識人の利益を代弁するものであり、知識人がその子孫に対し知識を獲得するために有利な諸条件を提供できるかぎり、社会主義の本質である平等など問題外だと説いている。＊

＊ Leszek Kolakowski : Die Hauptströmungen des Marxismus, 3.Bd. 1978, S.182.

このように、マルクス・レーニン主義のプロレタリアート独裁が新しい支配階級を生み出すことについては、多くの先駆者が予言し、示唆していた。しかし新しい階級の問題がにわかに脚光を浴びるようになったのは、ユーゴスラヴィアの元副大統領ミロヴァン・ディラス（Milovan Djilas）が一九五七年に『新しい階級・共産主義体制の一分析』という著書を公刊してからである。もちろん〝新しい階級〟という表現そのものは、一九一九年にカウツキーがソヴェト政権を批判する際に用いていた。カウツキーの手になると、単なる反ソ・反共の毒舌と受け取られたこの言葉は、ユーゴスラヴィア共産主義を代表する理論家ディラスによって古典的名著の題名に選ばれた瞬間に、共産主義への内部告発の合言葉になったのである。

ノメンクラトゥーラが西側で特に有名になったのは、ミハエル・ヴォスレンスキー（Michael S. Voslensky）が一九七二年に亡命して、西ドイツのマックス・プランク研究所で『ノメンクラトゥーラ・ソ連の支配階級』と題する書物を一九八〇年に発表してからである。

名簿を意味するノメンクラトゥーラ（nomenclatura）というラテン語から来たNomenklaturaというロシア語は、ヴォスレンスキーによれば、「（一）その任用を部局の長ではなくて、上層部が行なう指導的ポストの表、（二）これらのポストを占めている か、またはその候補者になりうる人々の表」という意味を今日のソ連では持っている。* ヴォスレンスキーの計算によると、ノメンクラトゥーラの数は、合わせて約七十五万人、家族を含むと約三百万人になるという。** 二億六千万のソ連人口に対しては、一・五パーセント以下である。約七十五万人のノメンクラトゥーラの内訳は、ヴォスレンスキーによると、党・政府・KGB・軍・労働組合等の中央と地方に計約二十五万人、工業と農業の経営指導部に約三十万人、そして研究機関、大学等教育関係に十五万人等となっている。*** このうち本来の権力者は党と政府を中心とする二十五万人であり、他の五十万人は直接権力を保持していないが、それぞれの分野で権力者を助けているといえよう。

* M.S. Voslensky : Nomenklatura, 1980, S.131.

** 同右 S.188.

*** 同右 SS.187—188.

もちろん、これらのノメンクラトゥーラはいくつかの階層に分かれている。ヴォスレンスキーは一九七〇年の人口調査をもとにして、共産党、共産主義青年同盟、労働組合の全連邦、連邦構成共和国、自治共和国、人口五十万以上の大都市を含む地方組織の書記・部課長の数を二万四五七一人と数え、地区組織のそれを七万四九三四人と数えている。他方連邦や連邦構成共和国の閣僚・部局長・地方高官等政府関係者の数をヴォスレンスキーは二一万八二四人、地区レベルのものを七万三一四人としている。この二つの数字には、ノメンクラトゥーラに属さないものが含まれている一方で、KGBや外交官等が入っておらず、軍の首脳が含まれているかどうかも明確でない。そこでヴォスレンスキーは、中央から人口五十万人以上の大都市までのノメンクラトゥーラを七万六八四七人とし、地区レベルのものを一四万五二四八人とした上で、必要な修正を加えて、計約二十五万人という前記の権力者数に到達したのである。

三　世襲・搾取・腐敗

ノメンクラトゥーラが占めるポストそのものは世襲されないが、ノメンクラトゥーラ階級への所属は、事実上世襲的である。歴史上に出現したすべての支配階級と同じように、ソ連のノメンクラトゥーラも自分の子供たちをノメンクラトゥーラのポストへ送り込んでゆく。ヴォスレンスキーはブレジネフ前書記長の息子が外国貿易省の第一次官に昇進した例や、コスイギン前首相の娘が国立全連邦図書館長に任命された例、あるいはグロムイコ外相の息子アナトリーが突然ワシントン在勤のソ連公使をへて、ドイツ民主共和国の大使館参事官となり、やがてソ連邦科学アカデミーのアフリカ研究所長に任ぜられた例などをあげている。彼がアフリカ研究の実績を全く持っていなかったことを考慮に入れると、ノメンクラトゥーラの世襲制はきわめて露骨だといわなければならない。*

＊ M.S. Voslensky : Nomenklatura, SS.194—195.

ノメンクラトゥーラの出現もその世襲制も、もちろんソ連だけに限られていない。共産党独裁の国ではどこでもノメンクラトゥーラが形成され、支配階級の世襲制が行なわれている。もっとも露骨なのは朝鮮民主主義人民共和国であって、金日成主席の息子金正日が主席の後継者に決定したといわれる。全く文字通りの世襲制である。このほかルーマニア共産党とアルバニア共産党とは、首脳部のネポティズム（閥族主義）で悪名が特に高い。

マルクス主義では生産手段への所有関係によって階級を定義するので、ノメンクラトゥーラは生産手段を所有していないからには、特権・支配階級ではないという反論が考えられる。たしかにソ連では、主要な生産手段は国有または集団所有となっている。しかしこれらの生産手段を管理しているのが、ほかならぬノメンクラトゥーラなのである。資本主義社会においても所有と経営との分離が進行し、企業の実権は少数の例外を除いては、株主の手を離れて、経営者に委ねられている。もっとも資本主義の下では、大株主が時々経営者を追い出すことによって、資本の所有者としての実力を発揮する場合もある。

主要な生産手段を国有に移したソ連では、党と政府とのノメンクラトゥーラが絶対的な管理権を行使している。もし〝所有〟という言葉にこだわりたければ、名目的な国有財産は、実質的にはノメンクラトゥーラの共有財産であると断定してもよい。* ノメンクラトゥーラはこの事実上の共有権と管理権とによって、労働者・農民・勤務員たちの被支配階級を搾取しているのである。**

＊　M.S. Voslensky : Nomenklatura, SS.208―215.

＊＊　同右 S.220.

なお、ジル・マルチネも『五つの共産主義（下）』（岩波新書一九七二年）一六二ページ以下で、新しい階級による連帯搾取について説いている。

ノメンクラトゥーラは、労働者・農民および勤務員等を搾取することによって、高い所得と数々の特権を享受している。ヴォスレンスキーはノメンクラトゥーラ階層中の中位に位置する中央委員会書記局課長と一般労働者・勤務員の平均とを詳細に比較している。一般勤労者の月収が一六三ルーブリであるのに反して、書記局課長の月収は四五〇ルーブリである。一般勤労者の年次休暇が二週間なのに対して、書記局課長は年間一か月間の有給休暇を与えられるほか、一か月分の給与を休養費として追加支給される。休暇を過ごす中央委員会や閣僚会議所属のサナトリウムは一切無料であり、子供たちは第一級のピオニール・キャンプへ送られる。ピオニールと呼ばれるソ連の少年団が、共産主義青年同盟とともに、ノメンクラトゥーラを世襲化する上で、重大な役割を果たしていることはいうまでもない。*

＊　M.S. Voslensky : Nomenklatura, SS.297―298.

中央委員会書記局課長の特権はまだまだある。彼は毎月二〇〇ルーブリの価値のある消費物資を特別の店舗で買えるクーポンを支給される。特別の店舗と食堂で、必要なものを自由に入手できる特権は、一般のソ連市民が生活必需品を手に入れるために払う労力と時間の浪費を考慮すると、ルーブリの額では表現できないほど大きい。それだけではない。住宅難のソ連で、一般市民が一人当たり平均九平方メートルの狭い住居を確保するのに苦労している時、中央委員会書記局の課長は、中央委員会に所属する快適な住宅を与えられるばかりか、ダーチャ（別荘）まで割り当てられるのである。*

＊　M.S. Voslensky : Nomenklatura, SS.312—313, 316.

ノメンクラトゥーラのような特権・支配階級の存在は、ソ連ばかりでなく、共産党の独裁政権が支配するいわゆる社会主義諸国において、組織的な腐敗がはびこる有力な原因の一つとなっている。腐敗の存在しない社会は存在しないといっても過言ではないけれども、言論・集会および結社の自由が実質的に抑圧されている一党独裁社会では、腐敗を非難・弾劾するマス・メディアの活動も許されていないから、腐敗の拡大と深刻化に対する歯止めが欠けている。

ブレジネフ政権の末期に書記長の娘ガリーナをめぐる腐敗が暴露されたのは、当時すでにブレジネフが実権を失い、長年にわたるＫＧＢの指導者アンドロポフ政治局員が後継者としての地位を固めていた結果であろう。アンドロポフが一九八二年十一月、ブレジネフの死後書記長に就任すると、ＫＧＢと内務省を使って腐敗の摘発と労働規律の粛正とに努力し、ある程度の成果をあげた。しかし共産党の一党独裁体制の下では、ノメンクラトゥーラの形成は不可避であり、したがってまた組織的な腐敗も必然的に発生する。さきに私が現代共産主義の主要な特徴の一つとして腐敗を挙げたのはこのためである。

腐敗の摘発と規律の強化によるソ連経済の立ち直りには、もちろん限度がある。勤労意欲を本当に高めるためには、市場経済の原理を思い切って導入するほかないが、これはノメンクラトゥーラの管理権を崩すおそれがあるため実行不可能である。共産党政権が経済の分野で成果を挙げることができない根因はここに存している。

四　膨脹主義——軍事化

ノメンクラトゥーラのいま一つの重要な特徴は、そのあくことを知らない、貪欲《どんよく》きわまる権力欲である。ソ連をはじめとする共産党の一党独裁諸国では、政権が長期化するにともなって、空想的・ロマン派的な理想主義者は脱落してゆき、権力欲の特別に強い立身出世主義者がノメンクラトゥーラを形成する。

搾取も、抑圧も、腐敗もない理想社会の建設を夢見た革命運動家は、新政権の初期に幻滅の悲哀を味わって、党内の反主流派となり、権力欲の権化のようなスターリン型の常務専従者集団によって粛清されてしまう。自発的に独裁政党に入党する途も次第に狭められ、幼少年時代から、ピオニール・共産主義青年同盟等できたえられ、その抜群の権力欲を上級者によって認められたものだけが、共産党に入党を許される。したがって権力をえた共産党という独裁政党は権力欲の特に強い人間集団だといわなければなるまい。ノメンクラトゥーラは、共産党員のなかでもとりわけ権力欲が強いものの集団だといっても過言ではない。

ノメンクラトゥーラがその権力欲を満足さす方法は、ヴォスレンスキーも指摘しているように二つしかない。一つはノメンクラトゥーラの階層制を一段一段と昇ってゆくことである。そしていま一つは、ノメンクラトゥーラの共有財産を増大する方法だ。* ノメンクラトゥーラという新しい階級が、ソ連の経済建設にとって積極的な役割を果たしていたかぎり、ノメンクラトゥーラの主要な関心は、国内の経済成長に向けられた。特にいわゆる社会主義的原始蓄積の段階において、ノメンクラトゥーラは自信にみちみちていた。

* M.S. Voslensky : Nomenklatura, S.443.

社会主義的原始蓄積について最初に語ったのはトロッキーである。彼は早くも一九二二年十月に共産主義青年同盟第五回大会に際し、初期資本主義が農民の収奪、植民地の略奪、海賊行為、極度の低賃銀等の方法によって資本の原始的蓄積を行なったのと同じように、ソヴェト政権にとって社会主義的原始蓄積は必要不可欠だと説いた。トロッキーの念頭にあったのは労働者階級の自己犠牲である。このトロッキーの考え方を、プレオブラジェンスキーは発展させて、一九二四年に『社会主義的蓄積の基本法則』と題する論文を書いた。彼の論点を要約すれば、当時のソ連のような農民国家では、農民や手工業者の余剰生産物の一部を搾取することなしには、蓄積が不可能であるということになる。トロッキーもプレオブラジェンスキーもスターリンによって追放されたが、社会主義的原始蓄積に関する二人の発想を〝農業の集団化による上からの工業化〟という形で実行に移したのはスターリンであった。*

* 拙著『独裁の政治思想』増訂版（一九八四年）一三六―一四〇ページ。

ソ連のノメンクラトゥーラは一九二八年十月に開始された第一次五か年計画から、ヒトラー・ドイツの侵略を撃退して、戦後の復興を終えるまで、すなわち一九五〇年代の終わりまでは、スターリンによる血みどろの粛清という一大汚点にもかかわらず、自分たちの新しい階級が果たす役割について、自信を持っていた。

ところが、一九五七年からソ連経済の成長率は八パーセントから六パーセント、四パーセント、そして三パーセントまで下がった。* フルシチョフが呼号した〝社会主義的生産様式の優位〟は一九六〇年代には失われ、経済の分野で、アメリカ合衆国に追いつき、これを追い越すことは夢物語になってしまった。急速な経済成長によってノメンクラトゥーラの共有財産を大幅にふやすことが不可能であることを知った時、彼らがソ連の膨脹政策とこれに必要な軍備の拡充に一段と大きな関心を抱くようになったとしても、決して不思議ではあるまい。

* マルチネは『五つの共産主義』において、成長率の低下をソ連体制の危機として把えている。下巻一二一ページ。

ヴォスレンスキーの『ノメンクラトゥーラ』は、第八章を〝世界支配を要求する階級〟

と題して、ノメンクラトゥーラ階級の侵略性を強調し、*「ノメンクラトゥーラは本質的に膨張主義的、かつ侵略的階級である」と断定している。**アンゴラ、エチオピア、イエーメン等々へのソ連の膨張政策が、経済成長率の鈍化と時期を同じくしていることは無気味な兆候といえよう。

*　M.S. Voslensky : Nomenklatura, S.443.

**　同右 S.447.

一九六二年の第二キューバ危機で、フルシチョフがみじめな後退を余儀なくされて以来、ソ連の軍事力が戦略兵器や陸・海・空軍の分野で、顕著に増強されはじめたことは周知のとおりである。一九六四年から一九八二年にいたるブレジネフ政権の十八年間に、ソ連の軍事力は着々と拡充され、アメリカ合衆国の優位を脅やかすまでとなった。ソヴェト政権はその初期から外国の武力干渉に抗して、国防力の強化に努め、特にヒトラー・ドイツと軍国日本の登場後、軍事力の増強に熱心であった。世界革命の基地、プロレタリアの祖国を反動的・反革命的な外部世界からの侵略や干渉に対して守り抜くという防衛のたてまえは、ブレジネフ政権下で軍事力が強大化するに伴い、ノメンクラトゥーラの膨張主義的な本音にとってかわられたといってよい。

共産党独裁政権の軍事化と膨張主義は、ソ連だけに限られていない。カストロのキューバが兵力をアフリカに送ってソ連の膨張政策に協力したこと、北朝鮮（朝鮮民主主義人民共和国）がキューバにまさるとも劣らないほど軍事化されていることはよく知られている。

ヴェトナムの共産党政権も膨脹主義と軍事化では悪名が高い。ヴェトナムがカンボディアに攻め込み、これを占領した時、中国の共産党政権は〝教訓を与える〟と称して軍事行動をとった。ソ連と比べると中国は膨脹主義的だとはいえないが、党と軍との関係から見ても、中国の共産主義がきわめて軍事的であることは明らかである。

五　西欧共産主義《ユーロ・コミュニズム》

ソ連の共産主義イデオロギーが、右に列挙したノメンクラトゥーラの暗い面を露呈することによって、全世界の知識人に対する魅力を失ったのに乗じて、西ヨーロッパ、特にフランス、イタリアおよびスペインでは西欧共産主義《ユーロ・コミュニズム》が一時的に大きな影響力を発揮した。西欧共産主義といっても、その実体はラテン・ヨーロッパの共産党を主体としている。もちろん、フランス、イタリア、スペイン三国の歴史的条件の相違を反映して、西欧共産主義には少なくとも二つの主要な流れがあり、特に重要なのはもっとも強大なイタリア共産党のユーロ・コミュニズムである。フランス共産党は現在ミッテラン大統領の社会党政権に閣僚を送っているが、イデオロギー的にはソ連共産主義の長女という伝統的な親ソ路線に復帰し、東欧共産主義に対立する意味での西欧共産主義の党ではなくなっている。

そういう違いは一応棚上げにして、一九六〇年代の末期からヨーロッパのラテン系諸国で、西欧共産主義が擡頭《たいとう》した諸原因を検討することにしよう。これらもろもろの要因には互いに矛盾した点が少なくないが、大きく分けると次の五点になるだろう。

まず第一には先にも指摘したようにソ連共産主義がノメンクラトゥーラの腐敗と極度の官僚性を暴露したことである。中ソ紛争が表面化するにつれて、中国共産党がソ連共産党の腐敗と堕落と硬直と膨脹主義とに対して投げかけた猛烈な非難と弾劾は、ヨーロッパの、特に左翼の伝統が強いラテン・ヨーロッパの共産主義的知識人を狼狽《ろうばい》させた。

第二番目にヨーロッパのラテン系諸国では、ヒトラー・ドイツの占領と抑圧に対する抵抗運動の記憶がなまなましく、無政府主義やアナルコ・サンディカリズムの歴史的遺産を継承しているので、労働者階級と知識人とが一体となって、ノメンクラトゥーラ的官僚主義を排除しながら、自主管理による共産主義社会を建設できるという夢があった。

第三番目には、一九六〇年代の後半から一九七〇年代の前半にかけて、東西両陣営間のデタント（緊張緩和）という雰囲気が盛り上がり、第一期戦略兵器制限交渉の成立、ヨーロッパにおける兵力削減交渉の開始、ヘルシンキ宣言等々により、対ソ恐怖感が薄められ、共産党の伸張に対する条件がととのった。

第四番目に注目されるのは、特にイタリア共産党の場合、戦後何回かの総選挙の経験から、硬直した教条主義では得票を大幅に増加することができず、柔軟な改良主義だけが、政権獲得への途を開くように見えた点である。キリスト教民主党との〝歴史的妥協〟までが一時実現に近づいたように見えたのは、ユーロ・コミュニズムの最盛期においてであった。

最後に第五点として挙げなければならないのは、一九七三年の中東戦争をきっかけとして到来した石油危機の影響である。エネルギー資源に乏しいばかりか、西ドイツや日本のような強い輸出力を持たないラテン・ヨーロッパ諸国は石油危機の直撃を受けて、ひどいスタグフレーション（不況下のインフレーション）に悩まされることになった。失業率とインフレ率とが高まれば、共産党の勢力は強大化するのが普通である。ヨーロッパのラテン系諸国で西欧共産主義を高唱する共産党が党勢を拡充し、日本の共産党もユーロ・コミュニズムに合流して、先進国における共産主義革命の展望を呼号した。

六　ローザ・ルクセンブルクとグラムシ

それではラテン・ヨーロッパの西欧共産主義運動が、その理論的なよりどころとしたのは何であったか？　グリフィス教授も指摘しているように、ヨーロッパのラテン系諸国では、知識人の役割は、アングロ・サクソン世界では想像もできないほど強力である。* したがって西欧共産主義の形成に関与した知識人の数もおびただしい。私はここでローザ・ルクセンブルクとアントニオ・グラムシの二人だけにふれておきたい。

＊ William Griffith : The European Left-Italy, France and Spain, 1979, p.8.

ローザ・ルクセンブルクが、レーニンの東欧共産主義に対立する意味での西欧共産主義の創始者であった点については、本書の第一章（六四―七〇ページ）と拙著『ドイツ共産党史』（一九五〇年）で説いた通りである。これを要約するとローザ・ルクセンブルクは、カウツキーのいわゆる正統派マルクス主義が究極目標としての社会主義と日常活動としての改良主義とに精神分裂しているのに抗議すると同時に、ベルンシュタインの修正主義が改良主義的な日常活動に埋没していることを排撃する。彼女は表面的に平静なヨーロッパに、帝国主義戦争という形で革命の緊迫性が現実化していることを鋭い直観によって認識した。そして革命の緊迫性という大前提の下に、一切の日常闘争が革命という究極目標と有機的に結びつかなければならないと彼女は説く。

カウツキー主義とベルンシュタイン主義とを批判した点で、ローザ・ルクセンブルクはレーニンと一致する。また帝国主義戦争の到来という暗い予測の中に、革命の緊迫性を認識した点でも二人は同じ立場をとっている。根本的に違うのは、民主主義の伝統を欠いた帝政ロシアで、ツァーリズムの打倒を目指したレーニンが職業的革命家のみによる前衛党の上からの指導に力点を置いたのに対して、ローザ・ルクセンブルクは民主主義が相当程度まで浸透したドイツにおいて、「社会主義運動の運命がブルジョワ民主主義に依存しているのではなくて、逆に民主主義の運命が社会主義運動に依存している」と説き、プロレタリア大衆の自発性に期待した点である。

民主主義は「プロレタリアートによる政治権力の獲得を不必要にするから、不可欠なのではなくて、逆に民主主義は、この権力掌握《しょうあく》を必然的にし、かつまた民主主義のみがそれを可能にするが故《ゆえ》になくてはならない」のである。*すでにふれたように、ローザ・ルクセンブルクはこのような立場から、レーニンの前衛党組織論を批判し、『ロシア革命論』でソヴェト政権をきびしく非難した。そして彼女は一九一九年三月に開催予定の国際共産党(コミンテルン)第一回大会に派遣されたドイツ代表にコミンテルンの早期結成を阻止するよう訓令したのである。**

* 拙著『ドイツ共産党史』二八ページ。
** 同右 一六三ページ。

ローザ・ルクセンブルクの悲劇は、彼女が確信したような革命的プロレタリアートが当時のドイツに存在せず、大衆の自発性への期待が完全に裏切られたところに存した。ヨーロッパのラテン系諸国、特にイタリアのユーロ・コミュニズムにもっとも大きな影響を与えたのはイタリアの共産主義者アントニオ・グラムシ(Antonio Gramsci 1891—1937)である。グラムシはサルディニア島の公務員の息子として生まれ、幼年時代の事故のため肉体的成長を妨げられて不具者となった。父の失脚によってグラムシは貧困に苦しみながら一九一一年には奨学資金をえて、トリノ大学で人文科学、特に言語学・歴史学および哲学を学んだ。第二次大戦後イタリア共産党を指導したパルミロ・トリアッティも、同じ奨学資金により同じ大学に学んでいることは興味深い。

一九一三年末にグラムシは社会党に入党し、二年後学業を打ち切った。第一次大戦の勃発を機として、彼は社会主義系の新聞に寄稿を始め、一九一六年からは社会党の機関紙『アヴァンティ』ピエモント版の編集局員となっている。大学時代からグラムシはイタリア自由主義の哲学者クローチェの影響を受け、クローチェを通じてヨーロッパ哲学の伝統を効率的にうけついだ。マルクスがヘーゲルを批判することによって独自の革命理論をうちたてたように、クローチェを批判すれば、イタリア型の革命理論ができるとまで、グラムシは考えた。同時にまたグラムシはソレルの主意主義にも共鳴している。もちろんクローチェに対しても、ソレルに対しても、グラムシは決して一辺倒になったことはなかった。一九一七年にトリノで革命前夜のような状況が発生した時、グラムシは市の社会党指導部に加わっている。ロシアの十月革命に際して、グラムシは『資本論に反する革命』という有名な論文を書き、本来ならば資本主義の発展が期待される後進国のロシアで、レーニン等のボリシェヴィキが革命の主体性を発揮して、十月革命をなしとげたと評価した。一九一九年五月には、グラムシはトリアッティやテラチーニ等とともに『ロルディーネ・ヌオーヴォ』（新秩序）という週刊新聞の発行を開始している。そしてこの年の十月ボローニャで開催された社会党大会で国際共産党（コミンテルン）への加入が決議された。しかし社会党内には種々の分派があり、特に一切の議会活動に反対する極左派のアマデオ・ボルディーガ等がグラムシに敵対した。

一九一九年から一九二〇年にかけて、イタリアはゼネ・ストに近い広汎《こうはん》なストライキの時代を迎えるが、トリノでは労働者評議会が結成された。グラムシは労働者評議会あるいは工場評議会こそ、労働者を中心にすべての勤労者階級が、イデオロギーの相違を越えて、生産組織を手中に収めるための新しい形態であると考えた。* 労働組合は労働条件の改善を求め、社会主義政党は議会活動を行なうのに対して、労働者評議会は革命政権の基礎となるというのである。グラムシはソヴェト・ロシアのソヴェトも労働者評議会にほかならないとし、ソヴェト政権は本当にソヴェトの権力であると信じていた。

＊　Antonio Gramsci : Philosophie der Praxis, 1967, S.41, SS.66―68.

労働者評議会を押し立てるグラムシの立場は、一九二〇年にトリノのストライキが弾圧された後党内では弱くなった。同年八月と九月に、トリノの工場を労働者の管理下に奪回しようとした試みが失敗した後、レーニンの要求にもとづき、イタリア社会党内の共産主義派は独立の共産党を組織することを決議し、翌一九二一年一月、リヴォルノで開かれた社会党大会で、代議員の約三分の一がイタリア共産党を結成した。グラムシは日刊となった『ロルディーネ・ヌオーヴォ』の編集長として中央委員に選出されている。

イタリア共産党内では、日々に切迫するファシズムの脅威に対し、どういう政策をとるべきかという問題をめぐって、はげしい派閥抗争が行なわれた。グラムシはできるだけ広汎な統一戦線を主張したが、コミンテルンはようやく一九二二年になって革命運動の退潮を認め、グラムシの立場を支持した。グラムシは一九二二年五月、コミンテルン執行委員会のイタリア代表としてモスクワへ行き、一年半滞在して、一九二三年十一月のコミンテルン第四回大会に出席している。同年末からイタリア共産党を再建するためヴィーンに滞在し、一九二四年五月にイタリアへ帰った。

党内のはげしい派閥抗争をへて、グラムシはようやく一九二六年一月のリヨン大会において、統一戦線により民主主義の回復に努めるという線で党内の大勢を制することができた。しかし一九二六年十一月グラムシは逮捕され、翌年二十年と四か月間の禁固刑に処せられた。グラムシは病気のため一九三三年末に警察に看視されながら病院に移され、翌年末に健康上の理由で釈放されている。そして一九三五年にローマの病院に移された後一九三七年四月二十七日に病死した。

七　グラムシの思想

コラコフスキーも強調しているように、グラムシは投獄されたおかげで、追放されず、殺されもしなかった。* 獄中で彼は三千ページ近くも執筆している。これらの原稿と書簡は、ようやく第二次世界大戦後七巻の著作集として公刊され、マルクス主義思想史上グラムシ独自の地位を不動のものにした。一九四八年刊行の『史的唯物論とベネデット・クローチェ』、一九四九年に出た『知識人と文化の組織』および同年公刊の『マキアヴェリ、政治および近代国家に関する覚書』等は特に有名である。**

* Leszek Kolakowski : Die Hauptströmungen des Marxismus, 3. Bd. SS.250—251.

** 日本訳グラムシ選集は合同出版社から公刊されている。

投獄される直前に、グラムシはソ連共産党の中央にあてて手紙を書き、当時のボリシェヴィキ党内で戦われていた党内抗争について意見をのべている。ソ連では労働者と農民との同盟が不可欠であるという立場から、グラムシはトロツキーの強権的工業化論を排し、スターリンとブハーリンとの主流派を支持した。しかしグラムシはボリシェヴィキの首脳が派閥争いに専念して、国際プロレタリアートへの義務をなおざりにしているとはっきり非難している。スターリンがその後ブハーリンを追放して、ボリシェヴィキとコミンテルンとをグラムシの信念とは正反対の方向、すなわち国内では農民の収奪による強権的工業化を、そして国際的には社会民主党を主要な敵とするいわゆる〝社会ファシズム〟論を貫徹した時、グラムシは反対の意向を獄中で弟に打ち明けた。

グラムシの長くない生涯をふりかえっただけでも、彼が教条的なマルクス・レーニン主義者でなかったことは明らかであろう。ここでは彼の思想の特徴を二つだけ挙げておきたい。一つはグラムシの哲学と歴史観に関するもので、彼は〝物自体〟を前提とするエンゲルスやレーニン流のいわゆる弁証法的唯物論を採らなかった。コラコフスキーは彼の立場を〝歴史の内在〟、〝歴史的相対主義〟〝経済主義の拒否〟、および〝唯物論の批判〟としてとらえている。* すなわち人間の知的労働の生産物である哲学と科学とは、地球的な歴史過程を通じてのみ顕現される。いいかえれば、哲学の真理も科学の真理も、社会的実証的な意味においてのみ真理でありうる。グラムシはマルクス主義を絶対的・永久的真理の教義とする考え方に徹底的に反対した。** このようなグラムシの立場が、弁証法的唯物論とか史的唯物論の名で定式化されているソ連の国定イデオロギーと全く違うことには疑問の余地もない。

たしかである。

＊　Leszek Kolakowski : Die Hauptströmungen des Marxismus, 3. Bd. SS.251—264.

＊＊　Antonio Gramsci : Philosophie der Praxis, S.199.

経済主義に反対する点において、唯物論を批判する考え方に関して、グラムシの哲学と歴史観はカール・コルシュやゲオルク・ルカッチのそれに近い。エンゲルスやカウツキーやレーニンによって俗流化されたマルクスの原始共産主義を復活する試みであったことはたしかである。

グラムシの思想の第二の特徴は、彼の有名なヘゲモニー論である。グラムシによると、労働者階級は政治権力を奪取する前に文化的ヘゲモニーを確立しなければ勝利することができない。特権階級はヘゲモニー的地位を獲得し、被搾取者を政治的に隷属させるだけでなく、精神的にも隷属させている。つまり精神的支配は、政治的支配の条件なのである。＊

＊　グラムシはしたがって知識人の役割をきわめて重視する。Gramsci : Philosophie der Praxis, SS.138—139.

グラムシは、労働者階級の主要な任務が、みずからをブルジョア的・教会的文化から解放して、自分たちの文化価値を充分に固め、すべての被抑圧階層と知識人とを自分たちの側へと引き寄せる点に存すると説いている。文化的ヘゲモニーは、政治権力の奪取にとって本質的な前提条件なのだとグラムシはいう。労働者階級の世界観と価値体系が、政治的に同盟できる他の諸階級のものとなり、労働者階級が社会の精神的指導者になるのでなければ、労働者階級は決して勝利することはできない、とグラムシは力説している。

労働者階級の文化的ヘゲモニーがプロレタリア革命において果たす基本的役割に関するグラムシの根本思想が、いつでも機会さえ到来すれば政治権力を奪取するというレーニンのプロレタリア革命観とはなはだしく異なることは、誰の眼にも明らかであろう。ユーロ・コミュニズムの思想的先駆者を辿《たど》って、ローザ・ルクセンブルクとアントニオ・グラムシを採り上げたが、このことは決してユーロ・コミュニズムが二人の思想の継承者であることを意味しない。むしろユーロ・コミュニズムは、ソ連共産主義に対する失望と絶望とから生まれた模索の産物というべきであろう。一九七〇年代のなかばに一世を風靡《ふうび》した観のあったユーロ・コミュニズムは、デタントが色あせたのとほぼ同時に退潮に転じた。フランス共産党が一九七八年三月に、そしてイタリア共産党が一九七九年六月に総選挙で揃って敗退したことは、ユーロ・コミュニズムの落日を全世界に示したのである。

解説

竹内《たけうち》　洋《よう》（社会学者・京都大学名誉教授）

本書の著者猪木《いのき》正道《まさみち》京都大学名誉教授は、二〇一二年十一月五日、九八歳で黄泉《よみ》の国に旅立たれたが、長きにわたって政治学者としてはもとより、論壇の雄として活躍した。「空想的平和主義から空想的軍国主義へ」（『中央公論』一九八〇年九月号）など戦後論壇の名論文とされるものが多い。しかし、同時代で著者のことを知っている人となると、いまでは六十歳以上の人だろう。本書を手にする読者は、著者の名前を知っていても、来歴については詳《つまび》らかにしない人が多いかもしれない。来歴だけでその人の思想をよみとれるわけではないが、来歴を知ることで腑《ふ》に落ちることも多い。そこで、著者の来歴とともに本書がどのような時代の雰囲気の中で書かれ、どのような反応を受けたかにふれ、解説としたい。

著者は一九一四（大正三）年十一月五日に、猪木正雄（医学博士）・田鶴の長男として京都市に誕生する。奇しくも誕生と逝去の月日が同じである。幼少期は、京都市、高知市、少年期は三重県上野町《うえの》（現・伊賀市《いが》）で過ごす。三重県立上野中学校（現・上野高校）四年修了で、一九三一（昭和六）年に旧制第三高等学校に進学する。第三高等学校では弁論部に所属する。

弁論部というと、戦後世代は、蛮声をあげる反知性主義的な集団を想起するかもしれない。しかし、あとにふれる著者の師である河合栄治郎《かわいえいじろう》や森戸辰男《もりとたつお》（一八八八〜一九八四）や矢内原忠雄《やないはらただお》（一八九三〜一九六一）が一高弁論部員だったように、旧制高校の弁論部は知的青年の集団だった。学生運動のはじまりとされる新人会（一九一八年に民主主義を掲げ結成された思想運動団体）は東京帝国大学緑会（法学部の学生自治会）弁論部が中心になってできたものである。著者が入学した頃の旧制高校のキャンパス文化は左翼全盛時代であり、弁論部でもマルクス・レーニン主義の書物を読むことが必須《ひっす》だった。そこで著者はかれらの定番書であるブハーリンの著作などを読んでみたが、幼稚で公式的な見解に失望する。他方でかれらの「マルクス主義者でない者は人にあらず」の思い上がった態度に国体主義の押しつけと似たものを感じる。しかし、ここで単なる「反」マルクス主義者になったわけではないところが、著者の尋常ならざるところである。

著者は高校生のとき、本屋で偶然ロシアの女性革命家ヴェーラ・フィグネル（一八五二〜一九四二）の回想記『ロシアの夜』を手に取り、とりこになった。フィグネルは、一八八一年三月のアレクサンドル二世暗殺事件に参加し、逮捕され極寒の独房に二十年間も収監された。にもかかわらず、生涯、非転向を貫いた。いったいどのような思想がこのような筋金入りの革命家を生んだのかと思ったからである。浅薄なマルクス主義理解による付和雷同にもかかわらず、いやそれゆえかもしれないが夜郎自大的な行動をする左傾学生を軽蔑《けいべつ》しながらも、この女性革命家のような人を生む思想としてのマルクス主義とはなんなのかと思ったのである（「アナーキズム思想とその現代的意義」『世界の名著42』中央公論社）。マルクス思想への著者のこうした両義的態度こそ、著者のその後のマルクス思想と共産主義についての思索を深いものにしていった。

三高卒業後、一九三四年四月に東京帝大経済学部に入学する。右の全体主義である軍国主義と左の全体主義のマルクス主義と闘っていた戦闘的自由主義者河合栄治郎教授の門下となる。帝大の三年間はマルクスをはじめ、ウェーバーやラスキなどについて猛勉強をする。将来、学究の道にすすみたいと思っていた。ところが当時の東京帝大経済学部は、大《おお》内兵衛《うちひょうえ》ひきいるマルキスト派と土方成美《ひじかたせいび》ひきいる革新（右）派、それに自由主義の河合派の三派が入り乱れての派閥抗争が続いていた。とても大学に残って勉強するという雰囲気ではなかった。そこで、猪木は民間会社に就職する。そんな中、喧嘩両成敗《けんかりょうせいばい》のような形で、河合は土方とともに東大を追われる。猪木は、軍部を批判したことで著書も発禁され、起訴もされた裁判中の河合に寄り添った。失意の河合は著者の快活な人柄によって随分慰められたという。

著者は会社員生活のかたわらも孜々《しし》として研究をつづけた。一九四三年九月、旧制成蹊《せいけい》高等学校の講師に就任する。戦後は新制成蹊大学設置を目指して奔走した。その頃、京都大学滝川幸辰《たきがわゆきとき》法学部長は、著者の処女作である『ロシア革命史』を読んで感激し、著者の招聘《しょうへい》に乗り出す。著者は成蹊大学政治経済学部の発足の目途《めど》をつけて、一九四九年八月、京都大学助教授に赴任する。著者三四歳のときである。

京都大学法学部の教授・助教授は暖かく迎えてくれたが、当時の大学キャンパスは左派全盛。良いも悪いも含めて共産主義を明らかにしようとする者の京都大学赴任を同大学の左派教授たちが心よく思うわけはなかった。かれらにとっては、著者の研究が御神体を暴く所業にみえたからである。本書の原型であるみすず書房版が出され、著者が京都大学に赴任する年の第二十四回総選挙（一月）では日本共産党は大躍進し、三十五名の当選者を出していた。共産党シンパが急増し、大学生の支持政党のトップは共産党という時代だった。著者の師河合栄次郎は戦前にすでに日本の敗戦を予期し、「軍国主義が崩壊したあとの日本は、共産主義の怒濤《どとう》に呑《の》みつくされるおそれが大きい」といったがその予言通りになったのである。

著者の京都大学赴任を快く思わなかった面々は、著者の出鼻《でばな》を挫《くじ》く策を弄《ろう》した。本書の一九四九年版刊行の二か月前（三月）に小泉信三《こいずみしんぞう》の『共産主義批判の常識』が出てベストセラーとなっていた。そこで面々はふたつの著書をならべ、「共産主義批判大講演会」という架空の大きな広告を出し、講師として「大泉信三」と「茶木邪道《ちゃのき》」という二人の名前を挙げて揶揄《やゆ》した。しかし、『共産主義批判の常識』は小泉信三がみずから「標題の通り、本書は社会主義共産主義に対する批判の常識程度の事を記したもの」（序）といっているように学問的な著作ではなく通俗書であり、俗流共産主義批判である。著者の『共産主義の系譜』と同列に並べるのは、著者には片腹痛いものだったはずである。

しかし、著者はそんな妨害はものともせず、自らの座右の銘、「汝《なんじ》自身の道を行け。しかして人の語るにまかせよ」（ダンテ）どおりに生きた。河合の思想の衣鉢を継ぐ社会思想研究会を関嘉彦《せきよしひこ》（社会思想史、一九一二〜二〇〇六）などと戦後すぐの一九四六年に立ち上げ、社会的活動の拠点にするとともに、研究と教育に邁進《まいしん》した。生涯の研究業績は共著、編著、翻訳を除いた単著だけで約五十冊にもなる。『ロシア革命史』や本書をはじめとして、『独裁の政治思想』『評伝吉田茂』など話題作が多い。京都大学法学部での門下生には、渡辺一（政治思想史）、高坂正堯《こうさかまさたか》（国際政治学）、矢野暢《やのとおる》（東南アジア史）、木村汎《きむらひろし》（ソ連研究）、西原正《にしはらまさし》（安全保障研究）、五百旗頭真（日本政治外交史）、戸部良一《とべりょういち》（日本政治外交史）などの錚々《そうそう》たる学者たちがいる。

一九七〇年七月に京都大学を退職し、防衛大学校長として赴任する。京大をはじめとする大学キャンパスは依然として左派がヘゲモニーをにぎっていたから、戦闘的自由主義者河合栄治郎の愛弟子《まなでし》で自由主義者だった著者でさえ大学キャンパスでは保守反動教授扱いだった。防衛大学校赴任の件が新聞報道されると、防衛大学校というだけで学生自治会が騒ぎだし、糾弾の大きな立て看板を出した。当時私は会社員をやめて大学院生になっていたが、そこには名前の「正道」をもじって猪木「邪道」とでかでかと書いてあった。誹謗《ひぼう》のパターンはまたしても「邪道」である。私は立て看板の前で、その文字を「(戦闘的)中道」と上書きしたい心境になったことを憶えている。

そう思ったことには、こういうことがあったからである。わたしが大学に入学したのは六〇年安保闘争の翌年で、キャンパスは、左派にあらざればインテリにあらずの雰囲気だった。しかし、そうしたキャンパスの雰囲気は、メフィストフェレスの「自分で押しているつもりでも、押されているんですよ」という言葉を思い起こさせるものだった。そんな思いを抱きながら民間会社に就職した。社員寮でわたしの隣の部屋が一学年上のUさんだった。Uさんは猪木ゼミ出身だったが、なにかにつけて「猪木さんが」と出て来る。それで興味を持ち、「猪木先生の本では何を読んだらいいか」と聞くと、Uさんは、「いろいろあるが、これがいいだろう」と一冊の本を渡してくれた。それが本書の旧版（たしか『増訂新版共産主義の系譜』）だった。

わたしは一九六〇年代前半の大学生だったからマルクスの著作はもとより、レーニンもスターリンもトロツキーもグラムシもその著作は断片的にではあるにせよ読んでいた。しかし、相互の関係などの理解が乏しいバラバラな数珠《じゅず》のような知識や理解だった。「古典マルクス主義」（「生のマルクス」）とレーニン主義やスターリン主義などの「現実態としての共産主義」（「生きている共産主義」）とを合わせ鏡にして体系的な記述と分析をなす本書を読むことでばらばらな数珠に糸がとおされる思いがした。

古典マルクス主義の根幹を人間性の奪回である「原始マルクス主義」と唯物史観などの「科学的社会主義」におさえた明快さにも目の梁《うつばり》がとれた。そして会社員を辞め大学院に入学したころに『世界の名著』で、著者が『ロシアの夜』について書いている文章に出会ったのである。たしかに、著者は本書でつぎのように強調している。マルクスの体系には多くの誤謬《ごびゅう》があるにもかかわらず、「人間の自己疎外とその揚棄とに関するマルクスの根本認識はけっしてまちがっていない。現存社会に対する批判と社会変革への要請は、人間の自己疎外に関するマルクスの透徹した把握にまで沈潜するのでなければ、浅薄皮相なものにとどまる」（七六ページ）と。著者の原始マルクス主義への肯定的評価とならんで、このような言明の淵源《えんげん》のひとつが、さきの旧制高校時代の『ロシアの夜』の感動にあったのではないだろうか。とはいっても著者は、共産主義が人間の自由を奪回するどころか、「一回生起的な人格の尊厳」問題が「プロレタリアート」に回収され、未来の共産主義社会の名で生きた人間の自由を奪うことになるとする。また共産主義には「腐敗の拡大と深刻化に対する歯どめが欠けている」（四二三ページ）とも言う。それで資本主義擁護に舞い戻るわけではない。資本主義が、人倫の喪失など自ら克服できない矛盾を生み出すというのは著者が一貫して保持し続けた考えだった。

本書の底本刊行から三十年以上経過しており、個別の専門的共産主義研究は進んでいる。しかし、「正統」と「異端」、「教条主義」と「修正主義」の攻防で展開してきた複数の共産主義を一貫した視点から記述・分析したすぐれた著作となると、そうあるものではない。

邦訳が二〇一七年（原書二〇一一年）に刊行されたエリック・ホブズボーム（一九一七〜二〇一二）の『いかに世界を変革するか』（水田洋《みずたひろし》監訳）だろうか。ホブズボームの著作がマルキストによるマルクス思想史の金字塔的著作とすれば、本書は非マルキストによる現実態（政治や運動）としてのマルクス思想史＝共産主義史の金字塔的著作である。読者の側に熱病のようなマルクス思想の影響がなくなり、冷静に読める時代になったぶん、本書の価値はますます高まっていると思うのである。

本書は一九四九年にみすず書房から刊行され、弊社より一九五三年六月に文庫化、一九八四年四月に増補版が出された『増補 共産主義の系譜』を復刊したものです。

底本には増補版初版を使用しました。

復刊にあたり、著作権継承者のご了解を得て、原本の誤字誤植を正しました。年表は本書では割愛しました。

本文中には、「ジプシー」「文盲」「混血児」「不具者」など、今日の人権擁護の見地に照らして、不適切と思われる語句や表現がありますが、作品の時代背景および作者が故人であることを鑑み、底本のママとしました。

新版《しんぱん》

増補《ぞうほ》 共産主義《きょうさんしゅぎ》の系譜《けいふ》

猪木正道《いのきまさみち》

昭和59年 4月30日 改版初版発行
平成30年 9月25日 新版初版発行
令和7年 4月10日 新版14版発行

発行者●山下直久

発行●株式会社KADOKAWA
〒102-8177 東京都千代田区富士見2-13-3
電話 0570-002-301（ナビダイヤル）

角川文庫 21188

印刷所●株式会社KADOKAWA
製本所●株式会社KADOKAWA

表紙画●和田三造

●お問い合わせ
https://www.kadokawa.co.jp/（「お問い合わせ」へお進みください）
※内容によっては、お答えできない場合があります。
※サポートは日本国内のみとさせていただきます。
※Japanese text only

ISBN 978-4-04-400411-8 C0130